Von Stroh und Seide

Edition Peperkorn

VON STROH UND SEIDE

Erinnerungen aus Japans Provinz nach der Jahrhundertwende

Gesammelt von
Saga Jun'ichi

Illustriert von Saga Susumu

Übersetzt von Gerhard Hackner

Titel der englischen Ausgabe:
»Memories of Silk and Straw«
© 1987 by Kodansha International, Ltd.
Published by arrangement with Kodansha International, Ltd.
Die Wiedergabe der Fotos auf S. 155 und S. 185
erfolgte mit freundlicher Erlaubnis der Zeitung Mainichi Shinbun

Umschlaggestaltung: Fotosatz 29 b, Göttingen,
unter Verwendung eines Aquarells von Saga Susumu
Druck: Hubert & Co., Göttingen
Printed in Germany

ISBN 3-929181-03-7

Der Autor:
Saga Jun'ichi, geboren 1941, ist Absolvent der medizinischen Fakultät der Keiô-Universität Tokyo. Seine Praxis befindet sich in Tsuchiura, Präfektur Ibaragi – der Stadt, die im Mittelpunkt dieses Buches steht. Dr. Saga begann vor etwa fünfundzwanzig Jahren damit, die älteren unter seinen Patienten zu befragen und ihre Erinnerungen auf Tonband aufzuzeichnen, als ihm bewußt wurde, welch reichen Schatz an Erfahrungen sie in sich trugen. Während das vorliegende Buch das erste seiner Werke ist, das auf Englisch und Französisch erschien – und nun hier auf Deutsch vorliegt –, hat Dr. Saga eine Reihe weiterer Bücher zur Regionalgeschichte und Ökologie Ibaragis veröffentlicht. Zudem liegen von ihm mehrere Romane vor. Ebenfalls ins Englische und Französische übersetzt wurden die Erinnerungen des Yakuza Ijichi Eiji, woraus im vorliegenden Buch lediglich eine kurze Episode wiedergegeben ist. Eine vollständige deutsche Übersetzung erscheint demnächst in diesem Verlag. Dr. Saga erhielt den NHK-Preis (Nihon hôsô kyoku – Halbstaatliches Japanisches Fernsehen) für seine dokumentarische Arbeit über die japanischen Einwanderer in Hawaii.

Der Übersetzer:
Gerhard Hackner, geboren 1940, studierte Germanistik und Japanologie an der Freien Universität Berlin und ist derzeit als Foreign Lecturer an der Universität Tsukuba tätig. Davor war er von 1985 bis 1990 Referent der Deutschen Gesellschaft für Natur- und Völkerkunde Ostasiens (OAG) Tokyo. Von ihm herausgegeben liegt vor »Die anderen Japaner. Vom Protest zur Alternative.« iudicium verlag, München 1988 (2. Auflage 1989).

Hinweis zu japanischen Namen und Begriffen:
Japanische Namen werden mit dem Familiennamen vorangestellt angegeben. Wir haben diese Regel beibehalten. In den Überschriften wurde das im Deutschen übliche »Frau« und »Herr« erklärend dem Namen vorangestellt. Zur Umschrift japanischer Ausdrücke verwenden wir das sogenannte Hepburn-System, das bei den Konsonanten weitgehend die englische und bei Vokalen die italienische Aussprache zugrundelegt. Längungen der Vokale o und u werden durch ein ^ über dem Vokal gekennzeichnet. Ausnahmen bilden die Städte Tokyo, Osaka, Kobe und Kyoto, bei denen wir der international üblichen Schreibweise folgen. Der gedehnte e-Laut wird im Hepburn-System mit ei wiedergegeben.

Inhaltsverzeichnis

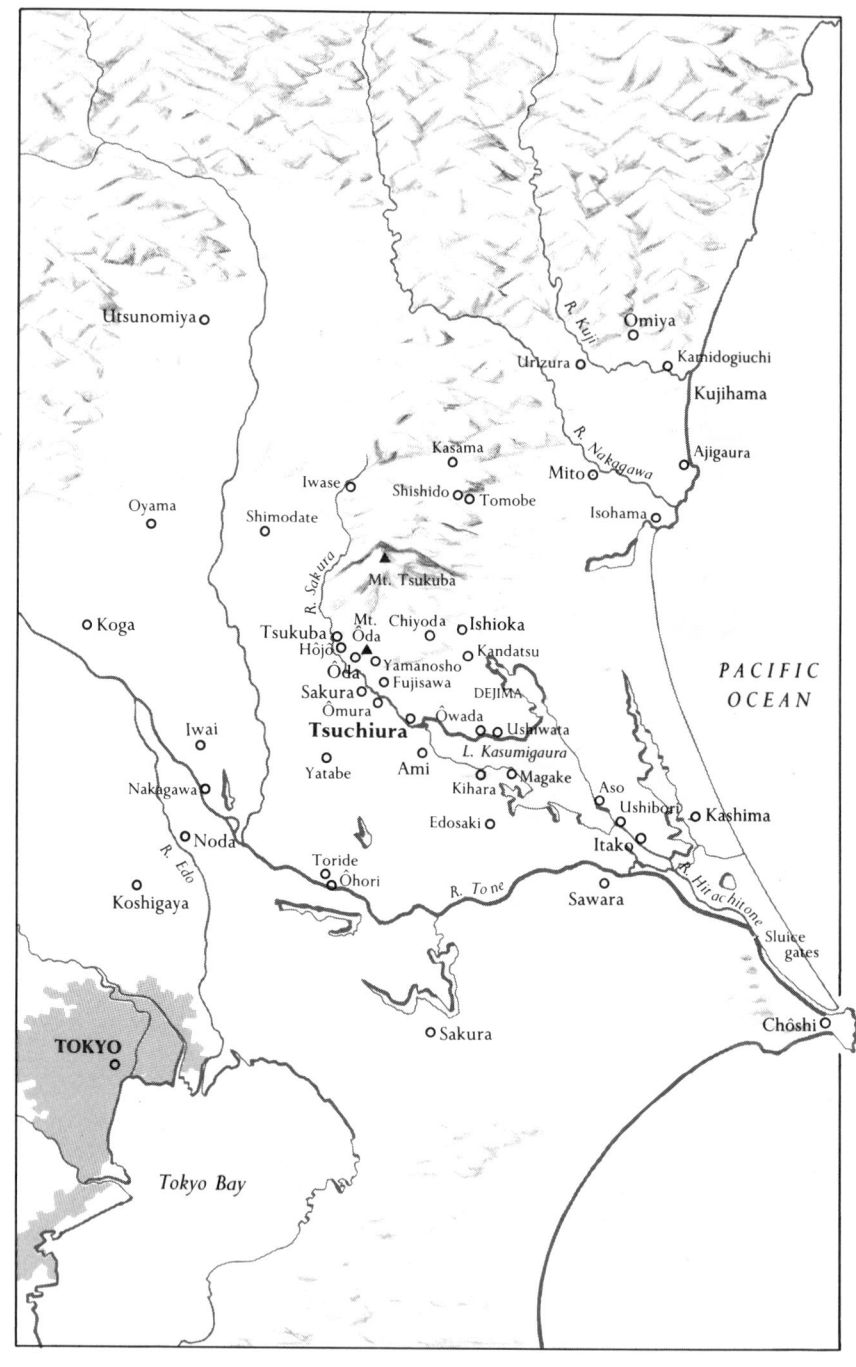

Vorwort zur deutschen Übersetzung

Die englische Ausgabe dieses Buches habe ich schon vor einigen Jahren entdeckt und mit Begeisterung gelesen. Seit über drei Jahren lebe und arbeite ich
nun in Tsukuba in der Präfektur Ibaragi und damit ganz in der Nähe von
Tsuchiura, wo Dr. Saga die in diesem Buch vorliegenden Erinnerungen der
älteren Einwohner gesammelt hat. Auf meinen Ausflügen in die Umgebung
überraschte es mich immer wieder, wie viele der weitläufigen »Bauernhöfe«
mit ihren typischen mächtigen Torhäusern hier zu finden waren. Es schien in
diesem Gebiet mehr davon zu geben als in anderen Gegenden Japans. Die
Erklärungen, die mir für diesen sichtbaren, über mehrere Generationen ange-
sammelten Wohlstand der Bauern angeboten wurden, waren ebenso vielfältig
wie phantasievoll. So erfuhr ich, daß die Ortsansässigen der Tokugawa-Regierung gegenüber stets behauptet hätten, im Bereich des Sees Kasumigaura sei
das Land für Reisanbau zu sumpfig gewesen. Sie hätten so mit dieser List
erreicht, von den hohen Reisabgaben verschont zu werden. Dies schien mir
angesichts des lückenlosen Überwachungs- und Spitzelsystems, mit dem die
Tokugawas das Land überzogen hatten, wenig plausibel. Wesentlich einleuch-
tender ist die Erklärung, die sich aus dem vorliegenden Buch ergibt, das ich im
Zuge der Übersetzungsarbeiten erneut las, dieses Mal mit dem Interesse und
den Fragen des Ortsansässigen: Die ansehnlichen »Bauernhöfe« stellten in
Wirklichkeit entweder das Domizil eines Großgrundbesitzers dar, der jedoch
nicht selbst Landwirt war, sondern das Land von Pachtbauern gegen hohe
Abgaben bestellen ließ. Oder aber so ein imposantes »Bauernhaus« war der
Landsitz eines jener zu neuem Wohlstand gekommenen Kaufleute aus Edo,
die sich erst in relativ neuer Zeit im Umkreis von Tsuchiura und dem Berg
Tsukuba eingekauft hatten. Sie verloren dabei keineswegs die Mehrung ihres
Besitzes aus dem Auge, sondern ließen beispielsweise Maulbeerbäume für die
Seidenraupenzucht anpflanzen.

Die von Dr. Saga gesammelten Lebenserinnerungen vermitteln im Stil der
»oral history« ein authentisches Bild von den realen Lebensverhältnissen im
ländlichen Japan, das schließlich auch von einer Modernisierung erfaßt zu werden begann, die auf festgefügte traditionelle Strukturen stieß. Die Perspektive

ist überwiegend die von unten, wobei privilegierte Provinzbewohner und ihre Lebensweise ebenso in den Blick kommen wie diejenigen, die ein entbehrungsreiches Leben zu führen gezwungen waren.

Die rückhaltlose Offenheit der Erzähler gibt häufig auch Anlaß zum Schmunzeln, so zum Beispiel, wenn man den Geflügelhandel aus der Sicht des Großhändlers geschildert bekommt und an anderer Stelle die gleichen Vorgänge aus der Sicht seines Zulieferers liest, dessen Sohn nach all den Jahren erzählt, mit welchen Methoden sein Vater versucht hatte, eben diesen Großhändler übers Ohr zu hauen. Diese Technik, mit der bestimmte Ereignisse durch unterschiedliche Erzähler von verschiedenen Seiten dargestellt werden, sorgt für Überraschungseffekte und verschafft zugleich einen vielseitigen Einblick. So wird der Leser auf diese Weise auch in die damaligen Verhältnisse beim japanischen Militär des Marineluftstützpunktes Ami in der Nähe von Kasumigaura eingeweiht. Aus den Blickwinkeln eines Flugzeugmechanikers, zweier Geisha, eines Bauern und eines Fischers wird berichtet: aus diesen Mosaiksteinchen entsteht das Gesamtbild.

Die Lektüre dieser Erinnerungen lüftet ein gutes Stück den Schleier von Exotik, der in Berichten über Japan allzuoft die Dinge eher verhüllt als erklärt. Die Sicht wird frei auf einen japanischen Alltag mit seinen realen Menschen.

Andererseits werden nicht, wie die Illustrationen vermuten lassen könnten, das einfache Volk und seine Lebensweise verherrlicht. Vielmehr wird viel von der drastisch erlebten Not der Ärmsten berichtet. Wenn geschwärmt wird von der guten alten Zeit, dann von den wenigen damals halbwegs Privilegierten. Diesen steht das Los landloser Bauern gegenüber, für die ein Hühnerei selten Bereicherung der eigenen Kost war, sondern lediglich als Tauschobjekt diente, damit man wenigstens Streichhölzer kaufen konnte. Dies ist die Realität, die aus Berichten hervortritt, eine Realität, in der mehr von Stroh als von Seide die Rede ist. Aber auch Seide war, ebenso wie Reis, keineswegs für den Eigenverbrauch der Erzeuger bestimmt. Die sich tief einprägenden Erinnerungen der alten Menschen haben wohl die Vertreter der Auslandspresse in Japan dazu bewogen, dieses Buch 1987 zum »Besten Buch des Jahres« zu wählen.

Die deutsche Übersetzung folgt in den Grundzügen der englischen Fassung »Memories of Silk and Straw – A Self-Portrait of Small-Town Japan« (Kôdansha International, Tokyo 1987). Die englische Fassung enthält eine zum Teil stark redigierte Auswahl von 58 Erzählungen aus dem japanischen Original, welches im Dezember 1981 als Privatdruck unter dem Titel »Tsuchiura no furusato. E to denbun« (Unsere Vaterstadt Tsuchiura. Bilder und mündliche Überlieferung) erschien und 112 Berichte sowie eine reiche Sammlung von farbigen und schwarz-weißen Abbildungen von der Hand Saga Susumus, dem Vater des Autors, enthält. 1992 erlebte die japanische Ausgabe mit insgesamt 72 Erzählungen ihr erstmaliges Erscheinen in einem kommerziellen Verlag (Tosho Shuppansha), nachdem von der englischen Übersetzung bereits acht Auflagen erschienen waren.

Sechs der in der englischen Ausgabe enthaltenen Texte sind dem Band »Chijirankanpun – shômin no ikita meiji, taishô, shôwa« (Tosho Shuppansha, 1992) entnommen, nämlich die Kapitel »Die Geächteten«, »Der letzte Scharfrichter«, »Der Wanderfischer«, »Tragödie auf dem See«, »Der Köhler« und »Der Fuhrmann und sein Revolver«, während die Episode des Yakuza Ijichi Eiji nur einen winzigen Ausschnitt aus dem autobiographischen Buch seiner Erinnerungen darstellt (»Asakusa bakuto ichidai – Ijichi Eiji no hanashi« Der Spieler von Asakusa – Ijichi Eiji erzählt. Eine deutsche Übersetzung erscheint in Kürze in diesem Verlag). Die beiden Erzählungen der Kapitel »Das Rikscha-Unternehmen« und »Frischer Fisch, alter Fisch« finden sich lediglich in der Privatdruck-Ausgabe.

Während es unmöglich ist, die unterschiedlichen Sprechweisen, die verschiedenen Ebenen der Höflichkeitssprache und den Dialekt der einzelnen Erzähler auch nur annähernd wiederzugeben, wurde doch in der deutschen Fassung versucht, etwas von der Eigenart der einzelnen Erzähler durch gemäßigte Anpassung an die Umgangssprache zu erhalten.

Gegenüber einer Einheitlichkeit des Stils wurde der Lebendigkeit und Farbigkeit des Erzählduktus, wie ihn das japanische Original bietet, der Vorrang gegeben.

Der Familie Saga möchte ich für die äußerst entgegenkommende Hilfe bei der Klärung von Detailfragen im Zusammenhang mit der Übersetzung herzlich danken, ebenso der Bibliothekarin Kanda Mariko für ihre Hinweise auf ergänzende Literatur und ihre Unterstützung in Zweifelsfragen hinsichtlich der japanischen Sprache.

Gerhard Hackner
Tsukuba, 1994

Aus dem Vorwort zur englischen Ausgabe

[...] Dr. Saga hat zweifellos ein wundervolles Buch vorgelegt. Vor unseren Augen ersteht in äußerster Lebensnähe das Japan des ersten Viertels unseres Jahrhunderts; mir ist kein vergleichbares Werk bekannt. Es enthält allerdings eine Fülle von Schilderungen bitterster ländlicher Armut. Dies war die Zeit – und die Präfektur Ibaragi, wo Dr. Saga lebt, ist der Handlungsort – in der der Roman »Tsuchi« von Nagatsuka Takashi* spielt, der bei seinem ersten Erscheinen 1910 als Fortsetzungsroman viel Aufmerksamkeit erregte. Er erschien zu einer Zeit, da sich das Gewissen der großstädtischen Intellektuellen zu regen begann, als sie sich in beunruhigender Weise der extremen Kluft zwischen Arm und Reich in ihrer Gesellschaft bewußt geworden waren. Doch weder Nagatuskas etwas stereotype Gestalten noch die zwar lebendigen, aber doch sehr oberflächlichen Bilder ausländischer Beobachter wie Isabella Bird oder eine Generation später Robertson Scott vermitteln, was uns die Menschen geben, die sich mit Dr. Saga zusammengesetzt haben, um sich zu erinnern: nicht nur lebhafte Details von Ort und Zeit oder farbig geschilderte Begebenheiten und Anekdoten, sondern vor allem den tiefen Eindruck davon, was es tatsächlich bedeutet haben mag, vor einem dreiviertel Jahrhundert an den Ufern des Sees Kasumigaura zu *leben*. [...]

Es ist das wirtschaftliche Wachstum und das heutige Niveau relativen Wohlstandes, was die Welt von »Silk and Straw« so sehr unterscheidet von unserer Welt aus Polyester und Plastik. Armut ist das dominierende, stets wiederkehrende Thema dieser Erinnerungen an das ländliche Japan, wo gar ein Pferd und ein Wagen eine Seltenheit waren und der Großteil der Güter auf dem Rücken von Ponies oder von Männern und Frauen zu den Flüssen, später zunehmend zu den Bahnstationen, transportiert wurden. Die jungen Burschen, die mit zentnerschweren Eierkörben auf dem Rücken zwischen Tokyo und

---

* Die Serie erschien von Juni bis November in der Zeitung Asahi Shinbun, Tokyo, bei der Natsume Sôseki die Abteilung Literatur redaktionell leitete und der Nagatsuka um einen Roman für die Zeitung gebeten hatte. Der Roman wurde 1912 in Buchform verlegt. In den 30er Jahren bildete er die Vorlage für ein Bühnenstück. 1939 drehte Nikkatsu einen Film nach diesem Buch. 1993 erschien nun erstmals eine englische Übersetzung, und zwar von Ann Waswo unter dem Titel »The Soil« (University of California Press, 202 S.).

Tsuchiura hin- und herpendelten, und die zehnjährige Reishändlerstochter, die einen Sack von über fünfzehn Kilo schleppte, leisteten diese Schwerstarbeit bei einer Nahrung von bestenfalls Gerste, da Reis für die meisten Familien kaum erschwinglich war. Immerhin waren nur wenige von den Städtern gezwungen, Hirse zu essen wie die Bauern.»Wenn man von jemandem gesagt hat, ›er hat nichts‹, so hieß das, daß er absolut nichts auf dieser Welt sein eigen nennen konnte.« Die Anzahl der Menschen, die auf diese Weise, am Rande der Gesellschaft, überlebte – oder auch nicht – war alles andere als klein.

Doch die Mehrheit derer, die etwas besaßen und mit dem, was sie hatten, sparsamst wirtschafteten – jedes Hälmchen Stroh nutzend, jedes Kleidungsstück wendend, färbend und ausbessernd – war erheblich besser dran, als daß sie gerade überlebte. Es fehlt hier keineswegs an Nostalgie für Tage des Müßiggangs, an denen man im See schwamm oder im Boot herumalberte; für die gemächlichen Neujahrs-Feiertage; für die Tage, als der freundliche Dorfschmied noch die Zeit hatte, einem Kind einen eisernen Reif um seinen ihm so teuren Wettkampfkreisel zu schlagen; für das Hochgefühl, in einem Textilgeschäft im Mittelpunkt aufmerksamer Bedienung zu stehen; für die Aufregungen eines Sonntagsausflugs durch das heimatliche Tal, um die Eisenbahn vorbeifahren zu sehen. Und man spürt, wie sich Dr. Sagas Erzähler amüsieren, wenn sie erzählen: von den Eigenheiten geiziger Ladeninhaber; der Eitelkeit der Gutsverwalter, die nach der Ernteabrechnung die ganze Stadt durchquerend nach Hause fahren, die Geschenke des Gutsherrn zur besseren Zurschaustellung offen auf dem Wagen gestapelt; von der stümperhaften Bauernschläue eines Hühnerhändlers, der seine Tiere mit Süßkartoffeln stopft, um ihr Gewicht zu erhöhen oder von der Naivität der Geisha, die bei ihrem ersten Mittagessen in einem westlichen Restaurant zu schüchtern ist, ihr erst halbverzehrtes Steak vor dem Zugriff des Obers zu retten. Und doch hat man den Eindruck, daß es so lustig gar nicht gewesen ist: [...] es war eine rauhe Welt. Eine der von Dr. Saga befragten alten Frauen berichtete in allen technischen Einzelheiten von einem versuchten Kindsmord, dessen Opfer sie selbst hätte sein sollen und den sie nur deshalb überlebte, weil die Heb-

amme den ersten Versuch verpfuschte und für einen zweiten zu abergläubisch war.

Diese Geschichten von schweren Zeiten bieten jedoch vielfältige Hinweise, wie Japan die Mittellosigkeit von damals überwunden und den Wohlstand von heute hervorgebracht hat. Damit meine ich nicht das Eintreffen der ersten Flugzeuge im Marineluftstützpunkt, ich meine ebensowenig die Einführung der Eisenbahn, sondern den Erfindungsreichtum und das Organisationstalent der japanischen Gesellschaft, die es um die Jahrhundertwende verstand, ihre natürlichen und menschlichen Ressourcen zu nutzen. Zu Beginn der zwanziger Jahre gab es schon staatliche Ämter, die die Zucht von Elritzen im See Kasumigaura organisierten. Kleinen Fischereigesellschaften bot sich bereits die Möglichkeit, ihre Bahnfracht mit so großer Pünktlichkeit ans äußerste Ende Japans zu schicken, daß Fischsendungen ihre Anschlußzüge rechtzeitig erreichten und außerdem dort genügend Zeit blieb, sie mit frischem Wasser zu versorgen. Die hohe Geschicklichkeit der Näherinnen; das detaillierte Wissen, das die Fischer von den Fischen besaßen, angefangen von Fangtechniken bis zu den vielfältigen Verfahren, den Fang in ein marktgerechtes Produkt zu verwandeln; die Zielstrebigkeit der Bauern, die jährlichen Schwankungen des Verbrauchs dem Jahreszeitenzyklus der Produktion anzupassen; die Entschlossenheit, ein Kind, dessen Hände man doch so dringend zur Arbeit auf dem Hof benötigte, wie widerstrebend auch immer zur Schule zu schicken – dies sind die Eigenschaften, die heute, umgesetzt in Qualitätskontrollen am Fließband und in Software-Häusern, hinter den fünfzig Milliarden Dollar Handelsbilanzüberschuß mit den USA stehen.

Nicht vergessen sei außerdem ein weiterer Faktor, nämlich die Fähigkeit zu komplexer gesellschaftlicher Organisation, auf der Basis einer Sensibilität, die Rücksicht nimmt auf die Bedürfnisse und Gefühle der anderen und die ein Stück über »leben und leben lassen« hinausgeht und »helfen und Hilfe annehmen« mit einschließt. Selbst die Gangster verfügten über eine facettenreiche Etikette zur Durchsetzung ihres eigenen wirren Ehrenkodexes. Er war mit einer spontanen Großzügigkeit gepaart, die eines gewissen Hangs zum Spektakulären nicht entbehrte, aber seine Härte nur um so stärker unterstrich. Ein Tôfu-Hersteller warb um keinen Kunden, der nicht mindestens sieben Häuser entfernt von der Konkurrenz wohnte (Wie, so fragt man sich, ist man auf die Zahl sieben gekommen?). Der Reishändler, der Nachsicht walten ließ gegenüber den Schulden der Armen, fand sich für den entgangenen Gewinn reichlich entschädigt, in dem Augenblick, da sein Haus von der Flut zerstört und ihm Hilfe von dankbaren Schuldnern zuteil wurde. Die Menschen von Ibaragi sind nicht gerade für Sanftheit bekannt. Vor nahezu eintausend Jahren brachte diese Region ihren gehörigen Anteil an rauhen Kriegern hervor, die die Macht der Aristokratie Kyotos – und mit ihr deren verfeinerte Kultur – zerstörten. Aus ihr gingen Mitte des neunzehnten Jahrhunderts die kriegerischsten und unbeugsamsten konfuzianischen Gelehrten ebenso hervor, wie in den dreißiger Jahren die mörderisch fanatischen, agrarisch orientierten Rechtsradikalen. Doch heißes Blut ist angeblich verwandt mit Herzenswärme. So ist die Fähigkeit zu gemeinschaftlicher Solidarität – zu organisierter gemeinschaftlicher Solidarität – etwas, was den Menschen in Ibaragi bestimmt nicht fehlt.

Dies ist ein Buch zum Genießen und zum Lernen. Wir müssen Dr. Saga dankbar dafür sein, daß er sich die Zeit genommen hat, mit seinem Tonbandgerät zu den alten Menschen seiner Region zu gehen.

Ronald Dore
London, 1986

Einleitung

Mein Vater war schon über sechzig Jahre alt, als er beschloß, sich dem Zeichnen zu widmen. Den Anstoß hierzu bildete sein Wunsch, in den Bildern seinen Geburtsort Tsuchiura genau so wieder erstehen zu lassen, wie er vor fünfzig Jahren ausgesehen hatte. Etwa zu dem gleichen Zeitpunkt setzte ich mir das ergänzende Ziel, jene Dinge, die unter der Oberfläche der von meinem Vater abgebildeten Straßenszenen lagen, ans Licht zu holen. Ich sprach mit Hunderten von alten Leuten der Stadt und schließlich entstand aus ihren Erinnerungen und Erzählungen ein lebendiges Mosaik des Alltagslebens im Tsuchiura der Vorkriegszeit. Die Sitten und Bräuche, die Erfahrungen ebenso wie der Aberglaube, von denen sie mir berichteten, hatten mehrere hundert Jahre lang Geltung gehabt, jedoch in der Hektik der Veränderungen während der letzten vier Jahrzehnte sind davon kaum noch irgendwelche Spuren verblieben.

Jeden Tag, nach meiner Arbeit in der Klinik, machte ich mich mit einem Tonbandgerät in meiner Arzttasche zu Fuß auf den Weg durch die Stadt, um die alten Menschen der Reihe nach aufzusuchen. Die Menschen, mit denen ich sprach, gehörten den unterschiedlichsten Berufen an: Tagelöhner und Kaufleute, Bauern und Fischer, Yakuza und Geisha. Mit ihren Einstellungen und Erfahrungen bildeten sie das einzige noch lebendige Bindeglied zum Feudalzeitalter, welches mit dem Sturz des letzten Shôgun 1868 zu Ende gegangen war.

Vor noch kaum vierzig oder fünfzig Jahren stellte Armut hier einen weit verbreiteten, festen Bestandteil des Lebens dar. Die Erinnerungen der alten Menschen in diesem Buch bergen die Geschichte der Mühen und Anstrengungen, die Japan auf dem Weg zu seiner gegenwärtigen Stellung als wirtschaftliche Supermacht auf sich nehmen mußte. Doch bei all dem Elend und Leid jener Tage herrschte eine ganz eigene Art von heiterer Gelassenheit, die für immer verloren scheint.

Überall in der Stadt standen die zahllosen Gemeindebrunnen, an denen die Frauen ein ausführliches Schwätzchen halten konnten und wo die Kinder sich tummelten, daß ihre hellen Stimmen in den Gassen widerhallten. Zu den jähr-

lichen Festen strömte die ganze Stadt, alt und jung, in bunter, fröhlicher Menge durch die Straßen; Dutzende von Buden, die allerlei Leckereien und bunte Getränke feilboten, wurden in den Gassen aufgestellt; Holzpantinen klapperten bis spät in die Nacht durch die Stadt – es gab noch einen Geist der Zusammengehörigkeit im damaligen Tsuchiura, noch ein echtes Gemeinschaftsgefühl.

Indessen hat sich in dem Zeitraum von weniger als einem halben Jahrhundert das Stadtbild so vollständig verändert, daß es nicht wiederzuerkennen ist. Die niedrigen Holzhäuser und altmodischen, offenen Ladenfronten, die lange Straßenzeilen bildeten und sich seit dem siebzehnten Jahrhundert kaum verändert hatten, sind schroffen Büro- und Appartmenthäusern aus Beton gewichen; die meisten Flüsse wurden zugeschüttet und Autostraßen darauf gebaut; die kleinen regionalen Schreinfeste werden nicht länger gefeiert; die winzigen Schreine am Wegesrand verfallen. Die Menschen sind erheblich wohlhabender geworden, freilich das Fundament, auf dem dieser Wohlstand gründet, ist verschüttet. Das Gesicht der Stadt wurde umgestaltet. Indessen nicht nur das Gesicht: Lebensstil und Denkweise ihrer Bewohner wurden radikal verändert, ob zu ihrem Wohl oder Weh, weiß man nicht.

Es gab nur einen einzigen Ort, wo dieser andere Reichtum – jener der Erfahrung – noch auffindbar war: tief in den Erinnerungen der Menschen, die, in den ersten Jahren dieses Jahrhunderts geboren, einerseits das alte Japan noch kannten, andererseits die zahlreichen Veränderungen miterlebt haben. Meine Hoffnung richtete sich einzig darauf, daß durch das Festhalten solcher Erinnerungen für die Nachwelt, die Kluft an Erfahrung und Wahrnehmung zwischen dem traditionellen Japan der vergangenen Jahrhunderte und dem Japan von heute um ein Weniges verringert werden möge.

Es stimmt traurig zu berichten, daß in den wenigen Jahren, seit sie mir ihre Geschichten erzählt haben, viele dieser Menschen verstorben sind. Der vielleicht bemerkenswerteste Erzähler unter ihnen war Takagi Fukusaburô. Ich besuchte ihn regelmäßig nahezu acht Jahre lang, um seine Reminiszenzen aufzuzeichnen. Am Ende war er schon so schwach, daß er nichts mehr zu sich

nehmen konnte, trotzdem weigerte er sich beharrlich, ins Krankenhaus einge-
liefert zu werden. Er zählte zu meinen Patienten, und ich besuchte ihn fast
täglich. Ich verstand allmählich, daß es die einzige ihm verbliebene Freude
war, mir seine Geschichten aus der alten Zeit zu erzählen. »Die Geächteten«
war die letzte dieser nahezu einhundert Episoden, die er für mich aus seinem
Gedächtnis hervorgeholt hat. Zwei Tage darauf starb er.

Tsuchiura ist eine kleine, eine sehr unscheinbare Stadt. Städte wie diese finden sich in Japan allerorten. In den zahllosen anderen Gemeinden müssen
Tausende von Menschen ähnlich gelebt und gedacht haben wie die in diesem
Buch beschriebenen. Auch sie werden Zeugen der Veränderungen gewesen
sein, die dort mit vergleichbar beängstigender Macht hereingebrochen sind.
Man wird mithin ohne Übertreibung behaupten dürfen, daß das Tsuchiura,
wie es in den etwa sechzig von alten Menschen erzählten Geschichten und in
den Zeichnungen meines Vaters festgehalten wurde, repräsentativ ist für das,
was ganz Japan im vergangenen Jahrhundert erlebt hat. Das Leben einer
Gemeinde wird sicher von seiner besonderen geographischen Lage und seiner
Geschichte mitbeeinflußt. Während also die hier geschilderten alltäglichen
Ereignisse denen in den übrigen Teilen Japans ähnlich sind, lassen sie doch die
für ihre Region spezifische Färbung erkennen. Aus diesem Grunde ist eine
kurze Beschreibung der Stadt Tsuchiura und ihrer Umgebung angebracht.

Tsuchiura liegt etwa sechzig Kilometer – eine Bahnstunde – nordöstlich von
Tokyo. Die gegenwärtige Einwohnerzahl bewegt sich bei etwa 110.000 Men-
schen. Die Statistik verzeichnet, daß die Bevölkerung von 5.000 Menschen zu
Anfang des neunzehnten Jahrhunderts auf 14.000 in den 70er Jahren stieg.
1935 – sechzig Jahre später – betrug sie immer noch nicht mehr als 19.000
Menschen.

Zehn Kilometer westlich von Tsuchiura liegt die Wissenschaftsstadt Tsukuba.
Mitten in ein Gebiet, das einstmals nur aus niedrigen Hügeln, dichten Kie-
fernwäldern und winzigen Dörfern bestand, wurde eine Mammut-Technopo-
lis mit zwei Universitäten und nicht weniger als fünfundvierzig Hi-Tech For-
schungsinstituten gesetzt. Etwa fünfundzwanzig Kilometer nordwestlich von

Tsuchiura erhebt sich der Berg Tsukubasan. Die östliche Stadtgrenze reicht nahezu an den See Kasumigaura, den zweitgrößten Süßwassersee Japans, heran. Vor zwanzigtausend Jahren war der See noch Teil des Meeres, das hier eine Bucht bildete und den Saum des Tsukubasan umspülte. Im Verlauf der letzten zwei-, dreihundert Jahre wurden die am See gelegenen Ortschaften von häufigen und schweren Überschwemmungen heimgesucht. Die Ursachen liegen in einer Maßnahme der Shôgunatsregierung des siebzehnten Jahrhunderts. Der Tonegawa, der drittlängste Fluß Japans, ergoß sich ursprünglich in die Bucht von Edo, dem heutigen Tokyo. Da er häufig Überschwemmungen in der Hauptstadt verursachte, ließ die Tokugawa-Regierung den Lauf des Flusses so umleiten, daß der Tonegawa ungefähr siebzig Kilometer östlich von Edo ins Meer mündete. Die Maßnahme beanspruchte sechzig Jahre, befreite Edo von weiteren Überschwemmungen, bescherte jedoch nun der Gegend um Tsuchiura die katastrophalen Hochwasser. Überdies schnitten die vom umgeleiteten Tonegawa mitgeführten Sand- und Schlammassen den See bald von seiner Hauptverbindung zum Meer, dem Fluß Hitachitonegawa, ab und verwandelten den Kasumigaura in kurzer Zeit in einen Süßwassersee. Gleichwohl verband ein schmaler Kanal weiterhin einen Teil des Sees mit dem offenen Meer, so daß in ihm noch bis vor relativ wenigen Jahren Salzwasserfische, wie etwa Stint, in relativ großen Mengen anzutreffen waren. Erst als 1963 ein großes Wehr zwischen dem Hitachitonegawa und dem Meer errichtet wurde, gelangte kein Salzwasser mehr in den See.

Der See Kasumigaura wird nun durch einen langen, schmalen Streifen Land vom Meer getrennt, an dessen südlicher Spitze zwei alte »Großschreine« stehen, der Kashima-Jingû und der Katori-Jingû. Nur diesen beiden Schreinen wurde außer dem heiligsten aller Schreine, dem in Ise, der höchste Rang mit der Bezeichnung *jingû* (Großschrein) zuerkannt, als vor über eintausend Jahren die Hierarchie der Shintô-Schreine festgelegt wurde. Der Kashima-Jingû ist dem Kriegsgott Takemikazuchinokami im Shintô-Pantheon geweiht, der im Kojiki, Japans ältester Aufzeichnung mythologischer und historischer Begebenheiten, als der tapferste unter den Göttern beschrieben wird. Alle Anzei-

chen weisen darauf hin, daß seit frühester Zeit mächtige Herrscher mit engen
Verbindungen zum Kaiserlichen Hof in dieser Gegend ansässig waren. Diese
Provinz hatte in der Nara- (646-794) und Heian-Zeit (794-1185) den Ruf,
besonders wilde und loyale Krieger hervorzubringen. Hitachi, die Provinz, in
der Tsuchiura lag, spielte in den ersten tausend Jahren der schriftlich aufge-
zeichneten japanischen Geschichte eine herausragende politische Rolle. Welches sind die Gründe dafür, daß dieses einst so stolze Land vom Zentrum der
Bühne der japanischen Geschichte verdrängt wurde und in ländliche Rück-
ständigkeit versunken ist? Die Antwort liefern Ereignisse in der Tokugawa-
Epoche (1603-1868). Um den Fortbestand ihres Regimes zu sichern, verdrängten die Tokugawa-Shôgune die mächtigsten der oppositionellen Kriegs-
herrn aus ihrer nächsten Umgebung und zwangen sie, sich in den entlegensten
Gebieten, weit entfernt von Edo, anzusiedeln. Einen ihrer mächtigsten Oppo-
nenten in der Nähe Edos sahen die Tokugawa im Satake-Klan mit seinem
Hauptsitz in Tsuchiura. Sie versetzten ihn nach Akita, an der nördlichen Spitze
der Hauptinsel Japans. Sein Besitz wurde stattdessen treuen Tokugawa-Vasal-
len übertragen, die freilich keinerlei innere Beziehung zu Tsuchiura hatten.

Das Tsuchiura-Lehen wurde während der Tokugawa-Periode lange Zeit von
einem stolzen Klan, nämlich den Tsuchiyas, beherrscht. Die Tsuchiya-Herren
spielten während der Herrschaft der Tokugawa eine bedeutende Rolle in
der Politik des Shôgunats: Der Klan nahm einen erblichen Sitz im Rat der
Shôgunatsregierung ein, einige Mitglieder der Familie bekleideten sogar die
Stelle des obersten Ministers des Shôguns. Infolge dieser Stellung befaßte sich
der Klan ausschließlich mit der Politik der Zentralregierung und wenig mit
seinem Lehen. Dieses betrachtete er ausschließlich als Einkommensquelle. Die
Tatsache, daß Tsuchiura während der nahezu dreihundert Jahre der Tokugawa-Periode keine nennenswerten kulturellen oder künstlerischen Leistungen
hervorgebracht hat, bezeugt das geringe Interesse der Tsuchiyas an ihrem
Land.

1868 wurde das Tokugawa-Shôgunat gestürzt. Die neue Meiji-Regierung
stellte sich die Aufgabe, Japan in eine moderne Nation nach westlichem Vor-

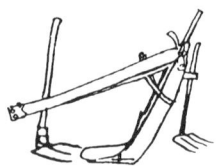

bild umzuwandeln. Dieser soziale Umbau fand ohne irgendwelche Beteiligung der Region Tsuchiura statt; sie konnte die Veränderungen nur passiv hinnehmen. Viele der alten Samurai verließen die Provinz, ihre Burgen verfielen; neureiche Kaufleute hingegen kauften Land und errichteten sich prächtige Landsitze und *kura*, Schatz- und Vorratshäuser. Mit aus dem Handel akkumuliertem Kapital erwarben sie ausgedehnte Ländereien, um das Land sogleich gegen einen hohen Anteil an der Ernte den Bauern zu verpachten.

Über die Raffgier dieser Neureichen erfahren wir viel in jener Geschichte über die Fudô-Häuser, die Art von Mietsbaracken, wie sie von zahlreichen Grundbesitzern errichtet wurden. Vor dem Krieg standen an der Frontseite der Hauptstraßen viele imposante Häuser und angesehene Geschäfte, indessen reihten sich in den Nebengassen dahinter zahllose billige Hütten eng zusammengepfercht aneinander. Die meisten dieser *nagaya* waren von den reichen Grundbesitzern lediglich mit einer ganz bestimmten Absicht errichtet worden: zur billigen Beschaffung von Dünger. Jauche aus Abortgruben stellte das billigste und einfachste Düngemittel überhaupt dar. Wer also genügend Unterkünfte baute, kassierte nicht nur Miete, sondern konnte das, was seine Mieter produzierten, obendrein für seine Felder verwenden.

Bauern lebten hauptsächlich von Kartoffeln und Hirse, von Nahrungsmitteln also mit geringem Nährwert. Ihre Exkremente waren folglich als Dünger nicht besonders wertvoll. Die Bewohner der Mietsbaracken hingegen, obwohl ebenfalls äußerst arm, waren immerhin in der Lage, etwas nahrhaftere Kost zu sich nehmen als die Bauern; ihre Exkremente waren entsprechend ergiebiger. Die Grundbesitzer ließen die Abortgruben der *nagaya* regelmäßig leeren, die Jauche aufs Land bringen, dort in riesige Fässer füllen und an die Pachtbauern verkaufen. Solche Jauchefässer bargen gelegentlich Gefahren: Mir wurde von mehreren meiner Informanten erzählt, daß manch ein betrunkener Dörfler kopfüber in ein solches Faß gestürzt sei. Es gibt sicher einen schöneren Tod!

Neben den Kaufleuten und armen Arbeitern waren natürlich noch die verschiedenen anderen Berufsstände wie Ärzte, Anwälte, Lehrer und Priester in der Stadt vertreten. Diese zeigten jedoch wenig Interesse an den Angelegenheiten der Gemeinde und übten daher kaum einen Einfluß aus. Demzufolge haben sich Kunst und Kultur in Tsuchiura kaum ausgebildet, so daß sie als Stadt wenig Reizvolles zu bieten hat.

Im Gegensatz zu dem Mangel an intellektuellem Leben in der Stadt blühte jedoch die leichte Unterhaltung, besonders in den Rotlichtvierteln. Tsuchiura, eine Poststation an der Hauptstraße nach Norden, quoll in der Tokugawa-Zeit über von Tavernen und Gasthäusern, wo die Dienstmädchen gleichzeitig der Prostitution dienten. Solche Häuser bestanden noch bis weit in unser Jahrhundert hinein, wenn auch in verringertem Umfang. Die Stationierung des Marineluftgeschwaders in Tsuchiuras unmittelbarer Nähe veränderte die Situation drastisch. 1920 richtete die Japanische Marine am Kasumigaura, etwa zehn Kilometer südlich von Tsuchiura, eine Pilotenschule ein. Bekannt unter dem Namen »Kasumigaura kaigun kôkûtai« (Kasumigaura Marineluftgeschwader) entwickelte sie sich zum größten Luftstützpunkt Japans und wurde berühmt oder vielmehr berüchtigt als Ausbildungsstätte für die Kamikaze-Piloten. Die Kaserne übte einen tiefgreifenden Einfluß auf die Wirtschaft und Gesellschaft Tsuchiuras aus, das heißt vor allem auf die Rotlichtviertel, die einen erheblichen Aufschwung erlebten. Um die Soldaten unter bessere Kontrolle zu stellen und von der Stadt fernzuhalten, beschloß die Stadtverwaltung sehr bald, alle Bordelle und Geisha-Häuser zu einem großen Vergnügungsviertel am südlichen Stadtrand zusammenzulegen.

Aus ganz Japan strömten Dirnen in die Stadt. In seiner Glanzzeit betrieben in diesem Viertel mehr als achtzig Geisha und über einhundert Prostituierte, die für die niederen Ränge der Soldaten zuständig waren, ihr Gewerbe. Dieses Buch enthält Erzählungen von mehreren siebzig- bis achtzigjährigen Frauen, die vor dem Krieg in den Diensten einiger der höchstrangigen Offiziere des Landes standen. Mit dem Ende des Krieges kam ebenso das Ende des Marinestützpunktes. Die in der Vergnügungsindustrie Beschäftigten verließen die Stadt, und Tsuchiura verwandelte sich wieder in eine öde Provinzstadt.

Wohl hat die ländliche Umgebung Tsuchiuras in den letzten zwanzig, dreißig Jahren einige Prosperität erlangt, geblieben sind hingegen die meisten der alten Probleme. Das Landvolk bleibt Fremden gegenüber sehr argwöhnisch und hält eigensinnig an manch alten Sitten und Gebräuchen fest. Doch vielleicht ist es gerade seiner abweisenden Haltung zu verdanken, daß es ihm gelungen ist, etwas von seiner Identität zu bewahren. In Tsuchiura verspürt man noch einen Hauch aus vergangener Zeit.

Dieses Buch erschien zuerst 1981 unter dem Titel »Tsuchiura no sato« (Meine Vaterstadt Tsuchiura). Ich entschloß mich, es ins Englische übersetzen zu lassen, weil ich glaubte, daß die hierin gesammelten Erzählungen etwas über das moderne Japan enthalten, das außerhalb Japans – ja von vielen Japanern selbst – zu wenig verstanden wird. Nämlich, daß das Japan, das stolz ist auf seinen Ruf als fortschrittliche Hi-Tech-Nation, bis vor sehr kurzer Zeit eine völlig anders geartete Gesellschaft war. Es war in der Tat diese so andere Gesellschaft, rückständig wie sie vielleicht gewesen sein mag, die die Basis bildete für das, was Japan heute geworden ist.

Saga Jun'ichi
Tsuchiura 1986

DIE STADT
UND IHRE MENSCHEN

Tsuchiuras heutige Hauptstraße
vor einhundert Jahren

Die Fudô-Häuser

Herr Terauchi Ryûtarô (1905-1985)

Neben den Fudô-Häusern im Stadtteil Tajuku, der heute Ôtemachi heißt, gab es das Reisgeschäft »Hirose«, das meinem Großvater gehört hat. Ich wurde in seine Familie adoptiert, als ich fünfzehn war. Von da an bis zu meinem zwanzigsten Lebensjahr habe ich in seinem Geschäft als Lehrling gearbeitet. Die Arbeit hat es mit sich gebracht, daß ich das Viertel Tajuku ziemlich gut kennengelernt habe.

Als Lehrling in unserem Reisgeschäft habe ich miterlebt, wie furchtbar arm die Menschen in diesen *nagaya* genannten Mietsunterkünften waren. Die Frauen haben zu Hause auf ihre Männer warten müssen, bis die abends mit ihrem Tageslohn von nicht mehr als vierzig oder fünfzig *Sen* nach Hause gekommen sind, bevor sie einkaufen konnten. Sie haben das Geld genommen und sind damit schnurstracks Reis holen gegangen. Das konnte ziemlich spät werden. Wenn es genug Geld war, haben sie gleich fünf Pfund gekauft, aber meistens hat es nicht für mehr als drei oder vier Pfund gereicht. Ich glaube kaum, daß es eine Familie gegeben hat, die zehn Pfund auf einmal hätte kaufen können. Wir konnten natürlich nicht immer die halbe Nacht offen halten, bis alle Frauen ihren Einkauf gemacht hatten. Deshalb sind solche Leute oft schon morgens ganz früh gekommen, noch bevor wir aufgemacht haben. Sie haben an's Fenster geklopft und gerufen: »Meine Kinder haben Hunger! Macht auf! Wir brauchen Reis!«

Bei schlechtem Wetter hat es für die Männer keine Arbeit gegeben. Das hat für die armen Leute bedeutet, daß kein Geld ins Haus kam. Die Reisschalen sind leer geblieben. Manche werden denken, mein Großvater hätte solchen Leuten auf Pump verkaufen sollen. Aber wo wären wir da hingekommen, wenn wir damit angefangen hätten? Es hat nämlich Dutzende solch armer Familien in den Fudô-*nagaya* gegeben. Im Nachbarviertel, bei den Nakasei-*nagaya*, war es genauso. Hätten wir das Anschreibenlassen eingeführt, wäre mein Großvater selber Bettler geworden. Deswegen haben wir grundsätzlich niemandem Kredit gegeben. Die Leute haben dafür Verständnis gehabt. Darum ist es ihnen auch nie eingefallen, um Mitleid zu betteln, wenn ihnen das Geld ausgegangen ist. Dann haben sie irgendwie andere Mittel und Wege

Gasse in einem *nagaya*-Viertel

gefunden, sich etwas zu essen zu beschaffen. Sie haben entweder irgendetwas aus dem Haushalt verpfändet oder von Nachbarn geborgt.

Am leichtesten zu versetzen waren *hanten*, Arbeitskittel mit den Firmenzeichen der großen Geschäfte der Stadt darauf. Der Pfandleiher hat auf diese Sachen ohne Schwierigkeiten ein paar Münzen gegeben, gleichgültig wie abgenutzt die Kittel gewesen sind. Der Grund dafür war der, daß die Geschäfte es sich nicht zweimal überlegt haben, ihre Kittel zurückzukaufen. Warum das so war, dafür gab es eine stadtbekannte Geschichte.

Es war schon länger her gewesen, da hat sich ein großes *kanbutsuya*-Geschäft ein neues *kura*, ein Vorratshaus, bauen lassen. Für die Arbeit auf dem Bau hat damals jeder der Zimmerleute einen Arbeitskittel mit dem Firmennamen gekriegt. Später dann, als einer der Zimmerleute mal Geld gebraucht hat, hat er seinen Kittel versetzt, ihn aber nicht wieder auslösen können. Der Pfandleiher wollte den dreckigen alten Kittel wieder loswerden. Also hat er ihn zum Anpreisen wie eine Fahne an einer Stange auf die Straße hinausgehängt. Keiner hat natürlich den Kittel haben wollen. Deswegen ist er monatelang bei Wind und Wetter draußen vor dem Laden gehängt, bis er fast völlig zerfranst war – der Name der *kanbutsuya*-Firma immer schön auffällig für alle zum Sehen. Ein dreckiger und zerfetzter *hanten* vor den Augen der ganzen Stadt ist keine gute Reklame für ein Geschäft. Darum hat das *kanbutsuya* bald einen Gesellen zum Pfandleiher geschickt und den Kittel holen lassen.

Wegen dieser Geschichte war es für die Pfandleiher kein Problem, ein solches Pfand wieder loszuwerden. Alle Geschäfte sind ja auf ihre *hanten* stolz. Es war also kein Wunder, daß die Pfandleiher darauf gerne Geld gegeben haben.

Wenn das schlechte Wetter längere Zeit angehalten hat, ist den meisten Familien nichts mehr geblieben, was sie zum Pfandleiher hätten tragen können. In solchen Zeiten hat es dann nur *okayu*, Reis in heißem Wasser, gegeben. Wenn es dazu auch nicht mehr gereicht hat, haben die Leute gedämpften Gerstenbrei essen müssen, zur Würze höchstens einen Schuß Sojasoße dazu. Trotzdem waren die Städter noch besser dran als die Bauern. Die haben sich nämlich mit Hirse zufriedengeben müssen. Man kann es sich heutzutage kaum

Hölzener Mörser zum *mochi*-Stampfen

noch vorstellen, aber es war wirklich so, daß damals arme Leute oft zwei Tage überhaupt nichts zu Beißen gehabt haben. Sie haben froh sein können, wenn sie sich zweimal im Jahr den Luxus haben leisten können, *mochi* zu essen.

Einmal im Jahr haben die Fudô-Häusler allerdings das, was sie »Mist-*mochi*« genannt haben, gekriegt. Ein Bauer aus der Umgebung hatte nämlich das Recht gepachtet, den Gemeindeabort auszuräumen. Die Jauche hat er als Dünger verwendet. Als Gegenleistung hat er dafür am Jahresende immer etwas *mochi*-Reis* gebracht. So ein Tag war für die Fudô-Häusler wie ein Festtag; sie sind in ihrer Gasse zusammengekommen und haben sich mit einem eigens dafür geborgten Mörser unter großem Gaudium ans Reisstampfen gemacht. »Holla, das war wieder mal ein gutes Jahr«, haben sie gelacht, »es gibt einen Haufen Mist-*mochi*.« Die Kinder haben es immer kaum erwarten können, bis der Teig fertig war, sich an die Reisstampfer herangeschlichen und vom halbfertigen Teig stibitzt. Ich erinnere mich noch gut daran, wie sie vor Begeisterung in der Gasse herumgehüpft sind. Im ganzen Viertel hat an einem solchen Tag Neujahrsstimmung geherrscht. Es war schön, wie alle so guter Laune waren.

Die Fudô-*nagaya* haben keine Küchen gehabt; man hat auf der Straße unter den Vordächern gekocht. Wer nicht glücklicher Besitzer eines tragbaren Lehmöfchens gewesen ist, hat sich einen Ersatz aus Blech gebastelt. Bei solchen Kochern hat man ständig mit dem Fächer wedeln und das Feuer in Gang halten müssen, damit es einem nicht ausgegangen ist.

Da im Freien vor der Tür gekocht worden ist, hat jeder gewußt, was es bei den Nachbarn zu Essen gegeben hat. Für Extravagantes hat ja keiner Geld gehabt, aber wenn es wirklich mal bei einem etwas Besonderes gegeben hat, haben alle was abgekriegt.

Solche Häuser haben natürlich keine *amado* gehabt, Holzschiebetüren, die man nachts oder bei Regen vorziehen konnte. Weil die Häuser also bloß die mit Papier bespannten Schiebetüren und Fenster gehabt haben, die kaum

---

* Das ist eine zum Zerstampfen geeignete, besonders klebrige Reissorte.

etwas abhalten, war es in den Häusern im Winter jämmerlich kalt. Fenster und Türen haben ohnehin schlecht geschlossen, so daß der Wind ungehindert durchs Haus gepfiffen hat. Das Dach war meistens auch nur mit Zweigen ausgebessert, weil die Hausbesitzer wegen der niedrigen Mieten nie etwas haben reparieren lassen. Ich weiß nicht, wie es die Menschen in diesen Baracken ausgehalten haben. Na ja, sie haben halt keine andere Wahl gehabt. Wo hätten sie denn hingehen sollen? Letzten Endes ist eben doch, wie man so sagt, eigner Herd Goldes wert. Da alle gleich arm waren, hat man sich gegenseitig geholfen, so gut es eben gegangen ist, und möglichst einträchtig beieinander gelebt. In mancher Hinsicht war das vielleicht besser als die heutigen anonymen Wohnblöcke.

Der Dorfschmied

Herr Numajiri Hirokichi (1888-1983)

Mein Großvater war Schmied; seine Werkstatt hatte er gemietet, sie war an der Hauptstraße nach Ômura gelegen. Er hat hauptsächlich Gerätschaften für die Landwirtschaft gemacht, denn die Bauern haben die Felder ja noch per Hand mit Feldhacke und Egge bestellt. Wenn ihr Werkzeug nach Jahren im Gebrauch stumpf oder schartig geworden war, hat mein Großvater es ihnen wieder repariert. Solche Geräte hat man nur ausbessern können, wenn man an das abgenutzte Teil ein neues Stück Eisen drangeschmiedet hat. Ich glaub', daß mein Großvater sein Handwerk recht gut verstanden hat, weil die Bauern nämlich von weit her zu ihm gekommen sind. Bis von Oda und Hôjô haben sie mit ihren in Tücher eingewickelten Sicheln und Harken den Weg gemacht, damit ihnen Großvater ihr Werkzeug ausbessert.

Die Esse hat mein Großvater mit Holzkohle gefeuert, und es hat nur solche aus Kiefernholz sein dürfen. Der Blasbalg hat eine raffiniert einfache Zugvorrichtung gehabt. Die Zugschnur war so am Blasbalg befestigt, daß das ein Ende an den rechten, großen Zeh gebunden werden konnte, das andere Ende ist von der rechten Hand gehalten worden. So konnte man abwechselnd mit dem Fuß und der Hand ziehen und den Blasbalg rechtsseitig bedienen. Dadurch hat man die linke Hand frei gehabt, damit man das Werkstück hat halten können, während ein Geselle mit seinem Hammer das glühende Eisen bearbeitet hat. Wie mein Großvater alt geworden ist und höchstens noch ein oder zwei Geräte am Tag hat reparieren können, hat er sich aufs Altenteil gesetzt. Das war aber den Bauern überhaupt nicht recht, weil sie seine Arbeit nicht haben missen wollen.

Ich war ungefähr sieben Jahre alt, wie 1894 der Krieg mit China ausgebrochen ist. Aus unserem Dorf sind auch vier oder fünf Männer eingezogen worden. Ich erinnere mich noch ganz genau daran, wie das ganze Dorf zum Fluß Sakuragawa hinuntergegangen ist, wo man die jungen Burschen verabschiedet hat. Damals hat's noch keine Brücke über den Fluß gegeben; man ist mit der Fähre rübergefahren. Für unsere Burschen mit ihren Pferden war das aber nicht so einfach, weil die Fähre dafür viel zu klein gewesen ist. Deswegen haben sie die Tiere durchs Wasser ans andere Ufer getrieben.

Die Brücke Suijinbashi über den Sakuragawa ist erst nach dem Krieg gegen Rußland (1904-1905) gebaut worden. Nach dem Krieg hat man auch in Tsuchiura nämlich immer mehr Handkarren und Pferdefuhrwerke eingesetzt, die es vor dem Krieg noch kaum gegeben hatte.

In unserem Dorf haben ungefähr dreißig Familien gelebt. Nicht mehr als ein Drittel davon hat ein eigenes Pferd gehabt. Einmal im Jahr ist der vom Dorf bezahlte Veterinär gekommen und hat die Hufe der Pferde zugeschnitten. Dafür hat es hinter dem Haus vom Dorfschulzen ein eigenes Grundstück gegeben, den sogenannten »Ausbesserungshof«. Direkt daneben hat ein Haus gestanden, wo gewöhnlich die Alten aus unserem Dorf zusammengekommen sind. Sie haben dort gebetet und danach bei grünem Tee einen kleinen Schwatz gehalten.

In Ôshita, an der Poststation, war ein kleines einstöckiges Haus. Heute ist an der Stelle nur ein leerer Platz, wo Busse abgestellt werden. Aber damals war da ein Teehaus mit drei Dirnen. Der Weg nach Tsuchiura ist damals, wo es noch keine Brücken gegeben hat, ja noch weit und mühsam gewesen. Deswegen sind die jungen Burschen aus der Umgebung zu diesem Teehaus gegangen, wenn sie sich amüsieren wollten. Heut' ist man schnell in der Stadt, drum gibt's das Teehaus, wie so vieles andere auch, schon lange nicht mehr.

Mein Vater ist ganz plötzlich gestorben, wie ich gerade sieben Jahre alt gewesen bin; ich glaube, daß er einfach zu schwer gearbeitet hat. Weil jetzt der Ernährer gefehlt hat, hab' ich, obwohl ich noch klein war, mit meiner Mutter auf dem Feld mitarbeiten müssen. Wir waren nur arme Pachtbauern ohne eigenes Land, da hat man als Kind auch mit anfassen müssen. Für vierzig Ar Land, das ungefähr vierundzwanzig Sack Reis im Jahr abgeworfen hat, hat man zwölf Sack Jahrespacht abgeliefert. Für unsereins ist es nicht leicht gewesen, vom Rest zu überleben. Andererseits hat es aber genug Bauern gegeben, die noch gern dazugepachtet haben, wenn etwas frei geworden ist, so daß der Grundbesitzer einen Pächter immer leicht unter Druck hat setzen können. »Wenn dir die Pacht zu hoch ist«, hat er kaltschnäuzig gesagt, wenn man jammern wollte, »kannst' ja abgeben!« Was ist einem da anderes übrig geblieben,

Reisdrescher

als sich krumm zu schuften? Nach einem schlechten Sommer hat so mancher Pächter den bitteren Gang zum Pachtherrn machen müssen und, oft unter Tränen, um Nachlaß gebettelt. Viele Grundherren waren hart und unnachgiebig: »Wer nicht zahlen kann«, hat's zur Antwort gegeben, »braucht kein Land.« In solchen Jahren hat man keine andre Wahl gehabt, als dem Pachtherrn fast die ganze Ernte abzuliefern, so daß für die eigene Familie noch weniger übriggeblieben ist als sonst.

Manche Grundbesitzer waren so hartherzig, daß sie von ihren Pächtern erschlagen worden sind. Man hat oft von dem Fall erzählt, wo ein Grundherr mit einem Feuerwerkskörper umgebracht worden ist. In den Dörfern hat man damals für die Dorffeste Feuerwerkskörper, sogenannte *raikô* (Blitz), gemacht. Das waren mit Schießpulver gefüllte Holzrohre und mit einer Bambusverstärkung an der Öffnung. Solch ein *raikô* ist einem Pachtherrn in's Schlafzimmer geworfen worden. Ein anderer Grundbesitzer ist von den Bauern in den Bergen erschlagen worden. Glücklicherweise sind diese Zeiten aber schon lange vorbei.

Sogar in guten Jahren hat man aber froh sein können, wenn einem nach der Pacht noch wenigstens für ein halbes Jahr Reis für die eigene Familie übriggeblieben ist. Damit wir für das restliche halbe Jahr Reis haben kaufen können, haben wir uns nach zusätzlichen Verdienstmöglichkeiten umsehen müssen, zum Beispiel als Tagelöhner in Kiesgruben oder bei Straßenbaukolonnen.

Die meisten Häuser in unserem Dorf haben kein eigenes Bad gehabt. In solchen Familien hat man sich meist nur in einer Wanne mit kaltem Wasser gewaschen. Nur einmal in der Woche ist man zu einem Nachbarn gegangen, der ein heißes Bad gehabt hat und hat mitgebadet. Ich glaub', daß von den dreißig Haushalten in unserem Dorf höchstens fünf oder sechs ein eigenes Bad besessen haben. Ich weiß nicht, wie es in anderen Dörfern ausgesehen hat, aber in unserer Gegend war das Problem mehr das Brennmaterial als die Badewanne. Hätten wir eigenen Wald gehabt, wär' es einfach gewesen. Wir hätten nur ein paar Bäume zu schlagen brauchen und daraus Brennholz machen müssen. So aber haben wir überhaupt kein Holz gehabt, denn Holzsammeln im

34

Wald des Grundbesitzers ist streng verboten gewesen. Selbst Laub hat man sich nicht einmal nehmen dürfen. Wir haben auch nicht genug Geld gehabt, damit wir Holz zum Kochen hätten kaufen können. Stattdessen haben wir Strohbündel, hauptsächlich Reisstroh genommen. Aber auch das war knapp, so daß wir am Flußufer trockenes Schilf geschnitten und verfeuert haben. An Brennmaterial für ein Bad war also erst gar nicht zu denken. Sehen Sie, heiß baden ist für die meisten Familien großer Luxus gewesen.

Gegen Regen haben die Bauern damals einen *himino*, einen aus Stroh geflochtenen Regenumhang, und einen Binsenhut getragen. In den feucht-heißen Sommermonaten war das genau das Richtige: Der *himino* hat einerseits gegen die Sonne geschützt, aber andererseits die Luft gut durchgelassen. Das war in der schwülen Hitze recht angenehm. Solche Umhänge hat man in unserer Gegend sogar noch manchmal nach dem letzten Krieg gesehen.

Bei uns war man so furchtbar arm, daß das *mabiki*, das »Auslichten« der Neugeborenen, zum Alltag gehört hat. Ich hab' noch erzählen hören, daß die Anzahl der getöteten Säuglinge davon abgehangen hat, wie streng der jeweilige Dorfpolizist gewesen ist. Ein scharfer Wichtigmacher von einem Polizisten hätte nämlich schnell Verdacht geschöpft, wenn er gesehen hätte, daß eine Frau von einem Tag zum anderen nicht mehr schwanger war, ohne daß ein neues Baby vorhanden gewesen wäre. Wenn solch einer angefangen hätte, Fragen zu stellen, hätte man einen Haufen Scherereien kriegen können. Solange das Dorf also solch einen Polizisten gehabt hat, ist es sicherer gewesen, man hat einen zusätzlichen Esser am Leben gelassen. Wenn aber ein neuer, nachsichtiger Polizist gekommen ist, sind die Fälle von »Auslichtungen« sofort wieder drastisch angestiegen. Die Situation war derart extrem, daß die Zahl der Kinder in den Schulklassen erheblich geschwankt hat, je nach dem, was für ein Polizist in den einzelnen Jahrgängen gerade Dienst getan hat.

Noch ein anderes Beispiel fällt mir ein, woran man sehen kann, welche Armut bei uns geherrscht hat. Zu der Zeit, als ich noch in die Volksschule gegangen bin, haben wir statt Lampen in Petroleum getauchte Dochte verwendet. Manche Familien hatten zwar richtige Öllampen, aber die meisten

Leute haben bloß die Dochte genommen, weil die wesentlich sparsamer waren. Wir haben uns aber oft nicht einmal das Petroleum leisten können. Wenn wir also wieder einmal kein Licht gehabt haben, bin ich auf die Reisfelder gegangen und hab' Glühwürmchen gefangen. Damals sind ja im Gegensatz zu heut' noch genug davon herumgeschwirrt. Wenn man entsprechend viele davon in eine dünne Papiertüte gesteckt hat, haben sie fast wie ein Lampion geleuchtet. Ich hab' mir das dann dicht über mein Schreibheft gehängt und beim Schein meiner »Laterne« sogar Schriftzeichen üben können. Ich hab' das als Kind übrigens ganz lustig gefunden.

Der Fuhrmann

Herr Kimura Tamotsu (1902-1980)

Ich bin im Stadtteil Tsukijimachi am Fluß Tsukijigawa* geboren. Die Menschen in unseren *nagaya* waren alle bettelarm. Kaum eine der Hütten unten am Fluß war in einem guten Zustand – bestenfalls haben sie ein dichtes Strohdach gehabt. Dort haben fast nur Tagelöhner gewohnt, mit ein paar Zimmerleuten und Maurern darunter. Die meisten Arbeiter haben bloß vierzig oder fünfzig *Sen* am Tag verdient, und davon haben sie eine ganze Familie ernähren müssen. Heute kann's sich kaum noch jemand vorstellen, wie schwer es die Menschen damals im Leben gehabt haben. Wenn man sich überlegt, daß eine Schüssel Nudelsuppe drei *Sen* und ein Haarschnitt fünfzehn *Sen* gekostet haben, kriegt man eine Vorstellung davon, wie niedrig die Löhne damals gewesen sind.

Mein Vater hat mit Hühnern gehandelt. Von den Bauern hat er Eier und Hühner gekauft und sie an die Großhändler, wie das »Tochigiya« oder »Komatsuya«, weiterverkauft. Damit die Hühner möglichst viel Gewicht gehabt haben, hat er sie noch kurz vor dem Verkauf mit *satsuma-imo*, einer Kartoffelart, gemästet. Das hat ihre Bäuche schön rund gemacht. Man hat aber beim Mästen ein bißchen nachhelfen müssen, weil die Hühner nicht freiwillig so viel geschluckt haben und der Kartoffelbrei meistens im Schlund stecken geblieben ist. Mein Vater hat dann einfach Wasser nachgeschüttet und in den Schnabel geblasen. Jedesmal wenn der Kloß durch den Schlund hinuntergerutscht ist, haben die armen Viecher die Augen verdreht. Trotz solcher Methoden hat es nicht zum Leben gereicht, und mein Vater hat nebenbei noch Landwirtschaft betreiben müssen.

Als ich neunzehn war, ist mein Vater ganz plötzlich an einer Infektion gestorben. Ich hab' damals schon ein bißchen was als Fahrradmechaniker verdient. Das hat aber nicht gereicht, daß wir alle, ich, meine Mutter und meine jüngeren Geschwister, davon hätten leben können. Ich hab' mich deswegen von der Spedition »Marugo«, die direkt am Bahnhof war, im Lager anstellen lassen. Soweit ich mich erinnern kann, haben noch drei weitere Fuhrunter-

---

* Der Fluß ist zugeschüttet worden.

nehmen existiert: »Kakutama«, »Marusa« und – das größte – »Marutsû«. Damals hat man natürlich noch alles mit Pferdefuhrwerken transportiert. Lkws hat's noch nicht gegeben.

Wenn man Fuhrmann hat werden wollen, hat man sein eigenes Fuhrwerk kaufen müssen. Wer das Kapital dafür nicht hat aufbringen können, der hat als gewöhnlicher Träger arbeiten und alles auf dem eigenen Buckel schleppen müssen. Manche Transportarbeiter, die sogenannten *hikiko*, haben aber ihr Fuhrwerk mitsamt dem Pferd von ihrer Firma gemietet. Sie haben dann von ihren Einnahmen nur vierzig Prozent behalten dürfen, den größeren Teil von sechzig Prozent hat das Unternehmen kassiert.

Mit zwanzig bin ich für zwei Jahre zum Militär ins Utsunomiya-Regiment eingezogen worden. Kaum war ich wieder entlassen, hab' ich mir sofort ein eigenes Pferdefuhrwerk gekauft. Wenn man ein eigenes Pferd hält, ist das aber ein Haufen zusätzlicher Arbeit. Damals hab' ich ja in einem der *nagaya* gewohnt, das heißt ich hab' einen Schuppen und Stall mieten müssen. Ein Pferd kann man nicht wie ein Auto einfach abstellen, es ist halt mal ein Lebewesen. Man muß es gut pflegen, auch wenn's gerade mal kein Geld einbringt, sonst wird es leicht krank. Wenn es für mich den ganzen Tag schwer gearbeitet und mir den Wagen mit über dreißig Sack Reis brav gezogen gehabt hat, war das mindeste, was ich dafür hab' tun müssen, daß ich's hinterher noch gestriegelt hab'. Jeden Abend nach der Arbeit, ob Sonne, Regen oder Schnee, hab' ich einen Zuber Wasser heiß gemacht und meinen Gaul damit geschrubbt. Das hat er schon gebraucht, damit er fit geblieben ist.

Morgens hab' ich als erstes nach dem Aufstehen mein Pferd gefüttert, noch bevor ich mein eigenes Frühstück gemacht hab'. Normalerweise hab' ich kurz geschnittenes Weizenstroh, gemischt mit Reis- oder Weizenkleie, gefüttert. Pferde sind einerseits eigenwillige Kreaturen. Futter, das sie nicht mögen, rühren sie nicht an. Sie drehen sich nicht einmal um danach. Sie können unangenehm werden, schlagen aus und treten gegen die Stallwand. Empfindlich reagieren sie auch auf unsauberes Futter. Nur eine Spur Urin im Stroh, und schon fressen sie's nicht mehr, egal wie ausgehungert sie sind. Andererseits ver-

Lastenträger, Pferd und Wagen

steht ein Pferd, wenn man es richtig behandelt, uns Menschen besser als unsersgleichen – das ist immer meine Meinung gewesen. So war's zum Beispiel zwischen meinem Jungen und unsrem Gaul. Wenn ich meinen Ältesten mal ausgeschimpft und ihn hart angefaßt hab', ist er immer zu ihm in den Stall gerannt, hat sich daneben gelegt und dabei in den Schlaf geheult. Der Gaul hat ihn abgeschnuppert und gerade so getan, als würde er auf ihn aufpassen.

Wir Fuhrleute haben damals zur Arbeit *hanten* angehabt, dazu einen Binsenhut aufgesetzt oder ein einfaches Tuch um die Stirn gebunden. Im Sommer haben wir nur mit einem Lendentuch oder in knielangen, leichten Unterhosen gearbeitet. Schuhe hatten wir Fuhrleute keine, stattdessen haben wir *tabi* mit Gummisohlen getragen. Bei Regen haben wir uns ein Strohcape umgehängt.

Meine normalen Touren haben im Umkreis von ungefähr fünfundzwanzig Kilometern gelegen. Manchmal bin ich aber sogar bis nach Mito gefahren. Das hab' ich ganz gern gemacht, weil's da für uns Fuhrleute ein Gasthaus am See Senbako gegeben hat, wo wir gut haben übernachten und das Pferd einstellen können.

Die Straßen sind damals noch nicht gepflastert oder gar asphaltiert gewesen. Nach einem starken Regen ist man fast im Morast versunken; es war gerade so, als wär' man durch ein geflutetes Reisfeld gefahren. Mit schwerer Ladung ist man kaum mehr vom Fleck gekommen. Außerdem hat's in unserer Gegend ja viele bergige Straßen gegeben. Auf dem Weg nach Kandatsu zum Beispiel hat man drei oder vier große Steigungen drin gehabt; zwischen Manabe und Ishioka waren's sogar zwölf. Auf solchen Strecken hab' ich meinem Gaul nicht mehr als zwanzig Sack zumuten können. Aber wenn wir nur in der Stadt gefahren sind, hab' ich gut dreißig Sack aufladen können.

Auf dem Weg nach Ishioka waren zum Glück mehrere Pferdetränken eingerichtet, wo man den Gaul hat verschnaufen lassen können. Zur Mittagszeit hab' ich immer an solch einer Tränke Rast gemacht und meinen Proviant ausgepackt. Meinem Pferd hab' ich seine Kleiemischung im Futtersack gegeben, den ich immer dabei gehabt hab'.

39

Pferde sind zwar eigenwillige, aber gescheite Tiere. Nach einiger Zeit kennen sie ihre Strecken und wissen ganz genau, was für Geschäfte es unterwegs gibt und was die zum Fressen haben. Jedesmal wenn wir zum Beispiel am Geschäft von Ono Isamu im Stadtteil Sakuramachi vorbeigekommen sind, ist mein Gaul einfach stehengeblieben. Da hat kein Ziehen und Zerren am Zügel mehr genützt, er hat sich nicht mehr vom Fleck gerührt. Er hat nämlich genau gewußt: Da gibt's Karotten. Erst wenn ich ihm eine davon gegeben hab', ist er zufrieden weitergezockelt. Wenn's recht heiß gewesen ist, hat er auch gern einen Schluck Bier mögen. Wenn ich gesehen hab', daß er schon müd' und lustlos dahergetrottet ist, hab' ich angehalten und eine Flasche Bier geholt. Das hab' ich ihm einfach aus der Flasche ins Maul geschüttet. Da hat er ganz genüßlich den Hals weit vorgestreckt, so als möcht' er jeden Tropfen einzeln auskosten. Wenn ich ihm dann noch ein paar Minuten Zeit zum Rasten gegeben hab', war er bald wieder der alte.

Grantig hab' ich aber werden können, wenn sich ein Pferd widerspenstig angestellt hat und gar nicht hat gewöhnen wollen, oder wenn es auf gute Behandlung überhaupt nicht angesprochen hat. Da hat's schon sein können, daß ich's vor Wut geprügelt hab'. Wenn alles nichts geholfen hat, hab' ich bloß noch geflucht: »Du Mistvieh, du elendes!« und resigniert aufgegeben. Die wüste Sprache hab' ich mir bald so angewöhnt gehabt, daß ich mit meinen Kindern genauso derb geschimpft hab'. Ich bin über mich dann doch ziemlich schockiert gewesen, wie ich einmal unsere Nachbarin gehört hab', als sie gesagt hat: »Der Kimura, das ist mir vielleicht ein Grobian!« Alles in allem, Pferde sind im Grunde ganz brave Tiere, wenn man vernünftig mit ihnen umgeht. Im großen und ganzen bin ich mit meiner Arbeit als Fuhrmann ja ganz gut zurechtgekommen.

Vor allem junge Pferde sind für unsere Arbeit nicht so gut brauchbar, weil sie noch recht hitzig sind. Das ist eher ein Alter für Rennpferde; die sind im allgemeinen zwischen drei und vier Jahren in bester Form. Ab fünf oder sechs Jahren kann man grundsätzlich jedes Pferd zur Arbeit abrichten, vorausgesetzt es ist gesund und kräftig. Doch ab sieben oder acht Jahren arbeitet man mit ihnen am leichtesten. Einmal im Monat hab' ich die Hufeisen auswechseln lassen. Dafür hat es zwei Schmiede gegeben: den Kubota in Takatsû und den Ôtsu beim Bahnübergang in Manabe. Alle zwei waren sie gut und drum haben sie auch ein gutes Geschäft gehabt. Für alle vier Hufe hat ein guter Hufschmied einen halben Tag gebraucht. Erst sind die Hufe mit einer dünnen, scharfen Klinge zugeschnitten worden, dann hat man die Eisen angepaßt und schließlich aufgenagelt. In der Zwischenzeit haben die Fuhrleute daneben gesessen und neugierig zugeschaut.

Sorgen hat man als Fuhrmann jede Menge gehabt. Der Packsattel zum Beispiel hat regelmäßig, mindestens einmal im Jahr, ausgebessert werden müssen. Wenn der nämlich die richtige Form verloren hat, hat er dem Pferd den Rücken wundgescheuert. Und ein Pferd mit Sattelschwielen hat nicht mehr zur Arbeit getaugt. Drum hat man nicht lange warten dürfen, wenn man gesehen hat, daß der Sattel nicht mehr in Ordnung war, sondern hat ihn sofort aufarbeiten lassen müssen. Einen Sattler, der das gemacht hat, hat's im Viertel Ômachi gegeben.

Ein Wagen hat nicht länger als fünf Jahre gehalten. Schließlich waren sie ja das ganze Jahr über jeden Tag im Einsatz und mit schwerer Fracht beladen. Wenn man sie nicht in Schuß gehalten hat, sind sie schnell heruntergekommen, und alles hat an ihnen gewackelt. Man hat immer was dran machen müssen. Wichtig war zum Beispiel, daß man sie immer wieder gestrichen hat. Als Holzschutzmittel hat man meistens Persimonensaft genommen. Aber so ein Anstrich hat auch nur wenige Jahre gehalten.

Sehen Sie, für uns Fuhrleute hat's immer was zu tun gegeben, und trotzdem ist dabei nicht viel herausgesprungen. In unsrem Beruf hat man keine Aussicht gehabt, reich zu werden. Unter den Fuhrleuten hat's immer geheißen: »Das Pferd frißt seinen Mann – auf der Straße oder im Stall.« Das ganze Geld, das man verdient hat, hat man wieder in den Wagen und den Gaul gesteckt. Und bis die Familie versorgt war, ist kein Pfennig übrig geblieben.

Daß ich den Beruf trotzdem nicht an den Nagel gehängt hab', hat wahrscheinlich daran gelegen, daß ich gern mit Pferden umgegangen bin. Ich erinnere mich noch an den Tag, wo ich vom *shôchû*, unsrem Reisschnaps, sternhagelvoll war und fast bewußtlos auf meinem Wagen gelegen hab'. Da hat mich mein Gaul, das brave Vieh, ganz von alleine nach Hause gebracht. Dort hat er so lange gewiehert, bis meine Leut' aufgewacht sind und mich ins Haus geholt haben. Ich glaube schon, daß die Tiere manches genau so gut verstehen wie wir Menschen.

Eine Geisha erzählt

Frau Miyazaki Iku (1896-1982)

Heutzutage gibt es ja auch genug reiche Leute, aber vor fünfzig, sechzig Jahren waren die Reichen viel extravaganter als heute. Als Beispiel dafür will ich nur eine Geschichte aus meiner Zeit als Geisha erzählen. Ein guter Kunde von mir, ein gewisser Okamoto Gihei, pflegte ein- oder zweimal im Jahr seinen Geschäftsfreund Asano Yashihiko zu besuchen, der im Stadtteil Fukagawa in Tokyo wohnte. Wenn Okamoto auf Reisen ging, tat er dies nie alleine, sondern er nahm jedes Mal einige Lehrlinge, drei oder vier Gehilfen und fünf oder sechs Geisha mit.

Okamoto hatte in die Dampfschiffahrt investiert. Außerdem handelte er mit Kohle, Kies und Düngemittel; Asano war Besitzer des Jôban-Kohlenbergwerks. Durch ihre Geschäftsbeziehungen waren beide gute Freunde geworden.

Sobald Okamoto den Tag für die Reise nach Tokyo festgelegt hatte, wurde für jede Geisha ein neuer Kimono bestellt – mit allem drum und dran, vom *obi*, dem Kimonogürtel, bis zu den *tabi*, den weißen Socken. Fand die Reise im Sommer statt, erhielten wir zum Beispiel Kimono mit Wachtel-Design auf grauem Grund, einen halblangen Umhang aus getupftem Material, einen hellgrauen *obi* mit Goldstickerei und ein *obi age*, das Band, das zum *obi* gehört, aus Kreppseide mit einem Kirschblütenmuster, alles genau aufeinander abgestimmt. Waren die Sachen fertig, fuhren wir zu Okamotos Residenz, wo seine Frau, eine sehr kultivierte und attraktive Dame, jeder Geisha persönlich die neue Ausstattung überreichte. Okamoto hatte auch eine Geliebte, eine ehemalige Geisha, die er aber nie nach Tokyo mitnahm. Sie hieß Tamafune und war sehr schön. Er hatte für sie ein luxuriöses Haus hinter dem Tempel Tôkôji in Tajuku eingerichtet.

Am Tag vor der Abreise gingen wir Geisha zur Frisierdame und ließen uns die Haare im klassischen Takashimada-Stil aufstecken. In jener Nacht ruhten wir vorsichtiger als sonst mit unserem Nacken auf der Kopfstütze, daß unsere Frisur nur ja nicht in Unordnung geriet. Die Kimono und *obi* legten wir für den Morgen am Kopfende unseres Futon bereit.

An jenem Morgen, da ich zum ersten Mal mitfahren durfte, waren wir schon vor Tagesanbruch auf den Beinen. Als wir mit dem Schminken und Anziehen

Torhaus eines Grundbesitzers

fertig waren, fuhren wir alle zusammen in Rikschas vor Okamotos Haus vor. Bis wir dort ankamen, hatten Okamotos Hausburschen den Garten und die Wege schon fein säuberlich gefegt; nicht ein einziges Blatt war irgendwo liegengeblieben. Wir warteten im Garten, bis nach kurzer Zeit Okamoto mit seinen Lehrlingen und Angestellten im Gefolge aus dem Haus trat. Nach ihnen erschien als letzte seine Frau. Okamoto betrachtete uns kritisch von oben bis unten und rief schließlich gut gelaunt aus: »Gut, in diesem Staat können wir uns in Tokyo überall sehen lassen und brauchen uns nicht zu schämen!«

Von Okamotos Haus fuhren wir in einer Prozession von mindestens zehn Rikschas zum Bahnhof, wo der Bahnhofsvorsteher uns mit größtem Respekt empfing. Um sieben Uhr war es so weit: wir stiegen in den Zug, und in kaum drei Stunden waren wir in Tokyo. Am Bahnhof Tokyo angekommen – das Gebäude war gerade kurz zuvor eröffnet worden – nahmen wir im Bahnhofsrestaurant eine Mahlzeit ein. Ich habe damals zum ersten Mal in meinem Leben ein Steak gegessen. Da ich aber überhaupt nicht wußte, wie man einem westlichen Gericht zu Leibe rücken sollte, schielte ich zu Okamotos Gehilfen, um zu sehen, wie man mit dem Besteck umgeht. Irgendwie muß ich aber wohl Messer und Gabel falsch abgelegt haben, denn schon segelte der Ober auf unseren Tisch zu und verschwand im Nu mit meinem Teller und dem halben Steak darauf. Mir tut es noch heute um mein Steak leid, wenn ich daran denke.

Vom Bahnhof Tokyo bis zu Asanos Haus war es ein ziemlich weiter Weg, doch fuhren wir ohne Rücksicht auf die Kosten die ganze Strecke in Rikschas. Asano bewohnte ein mächtiges Haus, mit einer hohen Mauer und einem imposanten Eisentor. Eine Treppe von mindestens zehn Stufen führte zum Eingang hoch. Entlang der Mauer und zu beiden Seiten der Treppe lungerten zerlumpte Männer herum, die man für Landstreicher halten konnte. Sie machten einen furchterregenden Eindruck auf mich. Einer der Hausgehilfen erklärte uns aber, daß dies Männer seien, die bei Asano Arbeit suchten. Da öffnete sich auch schon das eiserne Tor, und mit Ryôzô, einem von Asanos Bediensteten, kamen uns mehrere Dienstmädchen und Hausburschen zur Begrüßung entgegen. Okamoto erwiderte in aller Höflichkeit ihren Gruß, und sodann traten wir alle ein. Bevor sich das Tor schloß, versuchten mehrere der wartenden Männer die Chance zu nutzen und drängten heran, wobei sie laut rufend um Arbeit baten. Ryôzô zeigte keinerlei Mitleid mit ihnen, sondern befahl den Gehilfen nur, das Tor schnellstens zu schließen. Die Männer draußen herrschte er aber barsch an: »Ihr könnt noch warten!«

Ryôzô erzählte uns später, daß Asanos Verwalter in den ärmeren Vierteln Tokyos an Arbeitslose Zettel verteilen ließ. Damit konnten sie bei ihm Arbeit bekommen. Er ließ jedoch immer nur so viele Zettel verteilen, wie er gerade Arbeiter brauchte. Männer, die zu kurz gekommen waren, versuchten es dann direkt vor Asanos Haus. Sie warteten dort oft den ganzen Tag auf den Augenblick, wo sie doch noch Arbeit bekommen könnten. An diese Männer wurden täglich weitere zehn oder zwanzig Zettel verteilt, wofür dann irgendwelche Gelegenheitsarbeit vergeben wurde.

Asanos Grundstück war so weitläufig, daß ich mich sicher verlaufen hätte, wenn ich alleine dort umhergewandert wäre. Es standen Dutzende mächtiger Bäume darin; zwischen den Baumgruppen fanden sich hier und da kleine Häuschen versteckt. Ich habe ferner die riesige Eingangshalle des Haupthauses immer noch vor Augen und den leuchtend roten Teppich, der vom Flur bis tief ins Innere des Hauses führte. In Tsuchiura waren vor dem Krieg nicht einmal in herrschaftlichen Häusern, wie Okamoto eines besaß, solche Teppiche zu sehen. Asanos Villa erschien uns daher desto eleganter. Ich erinnere mich, wie wir Frauen untereinander stumme Blicke austauschten und wie unsicher ich mir war, ob man wohl seinen Fuß auf solch wunderbares Gewirke setzen durfte.

Woran ich mich in Asanos Villa auch noch entsinne, ist der wunderschöne Garten. Er lag an der Ostseite des Hauses und enthielt blaue, chinesische Glockenblumen – eine der klassischen sieben Herbstpflanzen –, die sämtlich in voller Blüte standen.

Da wir mit Okamoto gekommen waren, wurde von uns nicht erwartet, daß wir sangen und *shamisen* spielten. Wir wurden stattdessen als Gäste behandelt und von den Mägden des Hauses mit ausgesuchten Speisen bedient. Alles war so anders als selbst in den nobelsten Häusern bei uns in Tsuchiura, so daß wir uns fühlten, als wären wir in einen Königspalast geraten. Wir waren überwältigt von dieser Umgebung und wagten es kaum, von den servierten Gerichten zu kosten.

Nach dem Essen zogen sich Asano und Okamoto zu einer Besprechung in ein separates Zimmer zurück. Wir Geisha wurden von Ryôzô durch das Haus und den Garten geführt. Zum Abend hin erschien eine große Gruppe von Männern mit langen Besen und sonstigen Geräten und begann, den Garten zu säubern. Es waren die gleichen Gestalten, die wir am Morgen gesehen und die noch Arbeit bekommen hatten. Am Ende des Tages nun sprengten sie den Garten mit Wasser und fegten die Wege, bis alles frisch und makellos sauber aussah. Als sie damit fertig waren, sah ich sie zum Hintereingang der Villa gehen. Dort fielen sie vor dem Verwalter auf die Knie, verneigten sich bis zur Erde und murmelten unterwürfigst: »Danke, danke, vielen Dank! Denken Sie auch in Zukunft wieder an mich!« Ich stand hinter einigen Bäumen und beobachtete die Szene, zutiefst schockiert, daß erwachsene Männer zu solcher Demütigung herabgewürdigt waren.

Ich weiß auch noch, wie ich in einer Gruppe von sechs oder sieben Geisha zusammen mit Okamoto zu einer Besichtigung von Asanos Jôban-Bergwerk gefahren bin. Kohlengruben waren damals schreckliche Orte, wo die Bergleute unter härtesten Bedingungen arbeiteten und lebten. Asano belehrte uns: »Es ist bestimmt gut, wenn ihr mal seht, wie schwer die Arbeit in einem Bergwerk ist.« So folgten wir in unseren eleganten Kimono, beim Schein einer Grubenlampe, unserem Führer in den Schacht. Die Kumpel hatten pechschwarze Gesichter, und es schien in dem düsteren Licht, als würden uns ihre Augen böse anfunkeln. Die Männer waren offensichtlich durch den Anblick von Geisha in Kimono dort unten im Schacht sehr verdutzt. Nach kurzer Zeit klagten wir jedoch schon über ein flaues Gefühl im Magen und daß wir nicht richtig atmen könnten, daher kehrten wir schon auf halbem Wege wieder um, zurück ans Tageslicht. Unter meinen Kolleginnen waren nur ganz wenige Geisha –

Frau Miyazaki

zumindest so weit ich davon wußte –, die aus einer Bergarbeiterfamilie stammten. Manchmal kam Herr Asano zu uns nach Tsuchiura zu Besuch. Er war immer sehr einfach gekleidet. In der Tat so einfach, daß man ihm seinen Reichtum nicht ansah. Er trug stets einen schlichten Baumwollkimono, diesen allerdings mit eingewebtem Familienwappen. Sein halblanger Überwurf aus einfachem schwarzen Stoff jedoch zeigte weder das Wappen, noch verriet irgend ein anderes Zeichen seinen Stand. Aus einiger Entfernung betrachtet wirkte es daher so, als trage er nur einen gewöhnlichen Kimono. Wollte Asano jedoch aus irgendeinem Grund seinen Status demonstrieren, brauchte er nur seinen Umhang abzulegen, und das Familienabzeichen kam zum Vorschein. Er pflegte die äußerliche Einfachheit auch in anderen Dingen. So lehnte er es zum Beispiel in der Hitze des Sommers ab, sich von einer Geisha mit dem Fächer Kühlung geben zu lassen. Er sagte dann immer: »Es ist doch Sommer. Da ist es ganz normal, daß es heiß ist. Ein bißchen mit dem Fächer wedeln, kühlt vielleicht für ein paar Augenblicke, aber mehr ist es doch nicht.«
Okamoto dagegen hatte mehr Sinn für Luxus und Prunk als Asano. Uns Geisha war das natürlich viel lieber. In seiner Gesellschaft amüsierte man sich immer gut. Auch erwies er uns immer kleine Aufmerksamkeiten, weshalb wir ihn alle sehr gern leiden mochten.
Manchmal machte er mit seinen Geschäftsfreunden einen Ausflug zum See Kasumigaura, wozu er uns Geisha zur Begleitung mitnahm. Seine Kontakte reichten vom Inhaber eines Kaufhauses in Tokyo bis zu Beamten der Zentralbank von Japan. Okamoto besaß als einziger in Tsuchiura ein Hausboot, so ein ganz feines mit Glasschiebetüren. Einen Ausflug damit an einem sehr heißen Tag Ende Juli habe ich noch sehr gut in Erinnerung. Wir fuhren mit einem Vertreter der Zentralbank über den See ans östliche Ende nach Itako. Während wir gemächlich den See überquerten, spielte ich mit meinen Kolleginnen Harukichi, Kochiyo und Mitsuyo auf unseren Instrumenten – wir waren wieder wie üblich sechs Geisha. Außerdem war diesmal der Fischkoch vom Gasthaus »Nisshin« mit dabei. Wir hatten *shamisen* und Trommeln, Flö-

ten und Gongs mitgebracht und amüsierten uns alle prächtig. Da schlug Okamoto plötzlich vor: »Laßt uns doch frische *shirauo* (Breitlinge) für unseren alten Freund aus Tokyo fischen!« Also ankerten wir an einer Sandbank und die Gehilfen tauchten die Netze in den See. Alle waren mit Begeisterung dabei. Wir Geisha konnten natürlich nicht lange ruhig dabeisitzen, sondern mußten uns ebenfalls betätigen. Wir rafften unsere Kimono ein wenig hoch und stocherten mit unseren Zehen im Sand, bis wir eine Menge Muscheln ausgegraben hatten. Daraus bereiteten wir anschließend eine köstliche Suppe. In Itako angekommen gingen wir ins beste Restaurant am Ort und ließen es uns in einem privaten Nebenraum bei leckeren Speisen und Getränken und anschließend bei Tanz und Musik gut gehen. Da wir mit Okamoto als Gäste gekommen waren, brauchten wir nicht selbst aufzuspielen, sondern konnten den Darbietungen der Geisha des Hauses zusehen.

Damals waren die reichen Leute noch sehr großzügig, und sie vergnügten sich ausgelassener, als die meisten Leute es sich heute vorstellen können.

Das Manshô-Gut

Frau Gotô Hisa (*1905)

Unsere Familie läßt sich acht Generationen zurückverfolgen. Begründet hat
das Manshô-Gut das Familienoberhaupt der fünften Generation, Gotô Shôsuke, und zwar hauptsächlich durch seinen Reishandel im Fukagawa-Bezirk
von Edo, dem heutigen Tokyo.

Meine Urgroßmutter erzählte, daß Shôsuke im Alter von sechzehn Jahren
lediglich mit einem Messer in der Tasche und ein paar Sack Reis nach Fukagawa zog und dort als Händler anfing. Handel treiben hieß in diesem Fall, daß
Reis als Spekulationsware eingesetzt und möglichst schnell mehrmals hintereinander umgesetzt wurde. Es war also mehr ein Glücksspiel als ein Handel.
Shôsuke war so erfolgreich, daß er bald das Unternehmen erheblich ver-
größern und zusätzlich mit Textilien, Öl, Kerzen und gebleichter Baumwolle
sowie mit Kurzwaren handeln konnte. In der zweiten Hälfte des letzten Jahrhunderts ging aber der Anteil der übrigen Waren am Handel stark zurück, so
daß zu dem Zeitpunkt, als ich geboren wurde, nur noch der Reishandel betrieben wurde.

Vor dem letzten Krieg gehörte zu unserem Gut noch Grundbesitz in dreizehn Ortschaften im Umkreis von Tsuchiura. Im Zuge der Landreform nach
dem Zweiten Weltkrieg ging dieser Besitz aber verloren.

Die Grundpacht wurde früher von den Bauern in Reis bezahlt. Die in der
Nähe von Tsuchiura lebenden Pächter brachten nach der Ernte den Reis auf
kleinen Handkarren persönlich zu uns. Die weiter entfernten Pächter konnten
ihren Reis natürlich nicht selbst anliefern. Deshalb gab es Pachteinnehmer in
den einzelnen Gebieten des Gutes, die den fälligen Teil der Ernte einsammel-
ten. Sie entrichteten die hierauf zu zahlenden Steuern an die lokale Steuer-
behörde, transportierten den Reis auf *takase*-Kähnen über den See Kasumigaura und ließen ihn von dort mit zehn oder zwanzig Wagen nach Tsuchiura
schaffen.

Das Manshô-Gut war so groß, daß unsere Vorfahren fünf Gutsverwalter
beschäftigten. Sie waren bekannt als die Manshô-Fünf. Am Jahresende trafen
sie sich immer bei uns im Gut und besprachen die notwendigen Entscheidun-
gen für das folgende Jahr. Über eine große, auf dem *tatami*-Boden ausgebrei-

Frau in Arbeitskleidung

tete Karte gebeugt, berieten sie ihre Pläne fürs nächste Jahr und diskutierten, wo zum Beispiel ein nicht sehr fruchtbares Stück Land verkauft und ein besseres gekauft werden sollte. Ein bestimmtes Feld hatte vielleicht zu wenig Sonne, also war es abzustoßen und durch ein anderes, in besserer Lage zu ersetzen und so weiter. Diese Besprechungen dauerten oft über einen Monat.

Zum Glück hatte unser Gut nie Konflikte mit den Pächtern. Da das Terrain um Tsuchiura aber sehr tief liegt und dementsprechend sumpfig ist, gab es sehr oft Mißernten. Bei uns in der Gegend sagte man deshalb: »Wenn die Frösche pissen, pissen sie Wasser.« Besonders in verregneten Sommern verdarb das Getreide häufig. In manchen Jahren war die Lage so schlimm, daß die Pächter in Scharen kamen und um Pachtnachlässe baten. Sie kamen dann nicht nur aus der Gegend von Tsuchiura, sondern sogar bis von den Landkreisen Inashiki-gun südlich vom See und Namegata-gun an der nordöstlichen Seite. Manchmal sah unser Garten aus wie ein Heerlager von den dort kampierenden Pächtern. In solchen Zeiten nahmen die Schwierigkeiten kein Ende.

Auf unserem Gut war es Sitte, daß jeder Pächter bei der Reisablieferung vom Gutsherrn bewirtet wurde und so viel essen und trinken durfte, wie er konnte, egal ob er viel oder wenig abgeliefert hatte. Jeden Tag wurde ein riesiger Kessel Reis gekocht und Fisch gebraten. Wir kauften dazu einen großen Kasten Lachs. Die Mägde, in Schürzen mit hübschen roten Bändern, hatten dann in der Küche alle Hände voll zu tun. Der Fisch mußte in Stücke geschnitten und im Freien auf den Lehmöfchen gebraten werden. Die Bauern hatten großen Appetit und verdrückten zum Lachs vier bis fünf Schalen Reis. Danach machten sie sich wieder auf den Heimweg. Man muß bedenken, daß Landleute damals nur ganz selten die Gelegenheit hatten, Fisch zu essen. Außer an Neujahr oder an hohen Feiertagen war Fisch eine Seltenheit. Zu Trinken schenkten wir Sake aus. Dazu wurde ein großes, mit einem Strohmantel umhülltes Faß angezapft. Wir Frauen staunten immer, wie viel die Bauern vertragen konnten.

Sobald sich mehr als fünfzig Sack Reis angesammelt hatten, wurde vom Gemeindeamt der Reisschätzer geholt, um die Qualität schätzen zu lassen.

Eine Strohmatte, die fast die Hälfte der Straße einnahm, wurde vor unserem Laden ausgelegt und Reis darauf ausgebreitet. Der amtliche Schätzer bestimmte sodann die Qualität des abgelieferten Reises. Unsere Gehilfen konnten selbstverständlich auch ungefähr abschätzen, welche Qualität die Bauern geliefert hatten. Gute Qualität wurde mit Geschenken in Form von Sake, *hanten* oder Baumwollstoffen belohnt.

Am Ende, wenn aller Reis abgeliefert und nach Tsuchiura transportiert war, gingen die Verwalter zu unserem Vater, dem Gutsherrn, ins Kontor und legten ihm die Bücher vor, in denen alle Einnahmen und Ausgaben des Jahres verzeichnet waren. Mein Vater nahm, während er sich den Bericht über die Transaktionen des Jahres anhörte, mit seinen Gehilfen ihnen gegenüber in korrekter Haltung Platz. Am Ende bedankte sich mein Vater bei seinen Verwaltern für die geleistete Arbeit und ließ ihnen zusätzlich zum Jahreslohn als Gratifikation Geschenke überreichen. Jedes Jahr gab es andere Dinge: Darunter konnte ein Teeservice enthalten sein oder ein kleines Eßtischchen aus Lack, ein *hibachi*-Kohlenbecken, aber auch Keramikwaren oder ähnliches. Es zählte zu den Aufgaben meiner Mutter, jedes Jahr mit einem Gehilfen diese Geschenke auszuwählen. Wir hatten einen Raum, der bis an die Decke mit solchen Gegenständen angefüllt war. Man hätte damit ein kleines Ladengeschäft ausstatten können, so viele gab es.

Die Verwalter hatten die eitelste Freude an ihren Geschenken. Sie packten die Sachen auf ihre Wagen und fuhren damit so langsam es nur irgendwie mit Anstand ging die Hauptstraße hinunter. Sie deckten ihre Wagen absichtlich nicht ab, damit jeder sehen sollte, wie viele Geschenke sie in diesen Jahr wieder bekommen hatten. Wenn einer dieser Verwalter an einem Geschäft vorbeikam, das er gut kannte, rief er laut: »Guck mal, was ich dieses Jahr gekriegt hab'!« Der Bekannte lief dann zu ihm hinaus, die Gehilfen hinterdrein, um die Geschenke zu bewundern. Der glückliche Empfänger wurde überschwenglich beglückwünscht; oft blieb er sogar noch auf ein Plauderstündchen zum Tee. Auf diese Art besuchten die Verwalter unterwegs so viele Bekannte, daß es beinahe Nacht wurde, bis sie zur Stadt hinauskamen. Diejenigen, die einen besonders weiten Nachhauseweg hatten, blieben unter Umständen sogar in einem Gasthaus oder gar in einem Geishahaus über Nacht. Da die Geschenke so viel herumgezeigt wurden, konnte man es sich als Gutsherr auf keinen Fall erlauben, den Verwaltern Ramsch zu schenken, sonst hätte man sehr schnell an Ansehen verloren.

Wissen Sie, wenn ich an all diese Geschichten zurückdenke, ist mir, als stammten sie aus einer ganz anderen Welt.

Im Bordell

Herr Tsukada Masujirô (*1906)

In Nakajô hat's früher in einer schmalen Gasse hinter dem Textiliengeschäft »Daitoku« – heute steht an dessen Stelle das Keisei-Kaufhaus – einige Bordelle, Geisha-Häuser und Restaurants gegeben. Alles in allem waren es etwa sechs Häuser. Ich hab' mich dort einmal zwei Monate lang aufgehalten. Als ich jung war, hab' ich einmal vierzig Tage hintereinander in der Kokon-Trocknerei der Firma »Toyoshima« gearbeitet. Danach bin ich mit dem verdienten Geld schnurstracks in eins der Bordelle in Nakajô gegangen und hab's verjubelt.

Bevor ich davon erzähle, möcht' ich aber doch erst beschreiben, wie das Trocknen der Kokons vor sich gegangen ist. »Toyoshima« ist eigentlich als Kaufhaus bekannt gewesen, aber in der Seidenraupen-Saison ist dort jedes Jahr eine Kokon-Auktion abgehalten worden. Man hat das ganze Geschäft ausgeräumt und statt der Ladentische einen großen Auktionstisch von, sagen wir, fünf Metern im Quadrat, hineingestellt. Die Kokons, die die Bauern zum Verkauf gebracht haben, sind auf diesem Tisch ausgebreitet worden und die Händler, ungefähr zwanzig von ihnen, haben sich herumgedrängt und ihre Posten Kokon ausgesucht. Zu dieser Auktion sind die Leute von weit her gekommen, aus ganz Nordjapan, ja sogar bis aus Nagano.

Die Auktion hat sich folgendermaßen abgespielt: Wenn sich ein Händler für einen Posten Kokon entschieden hatte, hat er sein Angebot auf einen Zettel geschrieben, in eine Schale gelegt und dem »Ausrufer« zugeworfen. Der hat die Angebote laut schreiend in den Raum ausgerufen: »Herr Yamamoto – fünfzehn *Sen*, Herr Naruto – zwanzig *Sen*!« Jeder Bauer hat für seine Kokons selbst über den Zuschlag entschieden, und zwar dadurch, daß er beim höchsten Angebot »Verkauft« gerufen hat. Danach sind die zugeschlagenen Kokons mit einer langen Stange über den Tisch und in große Körbe geschoben worden. In den letzten Korb eines Gesamtpostens ist der Zettel mit dem Namen des Käufers gelegt worden. Die Kokons sind dann am hinteren Ende des Auktionsraumes auf ein Fließband geleert und auf diesem ein Stockwerk höher in den Dörrofen zum Trocknen befördert worden. Dort hat man sie in ein Netz gekippt, das an einer Laufschiene vom einen Ende des Raumes langsam zum anderen geschwebt ist. Das Netz hat mehrere Öffnungen gehabt, durch die man in den Kokonhaufen hineinfassen und den Trockenheitsgrad hat prüfen können. Das Prüfen ist eine wichtige Sache gewesen und hat einen erfahrenen Experten gebraucht. Er hat dabei sehr gut aufpassen müssen, daß die Kokons nicht zu feucht oder zu trocken gewesen sind, sonst hätten sie entweder während der Lagerung Schimmel angesetzt oder im anderen Falle schlechtere Seidenqualität ergeben. Er hat also einen Kokon herausgegriffen und zwischen den Fingern leicht zusammengepreßt. Dann hat er ihn aufgeschlitzt und das Innere geprüft. Wenn die Kokons zu langsam getrocknet sind, hat man die Leute im Heizungsraum verständigt, damit sie das Feuer verstärkt haben. In der Regel war der Trocknungsvorgang nach ungefähr vier Stunden abgeschlossen. Die Kokons sind dann in Säcke gefüllt und im Lager gestapelt worden, bis sie von der Seidenspinnerei abgeholt worden sind.

Händler mit einem guten Namen haben die eingelagerten Kokons als Sicherheit geben können, wenn sie von einer Bank Kredit gebraucht haben. Wenn also zum Beispiel ein Händler von der Seidenspinnerei »Okaya« eine Bestellung von zusätzlich zweitausend Kilogramm Kokons bekommen hat, aber gerade nicht genug liquide Mittel besessen hat, hat er die ersteigerte Ware bei seiner Bank als Sicherheit für den Kredit verwendet. Die Banken sind aber zu solch einem Risiko nur bei vertrauenswürdigen Händlern bereit gewesen; unsichere Kandidaten sind bei den Banken auf taube Ohren gestoßen. Das Vertrauen, das ein Kokon-Händler genossen hat, war sein wichtigstes Kapital. Wenn er das erst einmal verspielt gehabt hat, war sein Bankrott absehbar.

Ich hab' also, wie gesagt, im Dörrofen vierzig Tage ohne Unterbrechung gearbeitet und deshalb Mitte Juni auf einmal fünfzig Yen in der Tasche gehabt. Das war viel Geld für mich; so viel hab' ich bis dahin noch nie gehabt. Es war damals ja mehr wert als heute hunderttausend Yen. Meine fünfzig Yen waren also für mich ein kleines Vermögen. Es war auch zum erstenmal in meinem Leben, daß mir ein Zehn-Yen-Schein gehört hat.

Das Geld in der Tasche bin ich ins »Toyonoya«, das kleine Freudenhaus direkt hinterm »Toyoshima«, gelaufen. Dort hab' ich mich für den ganzen Juli und August einquartiert. Ich bin dort bis zur Herbstsaison für die Seidenrau-

Rotlichtviertel

pen, im September, geblieben. Eine Nacht hat damals noch fünfzig *Sen*, ein Hundertstel meiner Barschaft, gekostet. Trotzdem war ich völlig blank, als ich wieder ausgezogen bin. Die Frau, mit der ich die zwei Monate verbracht hab', hat Okiku geheißen. Sie hatte ihre erste Jugend schon längst hinter sich – sie muß mindestens zwanzig Jahre älter gewesen sein als ich – und soweit ich mich erinnere, war sie auch nicht gerade hübsch. Dabei hätte es jüngere und hübschere Frauen in dem Haus gegeben. Sie hat mich dafür aber wie einen Fürsten behandelt. Man muß allerdings auch sagen, daß es ja nicht viele Kunden gegeben hat, die gleich mehrere Monate geblieben sind und fünfzig Yen im voraus bezahlt haben.

Die Frauen im Bordell haben kein leichtes Leben gehabt. Sie haben sich für jede Nacht mindestens einen Freier suchen müssen, sonst hat's Krach gegeben. Wenn ein Mädel bis spätestens neun Uhr abends noch keinen Kunden erwischt gehabt hat, ist sie auf die Straße hinausgeschickt worden, wo sie sich einen Mann hat suchen müssen. Ohne daß sie ein Opfer mitgebracht hätte, ist sie vor Mitternacht oder gar ein Uhr nachts nicht wieder hereingelassen worden. Die Frauen haben aber immer nur einen leichten Kimono angehabt, auch im Winter. Daß die Ärmsten oft bis auf die Knochen durchgefroren waren, kann man sich leicht vorstellen. In ihrer Verzweiflung haben sie sogar völlig betrunkene Männer ins Haus geschleppt. Ich hab' eine Geschichte gehört, da haben sie einer Frau ihren kranken Mann, mit dem sie zum Arzt unterwegs war, entreißen wollen. Es scheint – und das ist kein Scherz – um den Mann ein ziemlich wüstes Geraufe gegeben zu haben.

Von jeder Einnahme hat das Bordell siebzig Prozent kassiert. Die Frau hat nur den Rest von dreißig Prozent bekommen. Selbst wenn sie also die ganze Nacht gearbeitet hat, ist sie gerade mal auf fünfzehn *Sen* gekommen – eine verdammt harte Art, Geld zu verdienen. Vor allem haben die Frauen das ja nicht freiwillig getan. Sie waren meistens Töchter von Bauern, die in Not geraten und gezwungen waren, ihre Kinder für fünfzig bis achtzig Yen an ein Bordell zu verkaufen. Weil ich nun jede Nacht bei Okiku geschlafen hab', hat sie sich keine Kundschaft mehr suchen müssen. Wir haben fast wie ein Ehepaar zusammengelebt. Wenn ich tagsüber ausgegangen bin, hab' ich ihr meistens als kleines Mitbringsel irgendeine Leckerei mitgebracht. Okiku hat aber auch alles mögliche für mich getan. Vor allem hat sie mich mit dem Essen recht verwöhnt. Ich bin mir wirklich wie Krösus persönlich vorgekommen.

Das Bordell hat von innen und außen wie ein gewöhnliches Haus ausgesehen. Im Unterschied zu den anderen Freudenhäusern in Nakajô hat das »Toyonoya« aber wegen seinem Torbogen und seinem kleinen Gärtchen vor dem Haus viel mehr Stil gehabt. Links am Eingang hat hinter einem Vorhang ständig der Bordellbesitzer in seinem Büro gesessen. Mitten durch das Haus ist ein Flur gegangen, und links und rechts davon haben die Zimmer der Frauen gelegen. Damals haben die Frauen noch nicht hinter Gittertüren sitzen müssen, wo sie von den Kunden begafft worden sind; solche Bordelle sind erst aufgekommen, wie das Rotlichtviertel nach Sakaechô verlegt worden ist.

Zu den Prostituierten sind damals hauptsächlich Männer aus den einfacheren Berufen gegangen, wie Tagelöhner oder Gelegenheitsarbeiter, höchstens noch Kontorgehilfen, für die das die einzige Möglichkeit gewesen ist, sich zu vergnügen, damit sie auch was vom Leben gehabt haben. Die Kunden haben im Grunde genauso ein armseliges Leben geführt wie die Frauen, die ja von ihrem Gewerbe auch nur mehr schlecht als recht gelebt haben. Es ist also allen gleich schlecht gegangen, und drum hat zwischen ihnen oft ein starkes Solidaritätsgefühl bestanden.

Der Yakuza

Herr Ijichi Eiji (1897-1978)

Ich hab' in meinem Leben ganz schön schlimme Dinge angestellt. Ich war an Dutzenden von Schlägereien beteiligt, bin mehrmals von der Polizei wegen verbotener Glücksspiele aufgegriffen worden, ja, und ich hab' sogar 'nen Mord begangen. Ich kann Ihnen sagen, daß ich mehr als genug Gefängnisse von innen gesehen hab'.

Als ich älter geworden bin, hab' ich eingesehen, wie elend und sinnlos mein Leben bisher gewesen ist. Ich bete jetzt jeden Tag zu Hause vor meiner Buddha-Statue, aber wenn ich sterbe, werde ich trotzdem schnurstracks in die Hölle kommen.

Ich will mal schildern, wie Banden früher gearbeitet haben. Heutzutage sind die Yakuza ja in der Baubranche aktiv, sie sind Kredithaie geworden und treiben alle möglichen Geschäfte. Vor dem Krieg haben wir alle unser Geld ausschließlich mit Glücksspielen verdient.

Ich war noch ein halbes Kind, da hab' ich zum ersten Mal mit der Kriminalität Bekanntschaft gemacht. Nach einer kurzen Zeit im Gefängnis, in das ich wegen einer Lappalie gekommen bin, hab' ich mich einer der mächtigsten Gangster-Cliquen im alten Asakusa-Bezirk in Tokyo angeschlossen.

Unser Boß hat, obwohl er ein mächtiger Mann war, in einem ganz einfachen Haus gewohnt. Unsere Mitglieder haben strengen Befehl gehabt, sich ruhig und unauffällig zu verhalten. Wir waren natürlich als Yakuza stadtbekannt, aber wir haben uns die größte Mühe gegeben, die Leute davon zu überzeugen, daß wir ordentliche Kerle sind, die jedem helfen, der in Schwierigkeiten ist. Vor allem bei den Ladenbesitzern haben wir versucht, guten Eindruck zu machen. Wir waren großzügig und haben für Fisch mehr bezahlt als den üblichen Preis. So haben wir uns einen Ruf der Fairness zugelegt, so daß die Leute gesagt haben: »Na ja, das sind vielleicht harte Jungs, aber schlecht sind sie nicht.« Damit haben wir erreicht, daß viele Männer, die normalerweise vor Yakuza Angst haben, ohne Scheu zu unseren Glücksspielen gekommen sind.

Die Regeln bei den Yakuza sind sehr detailliert und strikt. Sie werden von den Ranghöheren, den *aniki* (wörtlich: ältere Brüder) den Jüngeren eingepaukt. Zum Beispiel war es verboten, an ein Haus zu pinkeln. Wir haben uns

Tätowierung eines Yakuza

auch nicht mit anständigen Mädchen einlassen dürfen, sondern uns auf Barfrauen oder Dirnen beschränken müssen. Wer gegen die Regeln verstoßen hat, hat auf der Stelle aus der Bande rausfliegen können. Die Beziehung zwischen Boß und Bandenmitglied basiert auf totalem Gehorsam.

Wie Sie sehen, fehlt mir an jeder Hand ein Stück vom kleinen Finger. Nach dem Ehrenkodex der Yakuza muß man sich einen Finger abschneiden, wenn man einen schweren Fehler gemacht hat, um zu beweisen, daß man für den Fehler einzustehen bereit ist – das gibt es heute noch. Den einen Finger hab' ich wegen eines großen Mißverständnisses eingebüßt. Aber ich denke, daß ich es mir selber zuzuschreiben hab', wenn ich es zu einem Mißverständnis hab' kommen lassen. Den anderen Fingerstummel verdanke ich einer Frauengeschichte. Ich möcht' Ihnen mal erzählen, wie das gekommen ist.

Ich war sechsundzwanzig. In Funabashi, einem Vorort von Tokyo, hat der Gangsterboß Probleme mit einer neuen Bande gehabt, die sich in sein Territorium hineindrängen wollte. Er hat unsren Boß um Hilfe gebeten, deswegen sind sechs von unseren Leuten rüber gegangen nach Funabashi. In dem Ort war immer ganz viel los. Es hat ein großes Rotlichtviertel mit vielen Cafés, Restaurants und Freudenhäusern gegeben. Ein westliches Restaurant war ganz besonders populär. Das hat zum Teil daran gelegen, daß man dort gut gegessen hat. Der Hauptgrund war aber, daß die Tochter des Besitzers, eine ausgesprochene Schönheit, dort als Bedienung gearbeitet hat. Sie hat Omitsu geheißen. Daß so eine Schönheit einen Beschützer haben wird, hat sich jeder denken können. Und wirklich – ein ganz Mächtiger war im Spiel, nämlich ein gewisser Makuda. Der ist zwar selbst kein Yakuza gewesen, er hat aber zu einer der größten Baufirmen Japans gehört, die einen besonderen Draht zu den Yakuza gehabt hat.

Ich hab' das allerdings damals noch nicht gewußt. Wie wir also in Funabashi auf der Bildfläche erschienen sind, hat sich die Konkurrenzbande verkrümelt. Wir haben deswegen viel Zeit übrig gehabt, und so hab' ich angefangen, mit Omitsu zu flirten. Als Bedienung in einem Restaurant im Rotlichtviertel kann man sie kaum zur Kategorie der »anständigen Mädchen« zählen. Ich hab' mir also nichts dabei gedacht, mich mit ihr zu treffen. Sie muß ungefähr zwanzig gewesen sein. Meine Kameraden haben natürlich bald gemerkt, was sich da anbahnte. Einer hat mich gewarnt und gesagt: »Ich würde die Finger von der lassen. Weißt du denn nicht, daß sie einem ganz Großen gehört?« Weil ich nicht die Absicht gehabt hab', jemandem die Frau auszuspannen, hab' ich Omitsu direkt gefragt, ob das stimmt, was ich gehört hatte. »Das glaubt der Makuda bloß«, hat sie geantwortet, »ich kann ihn nicht ausstehen«. Dann hat sie geschworen, daß sie mich liebt und mich gedrängt, mit ihr zu fliehen.

Wenn eine Frau so etwas sagt, ist es nicht leicht Nein zu sagen, oder? Schon bald danach sind wir nach Tokyo aufgebrochen. Ich hab' mich nicht getraut, mit meinem Boß direkt zu reden. Stattdessen hab' ich einen *aniki* um Rat gefragt. »Verdammt, da hast du dir was eingebrockt«, hat er gesagt. »Makuda ist nicht gerade ein Yakuza, aber er hat ziemlich enge Verbindungen zu uns und viel Einfluß. Wenn ihm jemand eine Frau ausspannt, wird der nicht einfach zuschauen, wie sie abzieht. Wärst du im Recht, könnten wir dir irgendwie helfen, aber so weit ich sehe, hast du schlechte Karten.«

Also bin ich nur eine Nacht bei diesem *aniki* geblieben und dann weitergezogen, weil ich ihm keine Schwierigkeiten machen wollte. Meine Geliebte und ich haben nicht gewußt, wo wir bleiben sollten und sind deswegen von Ort zu Ort herumgezogen. Trotzdem hat sie nie geklagt. Ich glaube sogar, je mehr ihr klar geworden ist, wie schwierig es war, von allem wegzulaufen, um so mehr hat sie mich geliebt.

Es gibt unter Yakuza den Brauch, daß man, sobald man in das Territorium einer anderen Bande kommt, sich beim jeweiligen Boß melden muß. Die meisten Yakuza-Banden haben ein so gut funktionierendes Nachrichtensystem, daß sie es sofort wissen, wenn ein fremdes Bandenmitglied in ihr Gebiet kommt und warum. Deshalb hab' ich jedesmal, wenn wir in eine andere Stadt gekommen sind, als erstes zum Hauptquartier der betreffenden Gang gehen müssen. Das Mädchen hab' ich in der Zwischenzeit in der Nähe in einem Lokal warten lassen. In Yakuza-Kreisen haben die Aufwartungsbesuche aus einem ziemlich umständlichen Ritual, dem *jingi*, bestanden. Die Form stammt möglicherweise von den alten Samurai, wo es als höflich gegolten hat, zuerst den eigenen Namen zu nennen, bevor man sich nach dem des Gegenüber erkundigte. Ich mußte also damit anzufangen, daß ich sagte: »Ich bin gekommen, um Ihrem Boß, Herrn Soundso, meine Aufwartung zu machen. Ich erlaube mir, mich vorzustellen.« Der Yakuza von der anderen Bande antwortete dann: »Nein, nein, gestatten Sie mir zuerst.« Ich hatte dann zu insistieren: »Aber ich bitte darum, daß Sie zuerst meinen Namen hören«, worauf der andere seinen Satz wiederholte. Ursprünglich stand hinter diesem Austausch die Idee, sich an Willensstärke zu messen, aber zu unserer Zeit war es bloß noch Ritual.

Wenn dieses Spiel eine Zeitlang hin und her gegangen war, hat der Andere schließlich nachgegeben, so daß ich die Gelegenheit bekam, mich vorzustellen. Man hat damit angefangen, daß man sagte, woher man stammte: »Ich bin in der Stadt Utsunomiya, in der Präfektur Tochigi geboren, berühmt als letzte Ruhestätte des großen Shôgun Tokugawa Ieyasu ...« Es ist üblich gewesen, einige solcher Ergänzungen einzubauen, um zu zeigen, wie stolz man auf seinen Herkunftsort war. Dann hat man gesagt, zu welcher Gang man gehörte: »Ich bin aus meiner Heimat weggezogen, um mich in Tokyo dem Dewaya-Syndikat in Asakusa anzuschließen. Ich heiße Ijichi Eiji. Es freut mich, Sie kennenzulernen und bitte um Ihr freundliches Wohlwollen.« Der Andere hat dann gedankt und ist erstmal im Haus verschwunden, um mit dem Boß darüber zu beraten, ob man das Recht zum Bleiben geben wollte oder aber ein wenig Geld, mit der Aufforderung weiterzuziehen.

Die Unterbrechung hat das Ende des Rituals signalisiert. Wenn der Andere wiedergekommen ist, hat er in völlig normalem Stil gesprochen: »Entschuldige, daß wir dich haben warten lassen. Es gibt in unserer Gegend wenig zu sehen, aber amüsier' dich trotzdem gut«, worauf ich antworten konnte: »Ich bin nur auf der Durchreise. Doch schönen Dank.« Die Wendung »Ich bin nur auf der Durchreise« hatte eine besondere Bedeutung: Sie hat besagt, daß man auf der Flucht war und sich nicht lange aufhalten konnte. Der Andere hat einen solchen Wink sofort verstanden und ist darauf eingegangen: »Gut, dann

will ich dich nicht länger aufhalten. Hier für unterwegs«, hat er dann gesagt und einen kleinen Geldbetrag mitgegeben. Er konnte auch hinzufügen: »Mein Boß und seine Frau sind gerade nicht da, deshalb nimm das einstweilen von mir.« Wenn so ein Satz gesagt wurde, war das als Selbstschutz gedacht. Wenn es nämlich später zu Problemen gekommen wär', hätte der Boß behaupten können, daß er von nichts gewußt hat.

Von August bis Ende Oktober bin ich mit dem Mädchen im Land herumgewandert. Es war alles andere als ein Vergnügen. Wenn es geregnet hat, konnten wir nicht weiterziehen, denn die Straßen waren dann völlig aufgeweicht und grundlos wie ein Sumpffeld. An solchen Tagen sind wir einfach in irgendeinem Gasthaus miteinander im Bett geblieben. Ich denke schon, daß wir uns geliebt haben, aber auch bei aller Liebe kann man ja nicht pausenlos miteinander schlafen.

Manchmal, wenn uns das Geld ausgegangen war, haben wir auf dem Fußboden in irgendeinem alten, zugigen Tempel schlafen müssen, mit einer einzigen Strohmatte als Decke. Die meiste Zeit haben wir außerdem erbärmlich gehungert. Nachts sind wir von Moskitos halb aufgefressen worden, denn im Tempel konnten wir ja nicht gut ein Feuer machen, um die Moskitos zu vertreiben. Man hätte uns sonst sofort entdeckt und hinausgeworfen. Omitsu hielt sich aber prächtig; sie ist nie quenglig gewesen. Ich hab' im Lauf der Jahre noch so manche Frau kennengelernt, aber keine war so wenig zimperlich wie Omitsu. In den paar Monaten, wo wir zusammen herumgezogen sind, hab' ich eine Menge über's Leben gelernt.

Unter den Yakuza sind die Freundschaftsbindungen sehr stark. Man bringt oft große Opfer, um einem anderen aus der Patsche zu helfen. Ich erinnere mich da an einen Mann, namens Saburô, der mir einen großen Dienst erwiesen hat, als ich damals auf der Flucht war. Er hatte gerade angefangen gehabt, sich in Yakuza-Kreisen einen Namen zu machen. Ich war nicht schlecht erstaunt, als ich gesehen hab', wie arm er aber noch gewesen ist. Er hat in einer winzigen Hütte gelebt. Wie ich bei ihm aufgetaucht bin, hat er für mich Tee gemacht und mir was zum Essen gegeben. Nach dem Essen hab' ich ihm erzählt, daß wir zu zweit unterwegs sind und weiter müßten. Daraufhin hat er mich gefragt, wer mein Kumpan ist, und so hab' ich ihm die ganze Geschichte gestehen müssen. Als ich alles erzählt gehabt hatte, hat Saburô seiner Frau etwas zugeflüstert. Sie ist daraufhin ins Nachbarzimmer gegangen, hat das Moskitonetz abgemacht und ist damit hinausgegangen. Ich glaube, daß sie es versetzt hat, weil sie, wie sie nach einer kurzen Zeit zurückgekommen ist, einen kleinen Beutel mit Geld in der Hand gehalten hat. Saburô hat mir die ganze Barschaft gegeben und gesagt: »Damit werdet ihr leider nicht sehr weit kommen«, aber wir wollen doch ein bißchen zu eurer Reise beisteuern«. Ich hätt' fast geheult, wie er so geredet hat. »Es ist eine ziemlich lausige Höhle, in der wir leben«, hat er gemeint, »aber wenigstens haben wir ein Dach über dem Kopf. Drum nimm ruhig das Geld. Und wenn du mal wieder in der Gegend bist, schau auch bei uns rein.« Saburô ist später ein großer Yakuza-Boß geworden. Ich hab's ihm nie vergessen, was er für mich getan hat.

Mit der Zeit ist's uns immer schlechter gegangen. Ich hab' mich schuldig gefühlt, weil mir klar gewesen ist, daß Omitsu ein viel lustigeres Leben hätte führen können, wenn sie sich nicht in mich verliebt gehabt hätte. Sie hätte gutes Essen, schöne Kimono, Theater und Kino haben können, so viel sie gewollt hätte. Ich aber hab' ihr noch nicht einmal genug zum Essen verschaffen können. Wir waren auf eine Stufe heruntergekommen, wo wir bei Bauern um einen Schluck Wasser haben betteln müssen. Wir haben keine feste Bleibe gehabt und nur von der Hand in den Mund gelebt. Doch eins ist mir nie in den Sinn gekommen: gemeinsamer Liebestod. Es wär' eine furchtbare Schande für einen Yakuza gewesen, sich wegen einer Frau umzubringen. Außerdem hab' ich ja noch Ambitionen gehabt, selber mal ein großer Yakuza-Boß zu werden.

Als wir ein paar Monate herumgewandert waren, hab' ich zu Omitsu gesagt: »Schau, es ist besser, wenn du zu deinen Eltern zurückgehst. Was mich betrifft, ich werde meine Angelegenheit schon irgendwie regeln.« Da hat sie angefangen zu weinen und zu protestieren: »Ich will nicht zurück, lieber will ich sterben.« Wie Omitsu in einem fort geschluchzt hat, hab' ich mich ziemlich hilflos gefühlt. Um ehrlich zu sein, ich hatte die ganze Zeit geglaubt

gehabt, daß sie die ganze Sache längst satt hätte und am liebsten nach Hause gegangen wär', aber da hatte ich mich ganz schön getäuscht. Sie hat es scheinbar mit dem gemeinsamen Sterben ernst gemeint. Bald hab' ich genauso gefühlt wie Omitsu. So haben wir die ganze Nacht eng umschlungen in einem Kiefernwald gelegen.

Am nächsten Morgen, als ich aufgewacht bin, war sie verschwunden. Da hab' ich mich auf einmal ganz einsam gefühlt und Angst gekriegt. Ich bin barfuß durch den Wald gelaufen und hab' sie überall gesucht, sie aber nirgends gefunden. Sie wird weggelaufen sein, hab' ich gedacht. Am ganzen Leib hab' ich vor Angst gezittert. Ich hab' mich niemals in meinem Leben so allein gefühlt wie in dem Augenblick. Ich hab' noch ein bißchen weitergesucht, aber weil's gar so aussichtslos war, hab' ich auf den Stufen eines Schreins gerastet. In dem Moment hab' ich sie gesehen, wie sie zurückgekommen ist. »Wo zum Teufel bist du gewesen?« hab' ich gerufen. Die Erleichterung darüber, daß sie wieder da war, hat mich ganz schwach und benommen gemacht. Sie aber hat gelacht: »Ich hab' nur von dem Bauernhof dort drüben ein paar Reisbällchen zum Frühstück geholt.«

So geht's nicht weiter, hab' ich gedacht. Es ist nicht recht, so ein gutes Mädel so viel durchmachen zu lassen, wie ich es mit ihr die letzten Monate getan hab'. So benimmt sich kein anständiger Mann. Ich hab' mir gesagt, wenn ich sie wirklich gern hätte, müßt' ich mich von ihr trennen. Darum hab' ich sie letzten Endes zu ihren Eltern zurückgebracht. »Wenn du alles geregelt hast, holst du mich, bitte, bitte?« hat sie gebettelt. »Versprich's!« Ich hab' bloß mit dem Kopf genickt.

Dann bin ich zu Makuda gegangen. Aber zuerst bin ich in der Nähe von seinem Haus in ein Restaurant und hab' mir ein Fleischermesser geben lassen. Das Messer in der Hand hab' ich nicht lange gezögert, sondern mir den kleinen Finger von der linken Hand abgeschnitten. Sie können sich sicher vorstellen, welche Augen der Kellner gemacht hat. Ich hatte keine Zeit, an den Schmerz zu denken. Ich hab' bloß einen Stoffetzen um den Stummel an der Hand getan, den abgehackten Finger in ein Stück Papier eingewickelt, das ich mir im Restaurant hab' geben lassen, und bin hinüber gegangen zu Makudas Haus.

Einer von Makudas Männern hat mich empfangen; er hat offensichtlich schon gewußt, wer ich war. »Ich komme, weil ich um Verzeihung bitten will«, hab' ich gesagt. Der Mann hat mir einen vernichtenden Blick zugeworfen und gepoltert: »Was zum Teufel ist dir in den Kopf gefahren? Glaubst du, daß man sich für das, was du getan hast, einfach so entschuldigen kann?« Da hab' ich ihm das Papier mit dem abgeschnittenen Finger drin gegeben. Er hat sofort begriffen und gesagt: »Ich verstehe, warte hier!« und ist ins Haus hineingegangen. Ich hab' so lange draußen gewartet. Ich glaube, daß Makuda zwar da gewesen ist, aber herausgekommen ist er nicht. Obwohl sein Haus ziemlich imposant ausgesehen hat, war es auch wieder nicht übermäßig groß, deswegen hab' ich von drinnen Frauenstimmen hören können. Vielleicht war es Makudas Frau mit ihren Dienstmädchen. Wie ich einige Minuten so dagestanden hab', hat meine Hand angefangen, furchtbar weh zu tun. Ich hab' in dem Fingerstummel solche Schmerzen gehabt, daß mir der Schweiß ausgebrochen ist und mein Hemd im Nu klatschnaß war.

Endlich ist der Mann wieder herausgekommen. »Der Boß läßt dir sagen, daß er Verständnis hat«, sagte der Mann, »du kannst gehen.« Ich hab' mich bedankt, mich tief verbeugt und zugesehen, daß ich weggekommen bin. Ich war auf Schlimmeres gefaßt gewesen, zum Beispiel daß mich Makuda verprügelt oder so etwas. Ich bin fast enttäuscht gewesen, daß es so glimpflich abgegangen war. Wenn ein Yakuza sagt: »Ich verstehe«, heißt es, daß die Angelegenheit erledigt ist. Makuda muß ein sehr großzügiger Mann gewesen sein. Ich aber hab' ehrlich bereut, was ich getan hatte.

Als ich diese Sache hinter mich gebracht hatte, bin ich sofort zu meinem Boß zurückgegangen. »Du mußt langsam erwachsen werden und lernen, dich zu beherrschen«, hat er mich ermahnt und es dabei bewenden lassen. Keine Strafe, nichts.

Omitsu hab' ich nie wieder gesehen. Ich hab' gedacht, daß es besser ist, wenn ich sie nicht mehr treffe; ein Mann kann schwach werden, wenn er eine

Frau weinen sieht. Außerdem war ja Makuda mir gegenüber sehr anständig gewesen, wie er mir verziehen hat, drum hab' ich in seiner Schuld gestanden. Ich hätte es mir kein zweites Mal erlauben können, ihn zu hintergehen. Später hab' ich das Gerücht gehört, daß Omitsu noch einmal von zu Hause weggelaufen ist. Aber zu dem Zeitpunkt hab' ich im Gefängnis gesessen und weiß nicht, ob sie weggegangen ist, um mich zu suchen oder ob sie einen anderen Grund gehabt hat.

Keiner von unserer Clique hat jemals ein Wort über die Geschichte verloren. Vielleicht haben sie es einfach für vernünftiger gehalten, nicht darüber zu reden. Was danach noch aus dem Mädel geworden ist, weiß ich nicht. Ich hab' nie wieder etwas von ihr gehört.

Die Geächteten

Herr Takagi Fukusaburô (1898-1981)

Knapp zwei Kilometer nördlich von Manabe – heute ist der Ort in die Stadt
Tsuchiura eingemeindet – war früher ein bergiges Gebiet mit einem dichten,
dunklen Kiefernwald – der Berg Daitokusan. Inzwischen ist er durch das, was
man Erschließungsmaßnahmen nennt, völlig bebaut worden; den Wald gibt's
seitdem nicht mehr. Vor dreißig oder vierzig Jahren war das aber noch eine
finstere Gegend, und die Leute haben sie ängstlich gemieden.

Man hat sich damals eine Menge merkwürdiger Geschichten über diesen
Daitokusan erzählt, zum Beispiel daß dort oben, tief in den Wäldern, viele
Geächtete, sogenannte *sanka*, gelebt haben. Sie hatten sich nicht an einer
bestimmten Stelle niedergelassen, sondern sind in den Hügeln und entlang
trockener Bäche herumvagabundiert. Manchmal sind sie in die Dörfer am Fuß
des Berges gekommen. Ich erinnere mich noch gut, als ich klein war, wie sie
bei uns selbstgeschnitzte Schüsseln und Schöpfkellen, selbstgeflochtene Körbe und ähnliches Haushaltsgerät verkauft haben. Sie waren nicht eigentlich
Landstreicher, aber registriert waren sie aus irgendwelchen Gründen auch bei
keiner Behörde. Und merkwürdigerweise gab es bei ihnen viele schöne Frau-
en. Ich bin nicht ganz sicher, ob es stimmt, aber ich hab' gehört, daß die Vorfahren der *sanka* in der ehemaligen Hauptstadt Kyoto gelebt haben sollen, aber
vor hunderten von Jahren geächtet worden waren und seither umherziehen
mußten.

Die *sanka* auf dem Daitokusan haben sich unter anderem von wilden Hun-
den ernährt. Hundefleisch zu essen, war ja sonst nicht üblich. Nur wenn
jemand krank geworden ist und man ihm mehr Protein geben wollte, hat man
es auch mit Hundefleisch versucht, denn sonst war Fleisch in der damaligen
Zeit eine Rarität. Sogar das als minderwertig geltende Kaninchen- oder Pferdefleisch hat es kaum gegeben. Für Hundefleisch sind sogar manche Stadtleute
zu den *sanka* gegangen. Heute scheinen solche Dinge unvorstellbar, doch
damals hat man aus Armut ziemlich ungewöhnliche Dinge getan.

Die *sanka* haben oben im Wald Glücksspiele organisiert, zu denen die Arbeiter aus der Stadt gegangen sind, weil es dort sicherer war. Ich hab' einen alten
Mann gekannt, – er ist vor nicht allzu langer Zeit gestorben – der mir erzählt

hat, daß er den Spielerrunden regelmäßig Sake lieferte. Er hat in der Stadt ein Zwanzig-Liter-Faß besorgt, es den Berg hinaufgeschleppt und den Spielern verkauft. Mit reichlich Alkohol im Blut haben sie es die ganze Nacht gut ausgehalten. In Tsuchiura konnte man in einigen Spielhöllen allerdings auch um Geld spielen, obwohl Glücksspiele gesetzlich verboten waren. Die Polizei hat sich zwar normalerweise nicht darum gekümmert, aber ganz ungefährlich war es trotzdem nicht. Denn schließlich sind die Spielhöllen von Gangstern betrieben worden. Man konnte außerdem nie sicher sein, daß die Polizei nicht doch einmal auftauchte und man im Gefängnis landete. In die Berge hat sich die Polizei aber nie verirrt. Wer also Lust hatte auf ein ungestörtes Vergnügen, brauchte nur zum Daitokusan zu gehen und hatte nichts zu befürchten.

In der damaligen Zeit hat es bei uns auch ziemlich viele Bettler gegeben. Oben im Wald haben sie sich ja ganz normal angezogen, aber wenn sie zu uns in die Stadt heruntergekommen sind, um von Haus zu Haus betteln zu gehen, haben sie sich die zerlumptesten Klamotten zusammengesucht, die sie finden konnten. Damals waren die meisten Japaner noch fromme Buddhisten und glaubten, daß ihnen die Almosen einmal im Jenseits angerechnet würden. Die Bettler haben sehr gut gewußt, welches Haus gläubig und gebefreudig war und haben dort regelmäßig angeklopft. Dadurch haben sie vom Betteln einigermaßen leben können.

Auf dem Daitokusan haben auch zeitweise Aussätzige und Menschen mit anderen ansteckenden Krankheiten gelebt, die nicht wußten, wo sie sonst hätten bleiben sollen. Krankenhäuser hat es damals für solche Menschen ja noch nicht gegeben; wer im Verdacht gestanden hat, daß er etwas Ansteckendes hatte, durfte nicht im Dorf bleiben. So ein armer Mensch hat draußen auf dem Land herumziehen müssen. Mehrere solcher Menschen haben sich hin und wieder zu Gruppen zusammengetan, sich provisorische Hütten gebaut und kleine Kolonien gegründet. Lange sind sie aber nie an einem Ort geblieben: Es konnte durchaus sein, daß man eines Tages irgendwo im Wald eine quicklebendige kleine Ansiedlung von solchen Kranken fand, die ein paar Tage später aber spurlos verschwunden war. Weiß Gott, wo sie überall herumgezogen

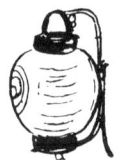

sind. Das war das Los von solchen Kranken; sie haben ein erbarmungswürdiges Leben geführt. Ich bin oft dabei gewesen, wenn die alten Kleidungsstücke und die Abfälle, die die Aussätzigen hinterlassen hatten, eingesammelt und verbrannt worden sind.

Verstorbene Kranke hat man unterhalb vom Berg verbrannt, obwohl Leichenverbrennungen damals noch nicht üblich gewesen ist. Auch in solchen Fällen, wo die Einäscherung vorgeschrieben war, wie eben bei Kranken mit ansteckenden Krankheiten, haben die Leute oft lieber den Arzt gebeten, den Totenschein zu fälschen, als den Verstorbenen tatsächlich einäschern zu lassen. Selbst heute beerdigen die Leute in der Umgebung von Tsuchiura ihre Toten noch lieber, als daß sie sie einäschern lassen; auch in der Stadt waren Kremationen damals noch nicht üblich; das kam erst später.

Für die Leichenverbrennung hat man einen einfachen Scheiterhaufen aufgebaut. Daß Kremation schwere Arbeit war, kann ich aus eigener Erfahrung bestätigen, weil ich während meiner Zeit als Gelegenheitsarbeiter oft mitgeholfen hab'. Bevor wir den Scheiterhaufen angezündet haben, legten wir nasse Strohmatten bereit, um damit die Temperatur des Feuers zu kontrollieren. Das Feuer durfte nämlich nicht zu stark sein, sonst ist von der Leiche nur das Äußere verbrannt, während die Knochen übrig geblieben sind.

Eine Leiche vollständig zu verbrennen hat eine ganze Nacht gedauert. Bei Sonnenuntergang haben wir den Scheiterhaufen angezündet und die ganze Nacht bis zum Morgen dort bleiben müssen. Obwohl wir meistens zu fünft oder sechst waren, war es doch ziemlich gruselig in der Nacht. Eine düstere, deprimierende Arbeit, oben am Berg, in pechschwarzer Nacht, beim Schein einer einzigen schwachen Laterne eine von aussätzigen Schwären überzogene Leiche zu verbrennen. Deswegen haben wir immer einige Becher Sake getrunken, um uns Mut zu machen. Aber nach mehreren solchen Nächten macht es einem nicht mehr so viel aus; schon schlimm, wie der Mensch gegen alles abstumpfen kann.

1920 hat man an der Stelle, wo früher die Leichen verbrannt worden sind, ein Spezialkrankenhaus für Infektionskrankheiten gebaut. Deshalb hat man dann die Leichen weiter oben am Berg verbrannt. Das Krankenhaus war winzig, nur für vier oder fünf Patienten, meist Typhus- oder Diphtherie-Kranke. Es war meilenweit von jedem Dorf entfernt, und von medizinischer Betreuung hat man kaum reden können. Dort sind die Patienten elend dahingesiecht. In der alten Zeit haben die Leute ja noch nicht viel über Krankheiten gewußt und waren deswegen voller Vorurteile; heute sind die Menschen viel aufgeklärter.

Am Daitokusan gab es fünf kleine Teiche, wo sich das Wasser aus den Bergbächen gesammelt hat. Solch kleine Flüßchen schlängelten sich zu Dutzenden den Berg hinunter und durch die Dörfer. Jetzt ist das ganze Gebiet trockengelegt, und die Teiche sind auch verschwunden. Das nennt man dann Fortschritt.

Der letzte Scharfrichter

Herr Takagi Fukusaburô (1898-1981)

Mein Großvater mütterlicherseits hat in Tôzaki, dem Nachbarviertel von Kawaguchi, gewohnt. Das war früher ein recht abgelegenes Viertel; bloß ein paar Fischer und Bauern haben dort gelebt. Stadtleute sind fast nie dorthin gekommen. Direkt außerhalb von Tôzaki, an einer schmalen, gewundenen Straße, die ins Stadtzentrum führte, war damals ein Hinrichtungsplatz. Seit dem Sturz des letzten Shôgun ist dort niemand mehr hingerichtet worden, und zu der Zeit als ich hier aufgewachsen bin, gab es an dieser Stelle nur noch einen Friedhof und ein Denkmal. Ich erinnere mich noch, wie Strafgefangene aus dem Gefängnis Tsuchiura, mit einem Strick aneinandergebunden, von ihren Aufsehern hierher geführt worden sind und auf dem Friedhof Unkraut jäten und die Wege fegen mußten.

Wir Kinder haben den Friedhof gefürchtet. Selbst am Tage sind wir nicht gern daran vorbeigegangen. Und wenn wir einmal nachts in die Nähe mußten, sind wir gelaufen so schnell wir konnten. Später wurde an dieser Stelle ein Kino gebaut. Als der Grund dafür ausgehoben wurde, fanden die Arbeiter große Haufen Knochen, und viel Volk aus Tôzaki kam zum Gaffen. Man ließ einen Priester kommen, der Zeremonien abhielt, um die Geister zu besänftigen. Einer der Gründe, warum man sich für ein Kino an dieser Stelle entschieden hat, war, ob Sie's glauben oder nicht, die Geister der hingerichteten Männer zu unterhalten. Gelangweilte Geister können ziemlich unangenehm werden, heißt es. Aber all diese Knochen, weiß Gott, wie viele Menschen an dieser Stätte umgebracht worden sind!

Mein Großvater war der amtliche Scharfrichter der Stadt gewesen. Er war ein Riese, groß und kräftig und sah sehr furchterregend aus – die Leute gingen ihm möglichst aus dem Weg. Er war schon über achtzig und lebte längst im Ruhestand, als ich noch ein kleiner Junge war. Er nahm mich oft mit, hinaus aufs Feld, wo er mir zeigte, wie man kleine Vögel mit dem Blasrohr erlegte. Es war drei Metern lang, und er konnte damit acht Zentimeter lange Pfeile, bestückt mit kleinen Flugfedern aus Papier, abschießen. Ein Blasrohr als Waffe klingt vielleicht ziemlich primitiv, aber Großvater konnte damit sehr geschickt umgehen; in seiner Hand entpuppte es sich als tödliche Waffe. Er konnte mit einem einzigen Pfeil einen Spatzen aus fast zehn Meter Entfernung erlegen.

Großvater verstand auch mit dem Luntengewehr ausgezeichnet zu schießen. Da er von Beruf nicht nur Scharfrichter war, sondern zugleich Wildhüter der alten Lehensherrschaft Tsuchiya, mußte er für seinen Herrn oft im Sumpf eine Wildente schießen. Manchmal durfte ich mit ihm mitgehen. Bevor's auf die Jagd ging, wurde der Bauer aus der Nachbarschaft losgeschickt, um die Enten auszuspähen. Sobald er einen Schwarm Wildenten gesichtet hatte, benachrichtigte er meinen Großvater. Erst dann ging mein Großvater mit seiner alten Muskete zu seiner Wildhüterklause am Sumpfrand, um eine Kugel zu gießen. Er schoß nämlich nie mit gekaufter Munition. So war mein Großvater – er machte seine Kugel erst, wenn die Enten gesichtet waren.

Wie hat er seine Kugeln gemacht? Er schmolz ganz einfach etwas Blei ein und rollte es in die richtige Form und Größe. Er hat sich nie die Mühe gemacht, mehr als eine Kugel zu gießen. War er damit fertig, lud er die Flinte mit Kugel und Schießpulver, hängte sie sich um und ruderte in einem kleinen Boot in den Sumpf hinaus. Er hatte eine schlaue Art, Enten zu jagen. Er nahm dazu ein langes Seil, das er hinter dem Boot herzog und umrundete damit in einem großen Bogen vorsichtig die Vögel. Wenn sich der Ring geschlossen hatte und das Seil dicht genug an den Enten dran war, mußte ich mit einem harten Ruck am Seil ziehen, so daß die Enten erschraken und aufflogen. In diesem Augenblick drückte mein Großvater ab. Er hat nie gefehlt.

Ich erinnere mich noch gut, wie wir eines Tages wieder einmal auf Entenjagd waren. Wir waren gerade zurück an Land, als einige gefährlich aussehende Landstreicher auf uns zukamen und von Großvater drohend verlangten, daß er ihnen die frisch geschossene Ente gebe. Mein Großvater blickte sie scharf an und antwortete: »Wenn ihr Hunger habt, fragt anständig! Dann könnt' ihr von mir aus etwas haben. Aber drohen laß' ich mir nicht.« Als sie das hörten, wurden die Burschen richtig wütend, schrien und drohten mit den Fäusten, wagten es aber nicht, Großvater anzugreifen. In diesem Moment kam ein Bauer herbeigelaufen und rief erregt: »Ihr seid wohl lebensmüde! Faßt

Tozaki

diesen alten Mann bloß nicht an, der bringt euch sonst um!« Daraufhin machten sie sich aus dem Staub.

Außer mit Blasrohr und Gewehr war Großvater noch mit einer weiteren Waffe ein großer Meister: Sichel und Kette. Man benutzt die Waffe so, daß man mit der Kette dem Gegner das Schwert aus der Hand schlägt und dann die Sichel an den Hals setzt. Wenn Großvater damit kämpfte, schwang er fortwährend die mindestens fünf Meter lange Kette über seinem Kopf, so daß der Gegner nicht an ihn herankonnte. Er sah dabei so wild aus, daß ihm keiner seine achtzig Jahre angesehen hätte. Manchmal vereinbarte er mit dem Schwertmeister unserer Ortschaft einen Wettkampf, zu dem viele Leute zum Zuschauen kamen. Sie kämpften natürlich nicht auf Leben und Tod, sondern der Fechtmeister benutzte nur ein Holzschwert. Die Zuschauer gingen meist enttäuscht nach Hause, weil natürlich kein Blut floß. Als ich ein kleiner Junge war, gab es noch viele ehemalige Samurai, die nichts lieber taten, als einem spannenden Duell zuzusehen.

Großvater hat nicht gern über seinen Beruf als Scharfrichter gesprochen; jeder im Dorf hat ja gewußt, wer er war. Mir hat er jedoch ein paar Mal von seiner früheren Arbeit erzählt. Es war zu seiner Zeit üblich, daß Verbrecher durch Enthaupten hingerichtet wurden. Großvater erzählte mir, daß sich ein Scharfrichter mit seinem Schwert direkt hinter dem Verurteilten aufstellen und dessen Nacken genau fixieren mußte, damit er den Kopf mit einem einzigen Streich abschlagen konnte. Er erklärte mir, daß man genau zwischen die Wirbel zielen müsse, sonst ginge das Schwert nicht glatt durch und die Verurteilten müßten noch sehr leiden. Deshalb haben sich die Unglücklichen immer einen erfahrenen Henker gewünscht, der den Kopf sicher und mit einem einzigen Hieb abzutrennen in der Lage sei. Großvater soll einen sehr guten Ruf als Scharfrichter gehabt haben. Er konnte einem Todeskandidaten den Kopf sogar im Gehen abschlagen; dies war zwar verboten, sagte er, aber manchmal habe er es doch getan, um sich zu testen.

Am Tag vor einer Hinrichtung war es üblich, daß einige Parias, die normalerweise bei einer solchen Hinrichtung assistieren mußten, durch Tsuchiura pilgerten, um die Hinrichtung anzukündigen. Dabei machten sie sich's zur Regel, ihre Neuigkeit besonders vor den größeren Geschäften bekanntzugeben. Es war nämlich Brauch, daß man ihnen dort einen bestimmten Geldbetrag gab. Das hatte einen besonderen Grund. Nach einer Hinrichtung wurde nämlich die Leiche in Strohmatten gewickelt und von diesen Männern durch die Stadt getragen. Dies sollte allen als Warnung dienen und potentielle Verbrecher abschrecken. Wenn nun die Männer mit ihrer Leiche zu einem Geschäft kamen, das ihnen am Tag vorher keine Spende gegeben hatte, setzten sie ihre Last just vor diesem Geschäft ab und taten so, als würden sie rasten, wozu sie sich auf die Stufen des Ladeneingangs setzten. Dann rührten sie sich nicht mehr von der Stelle, bis allmählich das Blut der Leiche auf die Erde sickerte und sich Neugierige ansammelten. Man braucht wenig Phantasie, um sich vorzustellen, wie geschäftsschädigend so eine Leiche vor der Ladentür gewesen sein muß. Darum kam meistens sehr schnell jemand aus dem Laden und gab den Männern Geld, damit sie bloß mit ihrer Leiche verschwanden.

Was wurde mit dem Kopf des Enthaupteten gemacht? Ich kam nie dazu, meinen Großvater danach zu fragen, obwohl er fast neunzig Jahre alt geworden ist. Er lebte ein langes Leben – »Ein blutig langes Leben!« hat er immer gesagt.

Das Rikscha-Unternehmen

Herr Terauchi Ryûtarô (1905-1985)

In meiner Kindheit betrieben meine Eltern ein Rikscha-Unternehmen – zeitweise arbeiteten für uns fast zwanzig Rikscha-Fahrer, alle auf Provisionsbasis. Als in den zwanziger und dreißiger Jahren mehrere Taxi- und Busunternehmen eröffneten, verdrängten sie allmählich die Rikschas. Doch davor war es ein gutes Geschäft gewesen.

Der Vorraum zu unserem Haus bestand aus einer geräumigen Fläche gestampfter Erde; dort standen die Rikschas. Die Fahrer saßen herum, warteten auf Kundschaft und vertrieben sich die Zeit mit Rauchen oder *shôgi*, dem japanischen Schach. Sobald einer der Gehilfen mit einem Auftrag hereinkam, schnappte sich einer der Fahrer eine Rikscha und trabte los. Nach der Fahrt rechnete er immer sofort mit dem Boß das eingenommene Fahrgeld ab: Die Firma kassierte zwanzig Prozent als Miete für die Rikscha, der Fahrer behielt achtzig Prozent der Einnahme. Sie haben nie versucht zu mogeln, obwohl es leicht möglich gewesen wäre, wenn sie zum Beispiel statt zwei Yen Fahrpreis nur einen angegeben hätten. Aber das war in unserer Branche unvorstellbar, weil es auf die Dauer nämlich herausgekommen wäre, selbst wenn man es nicht sofort erfahren hätte. Das hätte bedeutet, daß der Fahrer in der Stadt keine Arbeit mehr gefunden hätte. Außerdem wäre ein Rundschreiben an alle Rikscha-Unternehmen in ganz Japan verteilt worden: »Vorsicht! Der Fahrer Soundso hat sich als unehrlich erwiesen!« Diese Nachricht erst einmal im Umlauf hätte der Mann überhaupt nirgendwo mehr Anstellung finden können.

Unsere besten Kunden waren Ärzte und Geisha. Ich habe selbst nie eine Rikscha gezogen, aber oft Dr. Araki in einer Rikscha zu seinen Patienten begleitet, wobei ich seine große Arzttasche schleppte. Dr. Araki war wegen seiner Gewissenhaftigkeit bei den Patienten sehr beliebt. Nur kannte er die Sitten zu Lande nicht so gut, da er früher Schiffsarzt gewesen war. So hatte er, wie fast alle Ärzte damals das Dauerproblem, sein Honorar zu bekommen, denn viele seiner Patienten waren arm. Nach altem Brauch gab es zwei Termine im Jahr, an denen man seine Schulden bezahlte: vor *o-bon*, dem Totenfest im August, und vor Neujahr. Das gleiche galt natürlich für Arztrechnungen. Weil ich Dr. Araki manchmal bei seinen Schreibarbeiten und Abrechnungen half, schickte er meistens mich zu den Patienten, daß ich vor dem Neujahrstag die ausstehenden Honorare einkassierte.

Es waren unglaubliche Zustände. Wenn ich am letzten Tag vor Neujahr zum Kassieren zu den *nagaya* kam, wo die armen Leute wohnten, waren alle plötzlich wie vom Erdboden verschluckt – nicht eine Menschenseele war zu sehen. Ich hetzte mich ab, um doch noch jemand zu finden, aber irgendwann war es dann doch schon Mitternacht. Und wenn die Tempelglocken erst einmal begonnen hatten, das neue Jahr einzuläuten, konnte man einen Säumigen nicht mehr wegen seiner Schulden belangen. Wurde man obendrein mit »Ein gutes neues Jahr!« gegrüßt, konnte man höchstens den Neujahrsgruß erwidern. Nach dem Austauschen der Neujahrswünsche kann man nicht mehr gut auf Schulden zu sprechen kommen. Die ärmeren Leute, die ihre Rechnungen im alten Jahr nicht zahlen konnten, schlichen sich deshalb am Sylvestertag bis Mitternacht irgendwo herum, so lange, bis die Glocken läuteten. Dann war alles verjährt und sie konnten wieder fröhlich und guter Dinge nach Haus spazieren. Verstehen Sie, so waren die Bräuche damals. Ich wußte andererseits aber auch, wie es um die Finanzen von Dr. Araki stand und tat, was ich konnte, um so viel wie nur irgend möglich einzutreiben. Die meisten Leute hatten damals aber halt nur das Nötigste, so daß es alles andre als leicht war, das Geld zu bekommen …

Lassen Sie mich noch ein bißchen aus meiner Kindheit erzählen. Hinter unserem Haus verlief der Ômachi-Kanal, der in den Fluß Sakuragawa mündete. Heute ist er zugeschüttet und eine Straße darauf gebaut, aber damals war das ein ungefähr drei Meter breiter Kanal. Wir Kinder gingen dort gerne fischen. Links und rechts des Kanals lagen Reisfelder. Bei starkem Regen floß das Wasser aus diesen Feldern über und mit all dem Schlamm in den Kanal. Außerdem flossen am westlichen Kanalende, in der Nähe der Jizô-Statue, die dem Schutzgott der Reisenden und Kinder gewidmet ist, mehrere Bäche hinein. Darum war der Kanal nicht gerade sauber, allerdings war es aber auch kein abgestandener Graben. Wir Kinder haben den Kanal nie als schmutzig empfunden. Im Sommer schwamm ich oft darin. Wenn ich nach einem Kopf-

Hauptstraße am Abend

sprung wieder auftauchte, steckten mir Stroh- und Grashalme im Haar. Es muß ungefähr 1911 oder 1912 gewesen sein, als wir die furchtbare Überschwemmung hatten, die die ganze Stadt verwüstete. Der Fluß Sakuragawa schwoll damals so stark an, daß man um die Brücke Zenikamebashi Angst haben mußte. Brücken waren damals natürlich nur aus Holz gebaut. Die einzige Möglichkeit zu verhindern, daß unsere Brücke weggerissen wurde, war die, sie mit Gewichten zu beschweren. Alle Haushalte im Stadtteil Ômachi mußten ihre Sake-Fässer bringen, zusammen ungefähr hundert bis hundertfünfzig Stück; jedes konnte circa sechzig Liter fassen. Die Feuerwehr füllte die Fässer in größter Eile mit Wasser und stapelte sie auf der Brücke. Das hat die alte Holzbrücke gerettet. Alle Straßen in Ômachi standen unter Wasser; es herrschte großes Chaos und Panik. Am Bizengawa, dem Parallelfluß zum Sakuragawa, sah es noch schlimmer aus: Zwar war zum Glück das südliche Ufer von der Brücke Zenikamebashi bis zum Hügel bei Shimotakatsû durch einen hohen Damm geschützt, aber man konnte nicht mehr wie sonst unterhalb des Damms laufen, sondern mußte sich oben auf dem Kamm halten, sonst wäre man von den hüfttiefen, wirbelnden Wassermassen mitgerissen worden. Die Flüsse sind inzwischen verbreitert worden, deshalb besteht kaum noch Hochwassergefahr. Außerdem sind die Brücken mit Stahlstützen verstärkt worden. Doch früher haben hier die Menschen bei schweren Regenfällen wegen der Hochwassergefahr große Ängste ausgestanden.

Ich möchte noch eine Geschichte von einem alten Brauch erzählen, den es leider nicht mehr gibt: das »Gürtel aufbinden«*. Wenn eines der Kinder in der Nachbarschaft seinen siebten Geburtstag hatte, zogen alle Kinder, mit dem Geburtstagskind in ihrer Mitte, durch die Stadt. Sie hielten sich dabei wie beim Ringelreihen an den Händen und sangen Lieder; das Geburtstagskind

---

* Diese Sitte steht in Verbindung mit einem anderen Brauch seit etwa Mitte der Edo-Zeit. Ab dem siebten Lebensjahr wurden die Enden des Kimono-Gürtels nicht mehr auf dem Rücken miteinander verbunden, sondern hingen lose herab, und zwar in der Form eines die Flügel ausbreitenden Vogels. Ursprünglich galt dieser Brauch jedoch nur für Mädchen, die das siebente Lebensjahr erreichten.

durfte einen Lampion tragen. Wenn es zum Beispiel mein Geburtstag war, wurde gesungen: »Morgen, Kinder, gehen wir zu Terauchi. Holla, dort wird's *oshiruko* geben!« Am nächsten Tag kamen dann alle Kinder zu einem kleinen Geburtstagsfest zu uns nach Haus. Damals haben Kinder selten Süßigkeiten bekommen, darum war es für sie eine große Freude, so viel *oshiruko* essen zu können, wie sie Lust hatten. An die Nachbarn und Verwandten hat man *mochi* und süße Bohnenpaste verteilt. Die Beschenkten bedankten sich mit einem kleinen Gegengeschenk. Später, nach einem kurzen zeremoniellen Besuch im Dorfschrein, ging der kleine Geburtstagsknirps von Haus zu Haus. In jedem Haus kriegte er eine kleine Münze an die Bänder seines nun gelösten Gürtels gebunden.

An Neujahr war es Brauch, daß die Kinder mit Lampions durch die Straßen zogen und vor jedem Haus »Gutes neues Jahr!« wünschten. Zur Belohnung erhielten sie ein paar kleine Münzen. Auch die Erwachsenen besuchten sich gegenseitig zu Neujahr. Dieses gegenseitige Besuchen gab der Stadt eine Atmosphäre der Wärme und Freundlichkeit.

Am Kinderfest *shichigosan* ist es heute allgemein üblich geworden, daß man den Kindern statt kleiner Geschenke Geld gibt. Den Kindern mag das so vielleicht lieber sein, aber man hat doch nicht mehr das Gefühl, daß alle mitfeiern und sich mitfreuen.

Der Pferdemetzger

Frau Someya Yasu (1921-1988)

Unser Geschäft ist heute eine Pferdemetzgerei. Mein Großvater hat aber
früher noch die »To-Te-Pferdebus-Linie«* zwischen Tsuchiura und Toride
betrieben. Bevor um die Jahrhundertwende die Jôban-Bahnlinie gebaut worden ist, war das Reisen noch nicht so bequem. Man mußte entweder zu Fuß
gehen oder mit einer Rikscha oder einem Pferdewagen fahren – natürlich war
das nicht anders, wenn man nach Tokyo wollte. Es gab deshalb viele Leute, die
mit unserem Pferde-Omnibus nach Toride fuhren. Von dort konnte man nämlich mit dem Boot weiterfahren und war am nächsten Morgen um sechs Uhr
in Tokyo. Das Boot fuhr zuerst den Fluß Tonegawa hoch und dann auf dem
Edogawa und Fukagawa bis nach Tokyo.

Schon bevor ich auf die Welt kam, hatte mein Großvater das Omnibus-
Unternehmen aufgegeben und stattdessen einen Großhandel mit Pferdefleisch
angefangen. In der Gegend von Tsuchiura gab es damals nur zwei Geschäfte,
die Pferdefleisch en gros verkauften: unser eigenes und das von »Komatsuzaki« in Fujisawa.

Uns gehörten unten am Kanal Pferdeställe, wo wir zeitweise mehr als zehn
Pferde eingestellt hatten. Vielleicht kann ich sogar noch rekonstruieren, wo sie
genau waren. Auf der anderen Seite der Brücke Tamachibashi, direkt an der
rechten Ecke, erinnere ich mich an ein Gemüsegeschäft, das auch heiße Backkartoffeln, *satsuma-imo*, verkaufte. Es hatte den Spitznamen »Drei-Tage-
Laden«, weil es dort nur jeden dritten Tag frisches Gemüse gab. Wenn man
ein wenig weiter vorne rechts abbog, in die kleine Seitenstraße, kam nach dem
senbei-Reiskräcker-Laden »Tosaya« das große Geschäft des Papiermachers
»Kuwabara«. Ein Stück weiter unten war ein öffentliches Bad und danach ein
Friedhof neben dem kleinen Amida-Buddha-Tempel. Und wenn man die
Brücke neben dem Tempel überquerte, lagen auf der linken Seite unsere Stäl-
le. Ringsherum waren damals noch überall Reisfelder.

Damit wir etwas zu verkaufen hatten, mußten wir auch Pferde besorgen. In
der ganzen Umgebung suchten wir bei den Bauern nach alten Pferden. Oft

---

* Der Name der Linie rührt von der lautmalerischen Nachahmung des Postillonhorns
»to-te-to-te« her.

kamen aber die Bauern von selbst mit ihren Kleppern zu uns. Wir beschäftigten selbst auch Pferdehändler, die junge Tiere bis aus den weiter nördlich gelegenen Präfekturen Iwate und Fukushima holten und diese den Bauern zu verkaufen versuchten. Sie wanderten mit ihren Pferden hier in der Gegend von Dorf zu Dorf, bis sie einen Bauern mit einem abgerackerten Gaul fanden. Unsere Händler machten dann dem Bauern den Handel dadurch schmackhaft, daß sie den alten Gaul in Zahlung nahmen und das junge Pferd zu einem reduzierten Preis anboten, nicht viel anders als es heute bei den Autohändlern üblich ist.

Außerdem arbeiteten wir mit einem Pferdehändler zusammen, der mit dem Dampfer bis nach Namegata am Nordost-Ufer des Sees fuhr. Von dort ging er zu Fuß weiter nach Kasama und schließlich bis fast zur Nachbarpräfektur Tochigi. Wenn er ein Pferd gekauft hatte, band er ihm mit einem derben Strick eine Strohmatte über den Rücken. Aus dem Ende des Seils machte er eine Schlaufe, an die er die übrigen Pferde binden konnte, falls er mehr als eines mitzuführen hatte. So konnte er sicher sein, daß ihm unterwegs keines der Pferde weglief.

Schlachtreife Pferde wurden vom Abdecker abgeholt und zum Schlachthaus nach Tanaka am Westrand der Stadt gebracht. Mit zwei großen Kisten für die Fleischteile auf dem Wagen, das Pferd hinten am Wagen angebunden, ging es über die holprigen Straßen zum Schlachthaus. Geschlachtet hat man die Pferde damals noch, indem man ihnen die Kehle durchschnitt. Die geschlachteten Tiere wurden in vier Teile zerlegt, die Stücke in die beiden Kisten gepackt und zu uns ins Geschäft geliefert. Die Felle ließen wir vom Abdecker gründlich einsalzen, lagerten sie in unserem *kura* ein und verkauften sie an einen Trommelmacher in Tokyo, der einmal im Jahr, meistens im Februar, kam und abholte, was sich in dieser Zeit angesammelt hatte.

Damals haben noch viele Leute Pferdefleisch gegessen. Darum hatten wir viel Kundschaft, und es lohnte sich, unser Geschäft bis um zehn Uhr abends offenzuhalten. Allerdings kamen nach sieben nur noch sporadisch Leute, so daß ich genug Zeit hatte, das Fleisch für den Verkauf am nächsten Tag vorzubereiten: Es mußte in ungefähr fünfzig Zentimeter lange Behälter aus geflochtenem Bambusgras verpackt werden. Vor zehn oder elf Uhr abends war ich damit nie fertig.

Es gab in unserem Ort zwei Einzelhändler für Pferdefleisch: ein kleineres Geschäft, das »Tekane«, das sein Fleisch von den »Komatsuzakis« bezog und unsere eigene Filiale in der Nähe vom Bahnhof. Man brauchte nur die Steintreppe neben dem »Tamotsu«, einem Restaurant für Nudelsuppen hinter dem Gasthaus »Matsubakan«, hinunterzugehen und war bei unserem Geschäft.

Ein Pferd ergab schätzungsweise hundertachtzig bis zweihundert Kilo Fleisch. Pferdezunge war billig und wurde zusammen mit den Innereien verkauft. Das Rückenmark sah fast wie *tôfu* aus. Merkwürdigerweise kaufte gerade davon – und nur das und kein Fleisch – immer eine besonders attraktive Frau. Ich habe keine Ahnung, woher sie kam und wohin sie gehörte. Weiß Gott, was sie damit kochte.

In Tanaka gab es eine Buddha-Statue der Göttin der Barmherzigkeit mit einem Pferdekopf. Weil Pferde für unseren Lebensunterhalt so wichtig waren, hatten wir in unserem Garten genauso eine Steinstatue aufgestellt. Dort opferten und beteten wir für die Seelen der von uns geschlachteten Pferde.

DAS LEBEN
AUF DEM LANDE

Reis pflanzen

Das Dorf Sakuramura

Frau Tsukamoto Michi (1901-1987)

Man könnte die damaligen Lebensverhältnisse als »einfaches Leben« bezeichnen, aber dies würde sie nicht richtig beschreiben: Auf dem flachen Land hatten viele Häuser noch nicht einmal *tatami* in den Zimmern; die Familien wohnten auf blanken Holzfußböden mit grobgeflochtenen Strohmatten darüber. Vor Neujahr war es Brauch, zur Vorbereitung auf das kommende Jahr neue Matten aus frischem Stroh anzufertigen und damit den Holzboden auszulegen.

Das meiste Land in der Umgebung von Sakura war Eigentum der verschiedenen Großgrundbesitzer. An jenem Tag in der Erntesaison, an dem die Reispacht fällig wurde, luden die Pächter ihre Reissäcke auf einen Handkarren oder ein Packpferd und lieferten ihre Pacht beim Gutsverwalter ab. Ein Angestellter des Gutsherrn überwachte die Abgabe und prüfte, ob die Menge korrekt war.

Wenn später der beim Verwalter eingegangene Reis ins Lagerhaus des Gutsherrn transportiert wurde, meldeten sich viele Pächter freiwillig für diese Arbeit – nicht aus Diensteifrigkeit, sondern weil es dabei etwas zu verdienen gab. Die Reissäcke wurden aus dem Lagerhaus getragen und auf Handwagen verladen, die sich anschließend in einer langen Kolonne auf der Straße nach Tsuchiura in Bewegung setzten. Die Straßen waren damals holprig und voller Schlaglöcher, deshalb konnte man auf einen Wagen nicht mehr als vier Sack Reis laden. Mit fünf oder mehr Säcken konnten selbst die stärkeren Männer den Wagen nicht von der Stelle bewegen, wenn nicht ein zweiter Mann mit anschob.

Die Männer erzählten oft, daß sie jedesmal einen solchen Hunger hatten, bis sie nach Mushikake kamen, daß sie den Wagen kaum noch ziehen konnten. Deshalb brachen sie gelegentlich unterwegs einen Reissack auf und nahmen sich eine Handvoll Körner, die sie kauten, um das Hungergefühl abzutöten. Damit schafften sie es dann mit Müh und Not noch die letzten Kilometer bis Tsuchiura. Beim Gutsherrn angekommen, erhielten sie eine handfeste Mahlzeit und ihren Lohn. Nur der Gedanke an die Belohnung hielt sie auf den Beinen.

Manche der landlosen Bauern hatten zwar nie eigenes Land besessen, doch gab es ziemlich viele, die ursprünglich ein oder zwei Felder ihr eigen hatten nennen können, aber irgendwann gezwungen gewesen waren, ihr bißchen Land zu verkaufen. Dies hing damit zusammen, daß es die Politik der Banken war, den Armen prinzipiell keinen Kredit zu geben. Obwohl ja grundsätzlich alle Bauern für Saatgut und Dünger auf Darlehen angewiesen waren, weigerten sich die Banken rundweg, sich mit »Problemfällen« zu befassen. Kleinbauern hatten deshalb keine andere Wahl, als das nötige Geld entweder von einem reichen Bauern oder einem Kaufmann in Tsuchiura zu borgen. Dafür mußten sie aber ihr Land verpfänden. Es kam dabei oft vor, daß die Bauern im nächsten Jahr ihre Schulden nicht zurückzahlen konnten und damit ihr Land verloren. Es gab jede Menge solcher Bauern, die auf diese Weise zu Pachtbauern herabgesunken waren.

Das Land in unserer Gegend war sehr fruchtbar, daher die Pacht hoch: zwölf Sack Reis pro Ar. Von einem Ar Land erntete man aber höchstens vierundzwanzig Sack Reis. Wenn man die Hälfte davon an Pacht abzuliefern gezwungen war, kann man sich vorstellen, wie wenig einem selbst zum Leben blieb. Die meisten Pachtbauern konnten es sich daher auch nicht leisten, Dünger zuzukaufen.

Wenn ein Pächter seine Reispacht nicht voll abliefern konnte, wurde das von ihm bestellte Land vom Grundherrn »weggegeben«, wie es hieß, nämlich einem anderen Pächter übertragen. Dies reduzierte den unglücklichen Pachtbauern zum Tagelöhner. Unter Umständen war er sogar gezwungen, seine Tochter an ein Bordell zu verkaufen, oder seine jüngeren Söhne mußten sich bei einem Gutsbesitzer als Knechte verdingen. Wenn der Bauer auf diese Weise die Zahl der zu stopfenden Mäuler verringerte, gelang es ihm vielleicht gerade noch, seine Familie zu ernähren.

Zum Glück hatte unsere Familie eigenes Land. Doch starb mein Vater, als ich drei Jahre alt war. Von da an mußte meine Mutter beides, die Feldarbeit und den Haushalt, alleine bewältigen. Sie hat Tag und Nacht ohne einen Augenblick der Rast gearbeitet. Doch schaffte sie es irgendwie, uns zu versor-

Nach der Ernte

gen. Sie heuerte sogar per Jahresvertrag Knechte für die Feldarbeit an. Obendrein stellte sie in der Reispflanzzeit und in der Hochsaison der Seidenraupenzucht zur Aushilfe einige Frauen aus der Gegend von Kashima an.

In Kashima waren die Böden wesentlich schlechter als bei uns, darum waren dort die Landleute darauf angewiesen, sich andernorts zu verdingen. Jedes Jahr wurden einige hundert junge Mädchen von ihren Eltern als Bauernmägde zu uns in die Gegend von Tsuchiura geschickt. Es gab in unserem Dorf sogar einen Agenten, der die Aushilfskräfte vermittelte und bei dem man die nötige Anzahl von Mägden anfordern konnte.

Bauern hatten viel zu tun und keine Zeit, einkaufen zu gehen. Das hatte ein Fuhrmann zu nutzen verstanden und ein Geschäft daraus gemacht, den Leuten das Nötige zu besorgen: Alles von irdenem Geschirr über Werkzeuge bis zu Textilien konnte man bei ihm bestellen. Er fuhr jeden Tag die Gegend zwischen Tsuchiura und den umliegenden Dörfern ab. Morgens früh kam er mit seinem Pferdewagen ins Dorf und läutete seine Schelle. Wer ihn hörte, lief auf die Straße und rief: »Er ist da!« und alle, die etwas brauchten, rannten ebenfalls herbei.

Nur Fisch besorgte er nicht: Dafür gab es einen speziellen Händler, der mit einer Tragestange und zwei Bottichen daran die Runde machte. Die Dorfleute aßen aber selten Seefisch, nur an Neujahr und anderen hohen Feiertagen; man konnte diese Tage im Jahr an einer Hand abzählen. Seefisch zu essen war oft riskant: In einigen Fällen sind Leute an rohem Haifisch gestorben, der verdorben war. Es dauerte nämlich mehrere Tage, um eine Ladung Fisch von der Küste bis zu unserem Dorf im Hinterland zu transportieren. Der Verzehr von Seefisch war deshalb im großen und ganzen eine ziemlich heikle Sache.

Wo ich gerade davon erzähle, fällt mir ein, wie mein Junge einmal krank war; ich glaube, daß es mit die schlimmste Zeit für mich war. Er war eine Frühgeburt, und ich mußte ihn monatelang jeden Tag zum Kinderkrankenhaus in Tsuchiura bringen – im eisigsten Wind trug ich ihn die ganze Strecke auf dem Rücken. Nur die reichsten Leute konnten es sich damals leisten, den Arzt kommen zu lassen, wenn sie krank waren. Die meisten Bauernfamilien warteten, bis sie fast am Rand des Grabes waren, bevor sie den Arzt riefen. Bei uns war es nicht anders, so mußte ich mein Kind selbst zur Klinik tragen. Ich erinnere mich noch gut daran, wie mich der Wind beutelte, wenn ich die Brücke Suijinbashi bei Mushikake überquerte. Einen *Sen* Brückenzoll mußte man jedes Mal bezahlen.

Um möglichst die Kosten für den Arzt zu sparen, pflückten die Landleute immer fleißig Heilkräuter, wenn sie zum Brennholz sammeln in den Wald gingen. Es gab unter anderem den grünen Enzian (den Talan – *swertia japonica*), der die Verdauung fördert, den Storchschnabel gegen Durchfall und den japanischen Spitzwegerich gegen Schwellungen und Verbrennungen. Der Talan wurde zum Trocknen unter das Vordach gehängt. Der Storchschnabel soll am besten helfen, wenn man ihn am Tag des Ochsen während der letzten achtzehn Tage des Sommers pflückt. Daneben besaßen wir in unserer Hausapotheke zwar auch einige Markenmedikamente von einem Apotheker aus der Präfektur Toyama, doch damit gingen wir sehr sparsam um.

Vielleicht soll ich noch davon erzählen, welche Geschäfte und Handwerker es bei uns im Dorf gab: Also da war eine Metallwarenhandlung, ein Küfer und ein Korbmacher, ein *tôfu*-Laden und ein *kanbutsuya* für Hülsenfrüchte und Dörrfisch; auch einen Pantinenmacher, einen Schmied, Zimmermann und Friseur gab es. Schließlich existierte noch eine Färberei für Rohgarn und außerdem ein Hersteller von Spindeln für das Spinnen von Seidenfäden. Ein weiteres Geschäft stellte Spezialpapierunterlagen mit Fächern her, in denen die Eier des Seidenspinners vor dem Raupenstadium während des zehnmonatigen Eistadiums lagerten. Schließlich gab es noch ein Geschäft, das Baumwollstoffe aufarbeitete. Arbeitskleidung nähten wir aus selbstgewebten Stoffen. Man gab sie nach dem Weben zum Färber und nähte sie hinterher selbst zusammen. Wollte man einen Kimono für besondere Anlässe, kaufte man sich gemusterten Stoff in der Textilienhandlung. Stoff war damals so kostbar, daß man abgetragene Sachen entweder neu einfärbte und wendete oder einfach mit Flicken ausbesserte. Sogar Kleidungsstücke eines Verstorbenen wurden unter die Verwandten verteilt, die sie umfärbten und dann auftrugen.

Da wir gerade vom Sterben reden – wissen Sie, wie es zur damaligen Zeit bei einem Begräbnis zugegangen ist? Wenn jemand gestorben ist, hat sich jeder im Dorf nach Kräften an der Vorbereitung des Begräbnisses beteiligt. Als erstes mußte die Familie des Verstorbenen eine bestimmt Menge Reis für *mochi* stampfen. Dabei halfen die Nachbarn, und sie bekamen dafür eine Mahlzeit. In der Zwischenzeit wurden die übrigen Leute von dem Todesfall benachrichtigt. Da es ja noch kein Telefon gab, klapperten einige Nachbarn meilenweit alle umliegenden Bauernhöfe und Weiler ab und gaben die Nachricht bekannt, damit es ja wirklich alle erfuhren. Dann wurde der Sarg gezimmert. Auch bei dieser Arbeit half das ganze Dorf zusammen. Normalerweise verwendete man dafür Kiefer, aber wenn die betreffende Familie überhaupt kein Holz hatte, zerlegte man eine alte Truhe, hobelte die Bretter ab und nahm diese für den Sarg.

So viel über Beerdigungen. Tatsache ist, daß es uns Bauern seit der Bodenreform nach dem Krieg wesentlich besser geht als vorher. Jetzt ist in der Nähe auch noch die Wissenschaftsstadt Tsukuba gebaut worden. Es ist gerade, als wäre das, was früher war, ein Traum gewesen.

Geschichten aus dem Dorf Mushikakemura

Herr Tanaka Shichirôbei (1907-1986)

In dem Ort Mushikake gibt es nur zwei Sippen: die Tanakas und die Shiba-numas, jede mit ihrem eigenen Hausgott und einem kleinen Schrein dazu. Der heutige Dorfschrein war ursprünglich dem Hausgott der Tanakas geweiht. Der Schrein der Shibanuma-Sippe stand weiter westlich, dort wo heute die Soja-soßenfabrik steht.

Als ich ein Kind war, stand der Tanaka-Schrein in einem großen Gelände, das nur über eine schmale Holz-Lehm-Brücke erreichbar war. Diese führte über ein kleines Flüßchen, das sich um dieses Gelände schlängelte. Ein *torii*-Schreintor war nicht vorhanden, aber eine eindrucksvolle *Jizô*-Statue des Kin-derschutzgottes rechts neben dem Eingang zum Schrein. Dieser war dem Ern-tegott Inari gewidmet und bestand aus einem Gebetshaus und dem Haupt-schrein. An Regentagen haben wir Kinder oft im Schrein gespielt. Besonderen Spaß hatten wir daran, auf den quietschenden Brettern im Schreinkorridor hin- und herzulaufen.

Vor ungefähr siebzig Jahren wurde von den Dorfältesten beschlossen, anstelle der beiden separaten Familienschreine einen als gemeinsamen Dorf-schrein von Mushikake zu bestimmen. Der Schrein der Tanakas wurde dazu ausersehen. Die Inari-Statuen wurden alle verkauft und der Schrein dem Gott Ugayafukiaezu, dem legendären Vater des Jinmu-Tennô, des ersten Tennô Japans, neu gewidmet.

Die Tanakas und Shibanumas hatten früher nicht nur ihre eigenen Schrei-ne, sondern auch separate Friedhöfe und buddhistische Tempelchen. Das Tempelchen der Sippe Shibanuma stand im Zentrum von Mushikake, unge-fähr da, wo heute das *miso*-Geschäft ist, während jenes der Tanakas am Dorf-rand stand. Beide bestanden aus nur einem Raum von ungefähr zwölf mal vier Metern und hatten ein Rieddach. Einmal im Monat versammelten sich die alten Leute des Dorfes an ihrem jeweiligen Sippen-Tempel – je etwa fünfzehn an der Zahl –, um buddhistische Gebete zu verrichten und danach gemeinsam ein einfaches Mal aus mitgebrachten Speisen, wie etwa gedämpften Kartoffeln oder eingelegtem Gemüse, einzunehmen. Bei Beerdigungen begleiteten diese Alten den Leichenzug und läuteten die Totenglöckchen.

Nach dem Krieg gab es immer weniger praktizierende Buddhisten, so daß jahrelang überhaupt niemand zu den Tempeln kam. Viele der Statuen stürzten um; 1975 wurde sogar eine davon in einem Reisfeld aufgefunden. Kurz darauf wurden beide buddhistischen Tempelchen abgerissen; die Statuen verschwanden mit ihnen. Ich gehörte zum Haus Shichirôbei der Tanaka-Sippe. Die Shichirôbeis waren eigentlich ein Zweig des Hauses Hachirôbei, das sich wiederum, etwa 1830, von den Kyûrôbeis getrennt hatte. Über Generationen hinweg stellten die Kyûrôbeis den Dorfschulzen. Den höchsten sozialen Status innerhalb der Tanaka-Sippe in Mushikake hatte das Haus Ruhei. Sein Gewerbe war die Herstellung von *tôfu*. Da das Haus an einem Benten-Heiligtum* stand, hießen es Benten-Ruhei. Die Familie ist jedoch verarmt und mußte ihr Haus verkaufen und in ein kleineres umziehen. Heute ist diese Familie völlig ausgestorben. Doch von all den anderen Familien leben noch Nachkommen in dieser Gegend.

Das Nachbardorf von Mushikake hieß Sanoko. Die beiden Dörfer waren durch den Fluß Sakuragawa getrennt, über den es eine Fähre gab. An die Fähre selbst kann ich mich nicht mehr erinnern, wohl aber an den Steg, der noch neben der Sojasoßenfabrik zu sehen ist und sicher einmal die Anlegestelle für die Fähre war. Der Sakuragawa hatte ein sandiges Flußbett und starke Strömung, so daß das Wasser sehr sauber war. Im Sommer haben wir immer darin völlig nackt gebadet, auch brachten die Bauern ihre Pferde hierher zum Waschen.

Die Brücke Suijinbashi über den Sakuragawa zwischen Mushikake und Sanoko wurde 1906 gebaut. Auf der einen Seite stand eine Hütte für den alten Brückenwärter, der den Brückenzoll kassierte. Die Bewohner der beiden Dörfer hatten freie Benutzung, alle anderen zahlten einen *Sen* pro Person, zwei *Sen* für ein Fahrrad und drei *Sen* für ein Fuhrwerk. Das Zollhaus war nur ungefähr drei bis vier Quadratmeter groß und hatte kein Strohdach, sondern war mit Wellblech gedeckt. Es war gerade groß genug, um darin zu schlafen.

---

* Benten, auch Benzaiten, Göttin der Weisheit, Redekunst und Kunst. Eine der sieben Glücksgötter.

Buddhistisches Tempelchen

In der Tat wohnte der alte Brückenwärter darin. Er saß gewöhnlich in seinem Häuschen und schaute aus dem offenen Fenster nach draußen. Bei schlechtem Wetter zog er die *shôji*-Fenster vor und sah nur durch ein kleines Loch, das er in das Papierfenster gebohrt hatte, heraus, während er drinnen ein kleines Holzkohlenfeuerchen brennen hatte.

Ich ging in unsere kleine Dorfschule, die lediglich aus einem einzigen Klassenzimmer bestand. Jeder Jahrgang hatte nur etwa vier Schüler. Die Lehrmethoden waren ziemlich merkwürdig: Jeweils zwei Jahrgänge wurden zusammen und mit dem gleichen Lehrbuch unterrichtet, also die erste und zweite Klasse, dritte und vierte Klasse und die fünfte und sechste Klasse mit jeweils dem gleichen Buch. Von meinem ersten Schultag an mußte ich mit dem gleichen Lehrbuch arbeiten wie die Schüler des zweiten Jahres. Der Grund für dieses seltsame System war, daß die Schule nur Mittel für drei, statt der üblichen sechs Klassen zur Verfügung hatte. Das bedeutete, daß die begabteren Schüler schon im dritten Schuljahr den Stoff der vierten Klasse lernten, während die langsameren den vom zweiten Schuljahr wiederholten und dabei immer weiter zurückfielen und schließlich das Interesse ganz verloren.

Die Lehrer bevorzugten eindeutig die Kinder der reicheren Leute. Wenn es Streit unter den Kindern gab, wurde unweigerlich den ärmeren Kindern die Schuld in die Schuhe geschoben. Damals hielt man solch unterschiedliche Behandlung für selbstverständlich. Wer zu unrecht ausgeschimpft wurde, konnte nur die Achseln zucken und es möglichst schnell vergessen. Man kannte sich ja untereinander, weil wir alle im gleichen Dorf lebten. Wir hatten es nicht weit und gingen sogar mittags zum Essen nach Hause.

Nach der Grundschule besuchte ich die Mittelschule in Tsuchiura. Wir Kinder von Mushikake müssen in den Augen der anderen Schüler wie richtige Dorftrottel ausgesehen haben, denn wir wurden immer gehänselt und »Bauernlümmel« gerufen. Auch noch nach mehreren Jahren in der Schule wurden wir immer noch schlechter behandelt als die neuesten Schüler aus der Stadt. Damals wirkte Tsuchiura auf uns Landvolk schon sehr städtisch. Da wir also selbst sahen, daß unsere Art zu reden und uns anzuziehen so ganz anders war als die der »Städter«, fügten wir uns einfach drein und nahmen die Hänseleien als etwas Unabänderliches hin. Wir wußten auch nicht so viel wie die anderen. Für uns Kinder in den Dorfschulen wurden von Anfang an ganz andere Schulbücher benutzt als für die in den großen Schulen der Stadt. Folglich kamen die Stadtkinder schon mit einem größeren Wissen in die Mittelschule als wir Dorfkinder. Das meiste des Unterrichtsstoffs ging daher über mein Verständnis hinaus, und ich habe die zwei Jahre auf der Mittelschule fast nur verträumt. Als ich aus der Schule kam, war ich noch der gleiche Bauerntölpel wie vorher.

Es gab da ein Problem, so lange ich in der Mittelschule war: Wir Kinder von Mushikake durften diese Schule nur besuchen, wenn wir in Tsuchiura ein Quartier vorweisen konnten. Für mich wurde deshalb ausgemacht, daß ich die Adresse von Marutani, dem Düngemittelkaufmann in Nishimon angeben sollte. Als mir eines Tages ein Mitschüler erzählte, daß der Lehrer manchmal nachsehen kam, ob man wirklich an der angegebenen Adresse wohnte, bekam ich einen Riesenschreck. Ich starb fast vor Angst, aber schließlich hatte ich eine glänzende Idee: Ich kaufte mir einen zweiten Schulranzen, den ich im Haus von Marutani an den Haken hängte, so daß ihn der Lehrer sehen mußte, wenn er wirklich mal vorbeikommen sollte. In meinem ersten Jahr legte ich den Weg von Mushikake bis Tsuchiura jeden Tag zu Fuß entweder in hölzernen *geta* oder in Strohsandalen zurück. Ab dem zweiten Jahr gab es plötzlich Gummischuhe zu kaufen, und meine Eltern schenkten mir ein Paar davon. Ich fühlte mich wie ein König wegen der neuen Schuhe. Leider waren sie undicht, so daß ich bei Regen oder Schnee lieber barfuß gelaufen und erst in der Nähe der Schule in die Schuhe geschlüpft bin. Bevor ich ins Schulgebäude hineinging, konnte ich sie schon wieder ausziehen und in das Fach für die Straßenschuhe stellen, weil man im Schulhaus ja keine Schuhe trug.

Das ist aber alles lange her. Heutzutage ist Mushikake von Schnellstraßen und der Autobahn eingesäumt. Auch sind viele Fremde zugezogen. Nur noch wenige der jetzigen Einwohner stammen aus den beiden alten Sippen Tanaka und Shibanuma.

In der Tempelschule

Frau Hanari Tomo (1889-1989)

In Kise hatten wir einen Schrein, der dem Neumond gewidmet war. Der kleine Teich vor dem Schrein hieß ebenfalls nach dem Neumond. Am dritten Tag in jedem Monat – dem Neumondtag nach dem alten Mondkalender – gingen die Leute dorthin, um zu beten, besonders jedoch jene, die von Warzen oder Zysten befreit werden wollten. Zu diesen Anlässen war es üblich, *tôfu* zu opfern. Damit die Speisen aber nicht verdarben, verkaufte sie der Schrein zum halben Preis wieder an die Dorfleute.

Im Schreingelände stand aber auch ein buddhistisches Tempelchen, wo sich, ebenfalls am dritten eines jeden Monats, die Alten des Dorfes versammelten, um unter Begleitung einer Trommel buddhistische Gebete herzusagen.

Zweimal im Jahr, am 3. Februar und 3. August, wurde ein großes Schreinfest abgehalten. Die Allee zum Schrein hin wurde mit hunderten von Laternen beleuchtet, zwischen den Bäumen hörte man stundenlang die Trommeln schlagen und im Schreinareal führte man Maskentänze und Schauspiele auf. Die Dörfler strömten, in ihrer buntesten Kleidung und mit Papierlaternen in den Händen, zum Schrein. Von Dörfern im weiten Umkreis kamen die Leute meilenweit nach Kise. Die jungen Mädchen des Dorfes zogen ihre besten Kimono an und putzten sich heraus, während die jungen Burschen alles taten, um deren Aufmerksamkeit auf sich zu lenken. Diese Schreinfeste waren wie ein Farbtupfer in unserem grauen Landleben, und alle haben mit großem Vergnügen mitgemacht.

Die Schule, die ich besuchte, wurde vom Tempel Gonshôji in Konda betrieben – in die Schule kam ich aber erst, als ich schon neun Jahre alt war. Von unserem Haus bis nach Konda waren es etwa vier Kilometer. Wir Kinder bummelten die Strecke gemächlich bis nach Hause; besonders an sonnigen Tagen zogen wir den Fußmarsch so lange hin, wie es nur ging, unterwegs hier und da spielend und Blumen pflückend.

Bei Regen nahm ich einen Schirm aus Lackpapier mit. Ich ging dann meist barfuß und trug meine *geta* in der Hand, bis ich zu dem Flüßchen am Tempel kam, wo ich mir die Füße waschen konnte, bevor ich durch das Tempeltor eintrat. Ich war nicht die einzige dort: auch Bauern fanden sich an dieser

Stelle ein und tränkten ihre Pferde, weshalb am Ufer immer viel Stroh und Mist lag.

Der Unterricht wurde in der Haupthalle des Tempels abgehalten, wobei die Schulbänke auf den *tatami* aufgestellt waren. Der Lehrer – in unserem Fall kein Priester – hieß Toyoshima und trug immer westliche Kleidung. Er wohnte auch in Kise. Das einzige, woran ich mich merkwürdigerweise bei ihm erinnere, ist, daß sein Vesperpaket nicht wie bei uns aus einem Lackkästchen, sondern aus Porzellan bestand. Seine Frau bat mich öfters, wenn ihr Mann Nachtwache hatte, seine Vesper für ihn mitzunehmen.

Mir sind nur solche Kleinigkeiten in Erinnerung geblieben, aber ich glaube, daß ich in der Schule noch ein ganz gutes Gedächtnis hatte, weil ich nämlich – und daran erinnere ich mich auch noch – einige Auszeichnungen bekommen habe: unter anderem ein Zertifikat für besonders gute Noten in einer Prüfung und einen Tuschestein und ein paar Schreibhefte dazu. Ich hab' mich damals mehr darüber gefreut als über jedes Geburtstagsgeschenk.

Landkost

Herr Ihara Orinosuke (*1904)

Unvermischten Reis hat es bei den Leuten in unserem Dorf selten gegeben. Wer eine Mischung essen konnte, die aus vier Teilen Reis und sechs Teilen Gerste bestand, ist schon überdurchschnittlich gut dran gewesen. Als Beilagen zum Reis haben die meisten nur eingelegte Salzpflaumen, *miso*-Suppe, getrocknetes *nattô* und eingelegten Rettich gehabt. Frischen Seefisch haben wir in unserer höher gelegenen Gegend außer zum Neujahrsfest fast nie bekommen; wenn überhaupt Fische, dann ganz kleine aus den Bergbächen, obwohl es im Bereich von Tsuchiura sehr viel Süßwasserfisch gegeben hat.

An Neujahr, wie gesagt, haben die meisten ein Stück gesalzenen Lachs gekauft – aber auch bloß nach langem Hin und Her, ob man's sich leisten kann. Gegen Ende Dezember sind die Fischverkäufer bis zu unserm Dorf hochgekommen: entweder mit großen Körben auf dem Rücken, wenn es Frauen waren, oder mit Bottichen an einer Tragestange die Männer. Sie wußten, wer jedes Jahr kaufte und sind zuerst zu den alten Kunden gegangen. »Dieser Lachs ist gut und groß«, haben sie ihre Ware angepriesen, »aber nicht ganz billig. Der hier ist kleiner, den kann ich günstiger abgeben« und so fort. Die ganze Familie hat sich dann um den Händler geschart und sich schließlich auf einen bestimmten Fisch geeinigt.

Der Lachs ist dann bis Neujahr in der Küche an den Fenstersturz gehängt worden. Ich bin jeden Tag daran vorbeigeschlichen und hätte mir am liebsten ein Stück stibitzt. Wenn es dann endlich so weit war, daß der Fisch aufgetischt worden ist, haben wir sehr darauf geachtet, daß auch nicht das Geringste verschwendet wurde: Der Kopf wurde stundenlang mit Sojabohnen gekocht und ratzeputz verschlungen. Selbst die Gräten waren genießbar, wenn sie auf die gleiche Art lang genug gekocht worden sind. Der ganze Fisch, Kopf, Schwanz und Gräten, alles wurde verzehrt. Wir witzelten immer darüber, daß der Fisch sicher Nachsicht mit uns haben wird, dafür, daß wir ihn geopfert und verspeist haben, weil wir ihm alle Achtung erwiesen haben, die Eßbarem gebührt, und nichts verkommen ließen.

Fast alle Familien im Dorf machten ihr eigenes eingelegtes *miso*-Gemüse. Die reicheren Bauern haben sehr lange gelagertes *miso* verwendet und darin

Riesenrettiche, Karotten, Schwarzwurzeln und Auberginen eingelegt – bis zu vier, fünf Jahre haben manche ihre Gemüse einlegen können. Ein solches Faß hat man nur aufgemacht, wenn besondere Gäste angekündigt waren. Man weiß heute kaum noch, wie gut so lange eingelegtes Gemüse schmeckt. Leider haben die meisten von uns nicht so lange warten können, weil sie sich gar nicht so viele Sojabohnen leisten konnten, um damit *miso* zu machen und das Gemüse für ein ganzes Jahr einzulegen. Manche haben jedesmal nur winzige Mengen *miso* gekauft – solche Familien haben ganz sicher nichts davon zum Einlegen erübrigen können. Schon allein die Tatsache, daß es sich eine Familie hat leisten können, vier oder fünf Jahre lang Eingelegtes zu essen, war ein Beweis, daß sie wohlhabend war.

Sogar Eier waren für uns ärmere Leute Luxus. Heutzutage sind Eier in jeder Menge zu haben und billig. Aber als ich jung war, haben Pachtbauern Eier nicht als etwas betrachtet, das für ihren eigenen Bedarf da war, obwohl fast jeder fünf, sechs Hühner gehalten hat. Für sie waren Eier eine wichtige Nebeneinnahme. Jedes Ei, das die Hühner gelegt haben, ist verkauft worden. Damals hat es für einen Pachtbauern kaum eine Möglichkeit gegeben, zu Bargeld zu kommen: Wenn er einen Teil seiner Reisernte verkauft oder Holzkohle gebrannt hat, hat er eine kleine Nebeneinnahme gehabt, aber auch das nur sehr sporadisch. Es war einfach nicht genug, alle Ausgaben damit zu decken, wie zum Beispiel für Salz und Zucker, Papier und Kerzen, Öl, manchmal Handtücher, alles Dinge, die wir nicht selber herstellen konnten. Es war schlicht nicht möglich, sich mit allem selbst zu versorgen. Die einfachste und schnellste Art, für alle diese Sachen Bargeld zu beschaffen, war der Verkauf von Eiern.

Jeden Tag ist ein Händler zu uns ins Dorf gekommen und hat Eier aufgekauft. Die meisten von ihnen waren alte Männer oder Frauen. Ein paar junge Männer und Frauen zwischen zwanzig und dreißig waren allerdings auch darunter. Ein Ei hatte ungefähr den Wert einer Schachtel Streichhölzer; solch eine Schachtel reichte einen ganzen Monat. Wenn Sie das vergleichen, bekommen Sie vielleicht eine Vorstellung davon, wie wertvoll für uns ein einziges Ei

gewesen ist. Sie werden sich vielleicht fragen, wenn Eier doch so viel eingebracht haben, warum wir nicht statt fünf oder sechs Hühner wenigstens fünfzig oder hundert gehalten haben. Das ist ganz einfach: Wir haben unsere
Hühner mit Essensresten gefüttert, und es gab davon einfach nicht mehr als
für höchstens ein Dutzend Hühner. Wenn man mehr Hühner gehalten hätte,
hätte man ihnen von dem Reis geben müssen, der für die Familie selbst kaum
gereicht hat.

Jedenfalls hat darum das Landvolk niemals Eier zum Kochen verwendet. Es
ist keine Übertreibung zu sagen, daß kein einziges Grundschulkind in seinem
Pausenpaket irgendein Gericht mit Eiern gehabt hat. Ja, so manches der Schul-
mädchen hatte nur schlichte Gerste dabei. So ein armes Kind schämte sich
deswegen so sehr, daß es sein Vesperpaket mit den Armen oder einem aufge-
stellten Buch versteckte, damit man nicht sah, wie wenig es dabei hatte. Wenn
es vorkam, daß eines der Kinder für die Mittagspause sogar Fisch mitgehabt
hat, ist es sofort von den anderen Kinder umringt worden, und alle riefen aufgeregt: »Schaut mal her, was die dabei hat. Das ist Karpfen, nicht wahr?« und
die Kinder staunten sie gelb vor Neid an. Wenn jemand aber krank geworden
ist und im Bett lag, ohne Appetit, dann kam vielleicht einer auf die Idee, ein Ei
zu opfern, damit der oder die Kranke wieder zu Kräften kam; dann bekam man
eine dicke Reissuppe mit einem Ei darauf. Viele Kinder dachten deshalb, daß
Eier eine Art Medizin waren, die man nur essen durfte, wenn man krank war.

Wenn einmal ein Gast von weit hergekommen ist, haben wir uns riesig
gefreut, denn dann gab es richtigen Reis, ohne Gerste darin. Gäste und unver-
mischter weißer Reis waren für uns gleichbedeutend. Wir Kinder haben diesen Reis »Silberreis« genannt und unheimlich gern gegessen. Wenn solcher
Reis gekocht worden ist, haben wir immer in der Nähe von dem großen Kessel herumgelungert. Mutter hat zu solchen Anlässen auch immer besonders
gute Beilagen gemacht. Wir haben gegessen, daß uns schier der Bauch geplatzt
ist und wir uns nachher kaum noch rühren konnten.

Reis ohne Gerste hat uns so gut geschmeckt, daß wir gar keine Beilagen
gebraucht hätten. Es hat gereicht, wenn man etwas Salz darüber streute oder

Sojasoße daruntermischte – ich hab' davon drei bis vier Schalen essen können. Damals hatte das Landvolk reichlich Appetit, und es war ganz normal, daß ein Erwachsener zu jeder Mahlzeit drei Schalen voll Reis gegessen hat.

Heutzutage sagt man, daß zu viel Reis angebaut wird und daß man mit der Überproduktion Probleme hat: Es ist schon verwunderlich, wie sich die Zeiten geändert haben.

Freud und Leid des Dorflebens

Herr Hisamatsu Hiroshi (1906-1994)

Es ist jetzt über sechzig Jahre her, seit ich nach Tsuchiura gezogen bin. Im Vergleich zum Norden der Präfektur, wo ich geboren bin, ist das Leben in Tsuchiura viel leichter. Abgesehen von den Annehmlichkeiten der Stadt hat Tsuchiura einen ganz großen Vorteil: es kommen einfach viel weniger Überschwemmungen vor. Das heißt nicht, daß es in Tsuchiura nie Hochwasser gegeben hätte. Nur in meinem Dorf, in Kamidogiuchi, hat es kein Jahr ohne Überschwemmung gegeben. Und mindestens alle zwei, drei Jahre hat das ganze Dorf unter Wasser gestanden.

Unsere Ortschaft – sie hat bloß etwa vierzig Häuser gehabt – liegt ungefähr fünfhundert Meter unterhalb der Stelle, wo die beiden Flüsse, der Satogawa und der Kujigawa, aufeinandertreffen. Da das Dorf ziemlich dicht am Ufer lag und der Fluß unmittelbar hinter dem Dorf sehr schmal wurde und in engen Windungen verlief, hat das Wasser nur ein paar Zentimeter steigen müssen, und schon hat's den Damm überspült und das Dorf überschwemmt.

Jedes Mal, wenn das Wasser angefangen ist zu steigen, sind Burschen vom Jungmänner-Verein mit einer großen Trommel an jener Stelle auf den Damm gestiegen, die am meisten gefährdet war. Sie haben dort gesessen und das erste Warnsignal angeschlagen. Das waren einzelne tam-tam-Schläge. Wenn das Wasser weiter gestiegen ist, haben sie das Gefahrensignal gegeben: ein kurzer und ein langer Trommelschlag. War der Fluß so weit angeschwollen, daß er bald über die Dämme treten würde, haben die Trommler das letzte Signal gegeben. Das war das Zeichen, daß sich die Dorfleute in Sicherheit bringen sollten. Es waren drei kurze und ein langer Schlag. Dann haben sie ihre Trommel gepackt und sich selbst auch so schnell sie konnten in Sicherheit gebracht. Wenn die Dörfler das letzte Gefahrensignal gehört haben, haben sie alle Sachen, die normalerweise in den Hauseingängen stehen, wie Schuhe, Sandalen und Werkzeug, in den Innenraum des Hauses gestellt, das ja abgesetzt vom Erdboden ungefähr einen halben Meter über der Bodenfläche stand. Nach dem letzten Warnsignal hat es meistens nicht mehr lange gedauert, bis das Wasser durchs Dorf gerauscht ist. Im Nu war die ganze Gegend, das Dorf und die Reisfelder, überschwemmt. Trotzdem ist das Wasser selten in die Häuser gedrungen, denn die stehen ja erhöht auf kurzen Stelzen, so daß das Wasser unter den Häusern durchfließen kann. Das Hochwasser hat meistens nicht lange gedauert; es ist immer ziemlich schnell wieder abgeflossen: in ein, zwei Stunden, höchstens drei, war alles vorbei. Die Flut in Kamidogiuchi war also ganz anders als in Tsuchiura, wo das Wasser oft knietief gestanden hat und wochenlang nicht abgelaufen ist.

Aber die Schäden, die das Wasser hinterlassen hat, waren immer gravierend. Wenn die Überschwemmung im August oder September kurz vor der Ernte eingetreten ist, hat sie den Reis flachgewalzt und auf den Feldern eine Menge Geröll hinterlassen. Die Gurken und Melonen auf den Gemüsefeldern sind so stark beschädigt worden, daß man sie nicht mehr verkaufen konnte. In unserer Gegend, wo man nur einmal im Jahr ernten kann, hat man den Schaden nicht durch eine zweite Ernte wettmachen können, wenn die eine Ernte vernichtet war.

Sehen Sie, bei uns waren die Bauern nicht besser dran als anderswo die Pächter. Sie haben sich im wahrsten Sinne des Wortes gerade so über Wasser gehalten. Bei uns findet man nirgendwo solche Häuser mit hohen Dächern und mächtigen Eingangstoren wie unten in Tsuchiura, wo die reichen Grundbesitzer wohnen. Wenn man sich's genau überlegt, haben wir an einem ganz unmöglichen Ort gelebt – aber wo hätten wir schon hinziehen können? Wir saßen auf unserem Grund und Boden fest.

Ein Gutes hat unsere Lage aber doch gehabt: Unser Dorf hat nur vier Kilometer von der Küste entfernt gelegen. Deswegen sind bei uns die Fischhändler ziemlich oft vorbeigekommen. Sie sind von unserem Dorf weiter über Ôta und Urizura bis nach Ômiya im Kreis Naka gezogen – eine Rundreise von achtzig Kilometern – um ihren Fisch loszuwerden. Man muß sich diese Entfernung mal lebhaft vorstellen! So gesehen waren wir trotz unserem armseligen Leben noch gut dran. Nach einem besonders guten Fang, wenn die Händler ihren Fisch nicht ganz verkaufen konnten, haben sie uns manchen Fisch lieber umsonst überlassen, als ihn verderben zu lassen. War gerade niemand im Haus, sind sie einfach hineingegangen und haben uns einen Fisch in

kaltem Wasser, das sie aus unserem Brunnen geschöpft haben, hinterlassen. Wenn sie dann auf ihrem Weg über die Felder an uns vorbeigekommen sind, haben sie uns zugerufen: »Ich hab' euch einen Fisch ins Wasser gelegt. Laßt'n euch schmecken!« Auch eine Menge anderer fahrender Händler, zum Teil mit Pferdewagen, sind bei uns vorbeigekommen: Textilien- und Medikamentenverkäufer oder zum Beispiel Kurzwarenhändler, die aber auch Seife, Zahnpasta und Schminke verkauft haben.

Für uns Kinder waren die Besucher eine schöne Abwechslung. So lange wir klein waren, durften wir, je nach Jahreszeit, draußen herumtoben, so viel wir Lust hatten. Zu meiner Kinderzeit waren gerade alle ganz verrückt nach Kreiseln. Ich weiß noch, wie ich mir einen hölzernen Kreisel gekauft hab', damit zum Dorfschmied gegangen bin und mir einen eisernen Reif darum schmieden hab' lassen. Denn je schwerer ein Kreisel oben war, um so bessere Chancen hat man gehabt, daß man bei den Kreiselwettkämpfen Sieger geworden ist. Deshalb hab' ich mir einen zentimeterdicken Reif dranschmieden lassen. Alle Kinder sind zu ihm gegangen, und haben ihn belästigt, hauptsächlich in seiner Mittagspause – ich glaub' aber, der Schmied hat uns die Freude trotzdem gern gemacht. Nachher haben wir den Kreisel zwei, drei Nächte in Salzwasser gelegt, damit sich der Eisenreif besser ins Holz eingegraben und so den Kreisel noch stabiler gemacht hat.

Bauernkinder haben aber nur in den Wintermonaten Zeit zum Herumtoben gehabt: Vom Frühjahr bis Herbst sind sie den ganzen Tag zur Arbeit auf den Feldern eingespannt worden. Während der Jahreszeit, in der man die Felder pflügen muß, sind wir jeden Tag schon um vier Uhr aufgestanden und mit dem Pferd hinaus aufs Feld gegangen.

Mit dem Pferd und Pflug haben wir eine besondere Methode gehabt: Wir haben die Zügel an eine fast drei Meter lange Bambusstange gebunden. Mit der einen Hand haben wir den Pflug geführt, mit der anderen die Bambusstange gehalten und damit das Pferd gelenkt. Das hatte seinen besonderen Grund. In Kamidogiuchi selbst hat's kaum Pferde gegeben. Wir mußten sie aus den Nachbardörfern ausleihen. Für ein Kind von sieben oder acht Jahren, das nicht an Pferde gewöhnt war, mußte so ein Tier riesengroß erscheinen. Wir haben deshalb gern respektvoll Abstand von ihnen gehalten, darum die Bambusstange.

Schon ab halb fünf Uhr morgens bin ich im nassen Reisfeld hinter dem Pflug hergestapft und hab' Furche um Furche gezogen. Wenn die Sechs-Uhr-Sirene ertönt hat, war ich schon so müde, daß ich nur noch langsam dahingewankt bin. Bis zur Frühstückspause war aber noch eine Weile hin, und so lange mußte ich noch aushalten. Also bin ich weiter hinter dem Pferd hergewatet. Auf den Nachbarfeldern taten meine Spielkameraden das gleiche; zum Plaudern ist uns keine Zeit geblieben.

Wir haben alle gut gewußt, daß der Reis umso besser gedieh, je feiner die Erde umgebrochen wurde. Das haben wir schon in der Grundschule gelernt. Das Pflügen war daher nichts, was man schnell mal an einem Nachmittag erledigen konnte – man hat das Feld mindestens zehn Tage hintereinander bearbeitet. Ich schätze, daß ich dazu pro Tag nicht weniger als dreißig oder vierzig Kilometer im Schlamm des Reisfeldes gewatet bin.

Im ersten Durchgang hat man die Erde grob vorgepflügt. Erst beim zweiten Pflügen hat man tiefer geackert, so daß man knietief im Schlamm gewatet ist. Diese schwere Arbeit ist bei weitem über das hinausgegangen, was einen Jungen kräftig macht, ganz im Gegenteil, wir haben alle in dieser Zeit stark abgenommen.

Nachmittags um drei haben wir aufgehört zu pflügen und das Pferd nach Hause geführt. Ausschirren und das Pferd im nahen Fluß gründlich waschen und abreiben war die Arbeit der Erwachsenen – ich weiß noch gut, wie das Pferd dreingeschaut hat, wenn es gestriegelt worden ist: voll genüßlicher Zufriedenheit. Am Abend wurde das Pferd sogar richtig gebadet. Dafür haben wir einen »Pferdezuber« benutzt. Das war ein großer Bottich, stabil genug, daß ein Pferd darin stehen konnte. Darin hat man warmes Wasser eingefüllt, ungefähr so viel, daß es etwa zehn, zwölf Zentimeter über den Hufen stand. Falls das Pferd an diesem Tag gerade schwierig war, haben wir ihm etwas braunen Zucker gegeben, um es zu besänftigen.

Es war die Arbeit von uns Kindern, das Futter für das Pferd herzurichten. Am liebsten haben die Pferde wohl Sojabohnenhülsen gemocht, vermischt mit Gerste und Wasser, in dem Reis gewaschen worden war. Pferde sind oft große Fresser. Wie heißt es so schön: Die Kuh säuft, das Pferd frißt.

Im Mai mußten wir bei der Schädlingsbekämpfung helfen, und wenn wir damit fertig waren, beim Unkrautjäten im Reisfeld. Es gab keinen Unterschied zwischen werktags und sonntags, wir haben immer gearbeitet. Aber wie Kinder so sind, haben wir auch gewußt, wie man sich von der Arbeit wegstiehlt. Dann sind wir oft zum Groppen-Fischen davongelaufen. Die Flüsse und Bäche waren damals noch so sauber, daß man die Fische darin sehr leicht sehen konnte. Wir haben einfach einen Wurm an die Angel gesteckt und den Groppen vor die Nase gehängt. Man konnte regelrecht zusehen, wie die Fische nach dem Köder schnappten. Das hat viel Spaß gemacht. Wenn wir genug gefangen hatten, haben wir sie auf dem offenen Feuer gebraten oder auch gekocht und daraus die Brühe für eine Nudelsuppe gemacht. Groppen haben einen sehr guten Geschmack abgegeben.

Ab Mitte Juni sind wir immer an den Fluß Kujigawa zum Schwimmen gegangen. Wir Jungen schwammen entweder splitternackt oder mit einem Lendentuch, die Mädchen in Hüfttüchern. Manchmal sind wir zum Schwimmen raus ans Meer gegangen, an den Strand von Mizukihama. Hin und zurück waren es ungefähr fünfzehn Kilometer. Wir haben genug Reis für zwei Mahlzeiten eingepackt und uns das Bündel an die Hüfte gebunden. Damit sind wir langsam durch die Sommerhitze zum Strand spaziert. Es war ein herrlicher Strand, breit und voller bunter Muscheln. Den Rückweg haben wir meistens über Kujihama genommen, wo wir den Fischerbooten zuschauen konnten. Dann ging's vorbei an der Fischfabrik, die Bonito-Fisch zu *katsuo bushi* verarbeitet hat. Bis wir wieder in unserem Dorf angekommen sind, war es oft schon dunkel.

Wir sind zwar arm aufgewachsen, aber wir hatten viele glückliche Tage.

Der Köhler

Herr Okano Yaichirô (1893-1984)

Im Frühjahr und Sommer war ich Kokonhändler, im Winter Köhler. Während der warmen Jahreszeit bin ich in der ganzen Gegend von Yamanoshô herumgezogen, hab' Seidenkokons aufgekauft und auf der Auktion von »Toyoshima« in Tsuchiura wieder verkauft. Wenn die Saison für Kokons vorbei war, hab' ich stattdessen Holzkohle gebrannt und an Großhändler in Tsuchiura verkauft. Für das Holz hab' ich von Bauern, die in den Bergen Wald hatten, die Schlagrechte erworben. Die Meiler hab' ich selbst gebaut.

Am besten zum Holzkohlebrennen eignen sich sieben, acht Jahre alte Spitzeichen. Bei diesen sind die Stämme nur ungefähr sieben bis acht Zentimeter dick. Sie brennen sehr gut, ohne daß die Rinde abgeht. Von älteren Bäumen schält sich beim Brennen die Rinde, was den Wert der Holzkohle und damit ihren Preis mindert.

Selbstverständlich wollte jeder Köhler Schlagrechte für den besten Wald. Bauern mit idealem Wald sind immer von vielen Köhlern umworben worden, darum haben sie die Rechte nur an den Meistbietenden abgegeben. Man brauchte als Köhler schon einigermaßen Kapital, um mithalten zu können.

Sobald ich die Holzrechte erworben hatte, hab' ich die Meiler gebaut. Es gab verschiedene Größen, die größten nannten wir »Fünf-Achter«, weil sie fünf Fuß breit und acht lang waren. Die Umhüllung war oben ungefähr zwölf und an den Seiten etwa fünfundzwanzig Zentimeter dick. Damit sie schön kompakt war, hat man sie mit einem Holzbrett festgeklopft.

Das Eichenholz hat man in Stücke von etwa zweieinhalb Metern Länge geschnitten und aufrecht in den Meiler gestellt. Darauf hat man Reisig gelegt, damit das Feuer auch die hinteren Stämme gut erreichte.

Angezündet wurde am Feuerschacht. Da man nur schwer beurteilen konnte, ob die hinteren Holzstücke die richtige Temperatur hatten, mußte man auf den Abzugsrauch achten. War die Hitze ungefähr richtig, hatte der Rauch einen scharfen Geruch. Das kam nicht nur vom brennenden Holz, sondern dadurch, daß das Harz auf den Boden im Meiler tropfte, dort verdampfte und sich mit dem Holzgeruch vermischte. Wurde der Rauch aber gelb, hieß das, daß das Holz zu schnell brannte und der Meiler innen zu heiß wurde. Wenn man nichts dagegen unternahm, schälte sich die Rinde und die Holzkohle wurde ziemlich wertlos. Ideale Bedingungen herrschten im Meiler, wenn kleine weiße Wölkchen aus dem Feuerschacht aufstiegen.

Ich hab' immer gleich vier Meiler auf einmal gebaut. Ein Brand dauerte nämlich vier Tage. Mit vier Meilern gleichzeitig in Betrieb, hab' ich jeden Tag eine volle Ladung Holzkohle bekommen. Meine Holzkohle war sehr gut, drum haben mir die Händler so viel abgenommen, wie ich nur brennen konnte. Ich hab' also genug zu tun gehabt.

Das Holz fällen, bündeln und zum Meiler tragen war Sache der Holzfäller. Meistens hab' ich dafür den Sohn eines Bauern aus der jeweiligen Gegend angeheuert. Im Winter hatten alle Bauern mehr Arbeitskräfte, als sie beschäftigen konnten. Wer also Gelegenheitsarbeiter gesucht hat, hat sehr leicht welche finden können.

Ein Bündel war so viel Holz, wie man mit einer Schnur von einem Meter zwanzig hat zusammenbinden können. Für ein Bündel hat man drei *Sen* bezahlt. Ein guter Arbeiter hat pro Tag ungefähr dreißig bis fünfunddreißig Bündel abgeliefert – über das Gewicht, das die Burschen geschleppt haben, würde man heute ganz schön staunen. Aber wer das geschafft hat, hat an einem Tag bis zu einem Yen verdienen können. Zum Vergleich: 1917 hat man für einen Yen fast zweieinhalb Kilo Reis kaufen können. Ein Bauernknecht mußte dafür drei Tage arbeiten. Wer also an einem Tag einen ganzen Yen verdient hat, war schon sehr gut bezahlt.

Wer vielleicht meint, daß dreißig Bündel Holz am Tag nichts besonderes sind, muß sich mal vorstellen, was das für ein Gewicht war. Die Burschen haben sich zwei Bündel auf einmal auf den Rücken gepackt und auf den steilen Bergpfaden bis zum Meiler geschleppt. Selbst für den, der schwere Arbeit gewohnt war, war das Knochenarbeit. Und sie haben das den ganzen Tag lang, vom Morgengrauen bis fast in die Nacht hinein, durchgehalten.

Ungefähr dreißig Bündel Eichenholz haben gerade in einen Meiler gepaßt. Das hat an die zehn Sack Holzkohle gegeben. Die Stücke aus dem Meiler wieder herauszuholen, war der schwierigere Teil der Arbeit: Nach dem Brennen hat man einen ganzen Tag und eine ganze Nacht warten müssen, bis der Meiler so weit abgekühlt war, daß man die Holzkohle überhaupt hat anfassen können. Innen drin war es aber immer noch so heiß, daß man im Nu schweißnaß war. Man hat immer wieder aussetzen und sich im Freien abkühlen müssen. Die Arbeit war aber hervorragend gegen Erkältung: ein paar Stunden im Meiler und jede Erkältung war weg!

Die Holzkohle hat man dann in Säcke verpackt und mit Lastpferden ins Tal transportiert. Einem Pferd hat man bis zu zehn Säcke von je fünfzehn Kilo aufladen können. Zu meiner Zeit, als ich fünfundzwanzig war, hatten wir noch dreißig-Kilo-Säcke, aber davon hat man bloß vier Stück aufgeladen. Unten im Tal hab' ich zusätzlich einen Bauern mit einem Pferd angeheuert, der mir die Holzkohle nach Tsuchiura gebracht hat. Diesen Weg hat er an einem einzigen Tag oft dreimal machen müssen.

In den letzten Jahren sind es immer weniger geworden, die noch Holzkohle brennen. Damals haben auf jedem Berg gleich mehrere Köhler gesessen. Wenn ich früher, als ich noch oben auf den Bergen gearbeitet hab', manchmal beim Verschnaufen zu den anderen Hängen hinübergeschaut hab', ist überall aus den Lichtungen Rauch aufgestiegen. Es war wirklich ein schöner Anblick.

Der Fuhrmann und sein Revolver

Herr Takimoto Washichi (1901-1984)

Geboren bin ich in der kleinen Ortschaft Nagaya, die zur Gemeinde von Nakagawamura im Kreis Sashima gehört. Eine Gegend, in der die Menschen ausschließlich von der Landwirtschaft gelebt haben.

In Iwai, in der nächsten größeren Stadt, hat's die Gemischtwarenhandlung »Arakan« gegeben. Im »Arakan« hat man von Haushaltsartikeln bis zu Salz, Zucker, eingelegtem Gemüse und sogar Textilien alles mögliche kaufen können. Die Ware für das »Arakan« ist aus Koshigaya in der Nachbarpräfektur Saitama auf der anderen Seite des Flusses Tonegawa beschafft und herübertransportiert worden – ein Weg von über fünfzig Kilometern hin und zurück.

Mein Vater war Fuhrmann. Das Fuhrgeschäft hat er sozusagen zum Zeitvertreib angefangen. Weil er genug arbeitsfähige Söhne hatte, konnte er die Landwirtschaft aufgeben und sich früh aufs Altenteil setzen. So hat er als Fuhrmann fast ausschließlich für das »Arakan« gearbeitet. Der Chef hat meinem Vater sehr stark vertraut, weil unsere Familie seit Generationen Land besessen hat. Und so hat er seine meisten Aufträge von diesem Geschäft bekommen. Aus irgendeinem Grund hat das »Arakan« darauf bestanden, daß alle Geschäfte in bar abgewickelt wurden. Das hat bedeutet, daß die Fuhrleute, wenn sie Ware in Koshigaya abgeholt haben, mit großen Summen Bargeld unterwegs waren.

Für seinen Weg nach Koshigaya hat mein Vater sehr früh am Morgen aufbrechen müssen. Er war schon aus dem Haus, bevor wir alle aufgewacht sind, und ist erst spät nachts zurückgekommen. Heutzutage ist man mit dem Auto in kürzester Zeit von Iwai aus in Koshigaya, aber damals hat es über die beiden Flüsse, den Edogawa und den Tonegawa, noch keine Brücken gegeben. Die Reise war lang und beschwerlich. Zuerst hat er den Tonegawa überquert, und zwar auf einer Pferdefähre. Das waren flache Boote, größer als die üblichen Flußkähne, und so gebaut, daß man mit Pferdewagen hinauffahren konnte. Sie waren mindestens zehnmal so groß wie Personenfähren. Von Koyama auf der anderen Seite ist mein Vater dann über Noda bis zum Edogawa gefahren, den er genauso mit einer Fähre überqueren mußte. Am anderen Ufer bei Kanesugi ging's dann weiter bis nach Koshigaya.

Zu der Zeit, wie mein Vater als Fuhrmann angefangen hat, waren in unserer Nachbarschaft noch nicht viele Unternehmer in dieses Geschäft eingestiegen, obwohl es genug Arbeit gegeben hat. Allein das »Arakan« mit seinem gut florierenden Handel hat mehr als einen Fuhrunternehmer beschäftigen können. Es hat nämlich seine Ware aus Tokyo kommen lassen, und zwar nur gute Qualität, die es bei uns preiswert verkauft hat. Damit hat's sehr gute Profite gemacht. Mein Vater hat mit seinem Fuhrwerk auch dazu beigetragen. Einmal, es war beim Ebisu-Fest* im Oktober, hat der Inhaber des »Arakan« auf dem Bankett, wo die besten Kunden und das gesamte Personal versammelt gewesen sind, meinen Vater auf den Ehrenplatz gesetzt und vor allen Leuten belobigt. Immer wieder hat er gesagt: »Ja, unser Takimoto, wenn wir den nicht hätten. Er ist unser Ebisu.«

Aber so wie das Geschäft sich ausgeweitet hat und mein Vater immer mehr Waren zu befördern hatte, hat er auch immer größere Summen Bargeld mit nach Koshigaya nehmen müssen. Das hat ihm Angst gemacht: Er hat gedacht, daß er auf einer der einsamen Straßen überfallen und ausgeraubt werden könnte. Darum hat er dem »Arakan«-Inhaber eines Tages gesagt, daß er aufhören wollte.

Der Chef war völlig verdutzt und wollte nichts davon hören: »Ich werd' nie wieder einen Fuhrmann finden wie dich, dem ich so vertrauen kann.« Und am Ende hat er meinem Vater einen Vorschlag gemacht: »Wenn's dir zu gefährlich wird, wie wär's mit diesem Revolver? Nimmst den mit, was meinst?« und hat ihm einen schweren Revolver in die Hand gedrückt. Heutzutage ist es in Japan fast unmöglich, Schußwaffen zu besitzen, wenn man mal von den eingeschmuggelten Waffen absieht. Aber vor dem Krieg hat jeder, der sich eine Lizenz von der Polizei geholt hat, eine Pistole haben können. Weil ihm nun der Inhaber des »Arakan« sogar einen Revolver gegeben hat, hat sich mein Vater nochmal überreden lassen und das Fuhrgeschäft noch einige Zeit weiterbetrieben.

---

* Ebisu zählt neben Benten ebenfalls zu den sieben Glücksgöttern. Er ist der Gott der Fischer und Bauern und zuständig für Prosperität und Wohlstand.

Von diesem Zeitpunkt an hab' ich meinen Vater immer mit dem Revolver am Gürtel aus dem Haus gehen sehen. Ich hab' den Revolver sogar selber mal ausprobiert. Bei uns hat es nämlich eine Unmenge Spatzen gegeben, ganz besonders zur Erntezeit – nicht nur die paar, die man heutzutag' noch sieht, sondern ganze Schwärme, die von überallher in die Felder eingefallen sind. Vogelscheuchen waren das einzige Mittel gegen diese frechen Vögel. Die neuen, besseren Vogelscheuchen sind erst später aufgekommen.

Wie mein Vater all die Spatzen gesehen hat, hat er mir den Revolver gegeben und gesagt: »Geh raus und verscheuch' die Schmarotzer!« Ich war erst ungefähr acht oder neun Jahre alt, der Jüngste von sieben. Wenn heute ein Vater seinen Jungen in meinem Alter mit einem Revolver hätte spielen lassen, würden sich alle Leute furchtbar aufregen. In den alten Tagen war man weniger ängstlich. Ich bin also mit dem Revolver in der Rechten zu den Feldern hinausmarschiert. Vater hat mir nur den einen einzigen Rat mitgegeben: »Schieß nicht in die Luft, weil man nie weiß, wo die Kugel niedergeht. Schieß in Richtung Boden!«

Auf dem Feld hab' ich mich ganz ruhig an den Vogelschwarm herangepirscht, gezielt und dann den Revolver abgeschossen. Bloß hatte ich vorher nicht gewußt, daß das Teufelsgerät einen Schlag wie ein Pferd gibt! »Dieses Ding werde ich nicht ein zweites Mal anfassen«, hab' ich gedacht und mir meine verstauchte Hand gerieben. Dann bin ich wieder heimgeschlichen. Geschossen hab' ich kein zweites Mal.

Mein Vater hat den Revolver immer mitgenommen, wenn er mit seinem Pferdewagen weggefahren ist. Er wird nicht gedacht haben, daß er ihn einmal brauchen könnte. Es scheint aber, daß er ihn doch einmal zur Selbstverteidigung abgefeuert hat. Als das passiert ist, war er gar nicht im Auftrag des »Arakan« unterwegs, sondern hat selbstangebauten Tee in Koga auf den Markt gebracht. Wir haben nämlich pro Jahr ungefähr eine halbe bis dreiviertel Tonne grünen Tee angebaut.

Von unserem Dorf bis Koga sind es ungefähr zwölf Kilometer. Am Morgen, auf dem Hinweg, ist meinem Vater ein Mann begegnet, den er vorher noch nie gesehen hatte. Der Fremde hat meinen Vater in eine Konversation hineingezogen und ständig munter drauflosgeschwatzt, so daß mein Vater auch ab und zu was sagen mußte. Er war aber auf seiner Hut, weil der andere nicht von unserer Gegend war und gar so verdächtig ausgeschaut hat. Wie sie in Koga angekommen sind, ist der Fremde plötzlich spurlos verschwunden. Mein Vater war den ganzen Tag über damit beschäftigt, seinen Tee auf dem Markt zu verkaufen und hat darüber den Fremden ganz vergessen. Am Abend, seine ganze Einnahme in der Leibbinde verstaut, hat er sich mit seinem leeren Fuhrwerk wieder auf den Heimweg gemacht.

Unterwegs ist es schon dunkel geworden. Mein Vater hat seinen Gaul zur Eile angetrieben, weil er irgendwie ein komisches Gefühl gehabt hat, daß ihm jemand folgt. Er hat sich immer wieder umgeschaut, aber niemand sehen können. Schließlich ist er durch das dunkelste Waldstück in den Hügeln gekommen. Inzwischen ist der Wald ja vollständig abgeholzt, aber damals war er so dicht, daß man sich dort schon tagsüber hat fürchten können. Mein Vater kam ohne irgendeinen Zwischenfall endlich aus dem Wald auf das Moor Kudoidonuma hinaus. Da hat er plötzlich vor sich zwischen den Maulbeerbäumen einen Schatten gesehen, der wie ein Mann ausgesehen hat, der was von ihm wollte. Mein Vater hat schnell seinen Revolver gezogen und in die Richtung dieser Gestalt geschossen.

Die hat sich aber überhaupt nicht gerührt; hingefallen ist sie aber auch nicht. Mein Vater war ziemlich verwundert und hat überlegt, ob er vielleicht nochmal schießen sollte. Aber er hat es doch nicht getan, sondern seinen ganzen Mut zusammengerafft und sich der Gestalt genähert. Langsam und vorsichtig ist er darauf zugegangen, wobei es ihm ziemlich mulmig war. Als er nur noch fünf Meter entfernt war, hat er gesehen, wovor er erschrocken war: Es war gar kein Mensch, sondern ein Baumstrunk, der im Mondlicht wie eine menschliche Gestalt aus den Büschen herausragte. Mein Vater hat erzählt, daß er vor Angst am ganzen Leib gezittert hat. Er hat sich aber dann zusammengenommen und ist wieder, mit seiner Laterne in der Hand, über das Feld zurück und zu seinem Wagen gegangen. Nachher hat er über sich selbst lachen müssen.

Anfang des Jahrhunderts, wie das Fuhrwerksgeschäft rentabler geworden ist, sind viele eingestiegen. Am besten verdient hat man mit der »Tobacco Corporation«; das war die Firma des staatlichen Tabakmonopols. Während der Tabakernte haben in ihrem Lagerhaus in Iwai Berge von gebündelten Tabakblättern gelegen, die alle nach Tokyo transportiert worden sind. Man hat sie dazu auf Kähne verladen, die den Tonegawa hinuntergefahren sind. Weil die Verladestelle aber ungefähr fünf Kilometer vom Lager der Monopolverwaltung entfernt war, hat man uns Fuhrleute gebraucht. In guten Jahren hat sich eine kilometerlange Schlange von Pferdefuhrwerken, die alle hoch mit Tabakballen beladen waren, in Richtung Schiffsanlegestelle hinuntergezogen. Sie haben eine lange Spur von Pferdeäpfeln hinterlassen, die die Bauern am frühen Morgen als billigen Dünger eingesammelt haben.

Heutzutage gibt's natürlich nirgendwo mehr Pferdefuhrwerke oder Pferdefähren. Meine Geschichte ist ja auch schon siebzig Jahre her. Da ist es klar, daß sich alles verändert hat.

Eintagsbabys

Frau Ôshima Mitsu (1906-1992)

Ich verdanke es nur einem Zufall, daß ich nach der Geburt nicht sofort wieder »zu Buddha zurückgeschickt« worden bin. Das hat mir meine Mutter einmal selbst erzählt. *Mabiki*, »Auslichten« wie es hieß, war früher weit verbreitet. Zum Beispiel hat man geglaubt, daß Zwillinge Unglück bringen. Darum hat man eins der beiden Babys beseitigt, bevor es irgend jemand in der Nachbarschaft mitgekriegt hat. Auch verkrüppelte Babys hat man aus der Welt geschafft. Und wenn das Neugeborene ein Mädchen war, man aber einen Jungen haben wollte, dann hat man aus ihm einen »Eintagsbesucher« gemacht.

Ich, in meinem Fall, war zwar kein Krüppel, aber schlichtweg häßlich. Meine Eltern und Großeltern sind offenbar richtig schockiert gewesen. »So wie die ausschaut, kriegt die nie einen Mann«, haben sie gesagt. Meine Mutter hat mir erzählt, daß sie, als sie mich gesehen hat, gedacht hat: »Das war der Müh' nicht wert!«

»Verstehst du, du bist ja immer noch keine Schönheit«, hat sie weitergeredet, »aber als du auf die Welt gekommen bist, hast' ganz dicke Arme und Beine gehabt und einen riesigen Kopf auf einem viel zu kurzen Hals. Wenn du ein Junge gewesen wärst, hätt' aus dir vielleicht ein kräftiger Arbeiter werden können. Aber so als Mädel ... Ich muß sagen, ich war schon recht enttäuscht. Jedenfalls wollten wir, daß dich die Hebamme beiseite schafft.«

In unserem Dorf hat es zwei Hebammen gegeben: Die eine war mit einem alten Schuhmacher verheiratet, die andere mit einem ehemaligen Pfandleiher. Keine von beiden hat irgendeine Ausbildung gehabt. Obwohl unser Dorf ziemlich klein war, hat es, weil es an der Hauptstraße gelegen hat, zumindest einige Geschäfte gegeben, zum Beispiel einen Pfandleiher und mehrere Bordelle.

Wenn man ein Neugeborenes töten wollte, hat es eine einfache Methode gegeben. Man hat ein Stück Papier angefeuchtet und dem Baby auf Nase und Mund gedrückt. Es hat nicht lang gedauert, bis es zu atmen aufgehört hat. Mich hat die Hebamme damals außerdem noch fest in Lumpen eingewickelt. Alle waren erleichtert, daß das Problem aus der Welt geschafft war. Sie haben am Feuer gesessen und bei einer Tasse grünem Tee geplaudert. Mutter hat geschlafen. Wie sie mir später erzählt hat, ist sie mittendrin aufgewacht und hat plötzlich gemerkt, wie sich das Bündel bewegte. Und dann hat sie mich schreien gehört. Sie sagte, daß es ihr einen richtigen Stich gegeben hat.

Wie mich die Hebamme wieder aus den Lumpen ausgewickelt und gesehen hat, daß ich noch am Leben war, haben alle sprachlos dagestanden. Und ich hab' geschrien wie am Spieß. »Was soll'n wir jetzt bloß machen?« haben sie gefragt. Letzten Endes hat man sich darauf geeinigt, daß das Schicksal es so wollte, daß ich lebe und daß es Unglück bringen würde, falls sie es noch einmal versuchen wollten. So haben sie mich leben lassen.

Das Glück ist wirklich ein merkwürdige Sache: Ich hab' tatsächlich einen Mann gefunden, mit zwanzig geheiratet und bin mit ihm hierher nach Tsuchiura gezogen. Am Tag vor meiner Hochzeit hat mein älterer Bruder zu mir gesagt: »Dein Mann muß ein sehr guter Mensch sein, daß er so eine fette, häßliche Kuh wie dich heiratet. Es kümmert uns nicht, wie es dir gehen wird. Schau nur zu, daß du's bei ihm aushältst. Brauchst nicht glauben, daß du zu uns zurückkommen kannst.«

Meine Mutter hat mich wenigstens nicht vergessen. Sie ist jeden Monat einmal zu Fuß die sieben Kilometer zu mir in die Stadt gekommen und hat mir alle möglichen Sachen, wie frisches Gemüse, Reis oder Feuerholz gebracht – nicht bloß die ersten Jahre nach meiner Heirat, sondern mehr als zwanzig Jahre lang, fast bis zum Tag, wo sie gestorben ist. Sogar unter'm Krieg, als es allen schlecht gegangen ist und die meisten Menschen fast am Verhungern waren, hat uns nie was gefehlt. Jetzt sind es schon über sechzig Jahre, seit ich nach Tsuchiura gekommen bin. Ich denke, ein paar Jahre werden mir schon noch zum Leben bleiben.

Meine kleinere Schwester dagegen war eine ausgesprochene Schönheit, so wie meine Mutter. Außerdem recht gescheit. Aber als sie zehn Jahr' alt war, hat sie sich eine Lebensmittelvergiftung geholt, und am nächsten Morgen war sie tot. Es scheint so unwirklich, daß ein munteres Kind von einem Tag auf den anderen nicht mehr da ist. Am Tag nach der Beerdigung bin ich aufs Feld hinausgegangen und hab' noch ihre Fußstapfen in der nassen Erde sehen können. Ich hab's meiner Mutter erzählt. Als sie selbst hinausgegangen ist und die

Fußeindrücke angesehen hat, hat sie sich fast die Augen ausgeweint. Mutter hat die Stelle mit Kieseln und Blättern überdeckt. Jedes Mal, wenn sie später dran vorbeigegangen ist, hat sie die Blätter weggenommen und lange auf die Spuren gestarrt. Das hat mich auch immer recht traurig gemacht.

Ein paar Jahre später ist noch mal eine von meinen Schwestern gestorben, und zwar an Diphtherie. Einen Monat lang hat sie überhaupt nichts zu sich nehmen können. Als Mutter fragte, ob sie irgendetwas Besonderes haben möchte, sagte sie ja, Süßkartoffeln. Mutter und ich sind aufs Feld. Es ist aber erst Juni gewesen, drum waren die Kartoffeln noch ganz winzig. Wir haben trotzdem welche davon gekocht und der Kleinen gegeben. Sie haben ihr gut geschmeckt. In der gleichen Nacht ist sie gestorben. Noch wochenlang danach, wenn meine Mutter Süßkartoffeln gesehen hat, sind ihr die Tränen gekommen. Ich hab' sehr darunter gelitten, wenn Mutter so traurig war.

Geburt und Tod

Frau Terakado Tai (1899-1993)

Ich bin in dem kleinen Dorf Kihara geboren. Es liegt am See Kasumigaura, ungefähr zwölf Kilometer östlich von Tsuchiura. Meine Mutter war eine große, sehr kräftige Frau und hatte dunkle Hautfarbe. Sie hat acht Kinder gehabt – ich war das vierte. Mein Vater ist zuerst Angestellter im Rathaus gewesen, aber noch bevor ich auf die Welt gekommen bin, hat er aufgehört zu arbeiten und hat nur noch daheim herumgesessen. Er war der beste Schach-spieler im ganzen Dorf und hat sogar Schachunterricht gegeben. Aber er mochte nicht arbeiten. Er hat jeden Tag über Kopfschmerzen geklagt. Während Mutter sich auf den Feldern abgerackert hat, damit wir Kinder was zu essen hatten, hat er nur am Ofen gesessen und sich *umeboshi*, in Salz einge-legte Pflaumen, auf die Schläfen gepreßt, weil das gut gegen Kopfschmerzen sein soll. Obwohl Mutter stark wie ein Pferd war, ist sie von der vielen Arbeit doch früh gestorben. Sie war erst einundvierzig. Ich war zwölf Jahre alt.

An eine Geschichte, als ich gerade erst vier war, erinnere ich mich noch gut. Es war an einem Herbsttag abends. Ich hab' mit anderen Kindern draußen gespielt, als ich Mutter vom Berg drüben zurückkommen gesehen hab'. Sie war Holzsammeln gewesen und hat einen großen Packen Brennholz auf dem Rücken mitgebracht. An solchen Tagen hat sie mir oft ein paar Quitten oder Kaki aus dem Wald mitgebracht. Weil ich wieder was erhofft hab', bin ich ihr entgegengelaufen. Und wirklich hat Mutter ein großes, rundes Bündel in ihrer Schürze eingewickelt gehabt. »Hast du was für mich?« hab' ich gefragt. In die-sem Augenblick hab' ich in der Schürze etwas schreien gehört. »Ja, ja, ich hab' dir ein kleines Schwesterchen mitgebracht«, sagte sie. Später hab' ich es ver-standen, daß sie oben im Wald ganz allein das Kind zur Welt gebracht und die Nabelschnur mit ihrer Sichel abgeschnitten haben muß. Sie hat das Baby fast zwei Stunden weit getragen. Weil sie aber das gesammelte Holz nicht zurück-lassen wollte, aus Angst, daß es jemand anderer mitnimmt, hat sie sich das auch noch aufgeladen.

Zu Haus hat sie das Baby einfach auf eine Strohmatte vor den Herd gelegt, ohne Decke oder sonst was, bis sie das Wasser gekocht hatte, damit sie sich die Nachgeburt auswaschen konnte. Die Kleine hat inzwischen gebrüllt für zwei.

Als ich mich drum kümmern wollte, hat Mutter gesagt: »Laß es ruhig schreien. Wenn's kräftig ist, macht's nichts, und wenn nicht, stirbt's sowieso bald.«

Ich hatte vier jüngere Geschwister: Zwei sind im Wald und zwei auf dem gestampften Küchenboden geboren worden. Sobald die Wehen eingesetzt haben, hat Mutter gewöhnlich alles Nötige selbst vorbereitet. Obwohl die Nachbarn ihr jedesmal Hilfe angeboten haben, wollte sie's nicht annehmen, sondern es ganz alleine hinter sich bringen. Einmal bin ich nachts aufgewacht und hab' in der Küche etwas schreien gehört. Als ich nachsehen gegangen bin, lag ein Neugeborenes auf einer Matte vor dem Ofen. Es war völlig nackt, mitten im Dezember. Ich glaube, so manches Baby ist unmittelbar nach der Geburt gestorben. Das weiß ich aber nicht so genau.

Es ist klar, daß all diese Strapazen meine Mutter sehr geschwächt haben. Aber was ihr wirklich den letzten Stoß gegeben hat, war die Überschwemmung von 1910 und wie sie damals gar nicht auf sich achtgegeben hat. Einem Grundbesitzer in unserem Dorf war das Wasser in den Lagerschuppen eingedrungen, deshalb hat er die Männer im Dorf zu Hilfe gerufen, daß sie ihm den Reis auslagern helfen. Vater gab an, daß er sich nicht gut fühlte, darum mußte Mutter an seiner Stelle einspringen, obwohl sie im neunten Monat schwanger war. Sie hat mehrere Stunden brusttief im Wasser gestanden und schwere Reissäcke geschleppt. Sogar der Dorfpolizist wollte sie heimschicken, als er sie gesehen hat. »Das ist keine Arbeit für eine Frau in deinem Zustand«, hat er zu ihr gesagt, »du holst dir den Tod! Geh nach Haus!« Aber Mutter hat nur gelacht und weitergearbeitet.

Ein paar Tage später ist das Baby auf die Welt gekommen. Mutter war nach der Geburt sehr schwach und konnte nicht arbeiten. Sie ist am ganzen Körper furchtbar aufgeschwollen, bis sie fast dreimal so dick war wie normal. Das Wasser ist aus ihrem Körper ausgetreten und ihr Bett war völlig durchnäßt. Drei Wochen später war sie tot. Sie war am Ende so aufgedunsen, daß wir uns gefragt haben, ob sie noch in den Sarg paßt. Sie hatte bis zum letzten Augenblick klaglos gelitten. Während der drei Wochen, in denen Mutter krank war, sind auch ein Bruder und eine Schwester gestorben. Es ist immer noch ein

Rätsel, wie meine Schwester weggestorben ist: Es war wirklich ganz merkwürdig. Sie ist gerade draußen beim Spielen gewesen, als wegen unserer kranken Mutter der Arzt gekommen ist. In diesem Augenblick ist sie zum Vater ins Haus gelaufen und hat ihn angeschrien: »Gib mir Geld! Geld will ich hab'n!« Da hat sich mein Vater furchtbar aufgeregt und sie ausgeschimpft: »Was fällt dir ein? Wo Mutter im Sterben liegt, schreist du nach Geld!« Da ist meine Schwester plötzlich umgefallen. Es hat sie noch einmal hochgeworfen, und dann ist sie mit dem Kopf nach Norden liegengeblieben, ohne sich noch einmal zu rühren. Vater hat sofort versucht, sie mit Mundbeatmung wiederzubeleben. Daraufhin hat sie sogar für einen Augenblick nochmal die Augen aufgeschlagen. Doch dann war sie sofort tot. Nachher haben alle gesagt, meine Schwester ist gestorben, weil sie in Richtung Norden umgefallen ist. Diese Richtung bringt nach altem Aberglauben nämlich Unglück. Ich hab' mich immer gewundert, was das gewesen ist.

Mein kleiner Bruder ist aber schon von Geburt an recht schwächlich gewesen. Die meiste Zeit hat er bloß neben Vater am Feuer gesessen. Er war ein recht merkwürdiges Kind: Schon mit neun Jahren hat er sich über alles mögliche Sorgen gemacht, zum Beispiel ob das Geld für den ganzen Monat reicht oder ob noch genug Reis da ist. Man hat einmal eine Wunderheilerin gerufen, um ihn anschauen zu lassen. Sie sagte, daß er mit dem Geist eines Achtzigjährigen geboren sei und wahrscheinlich nicht lange leben wird. Jedenfalls, als Mutter krank gelegen hat, ist der Junge auch krank geworden und eine Woche vor ihr gestorben. Während er krank im Bett gelegen hat, hat er zu mir gesagt: »Vergiß nicht, daß du Vater seinen Sake gibst!« Wissen Sie, Vater hat gern getrunken, und mein Bruder und Vater waren sich sehr nah. Als wir Mutter gesagt haben, daß der Junge gestorben ist, sind ihr die Tränen über das geschwollene Gesicht heruntergelaufen. Von diesem Zeitpunkt an scheint sie den Willen zu leben verloren zu haben.

Mutter war am Ende so aufgeschwollen, daß vier Männer ihren Sarg tragen mußten. Es war übrigens in unserem Dorf bei Beerdigungen der Brauch, daß die Familie des Verstorbenen vor ihrem Haus und am Tempel Geld unter die

Trauergäste verstreute. Wenn ein reicher Mann gestorben ist, sind manche wegen der Aussicht auf Geld meilenweit hergekommen. Arme Leut', wie wir aber, haben nicht viel zum Verteilen gehabt.

Der kleine Dorffriedhof ist seit Generationen im Gebrauch gewesen. Wenn man nur ein bißchen gegraben hat, sind Knochen zum Vorschein gekommen. Die Leute auf unserer Seite vom Dorf waren so arm, daß sie sich kein eigenes Grab haben leisten können. Sie haben ihre Toten einfach in die Ecke eines fremden Grabes gelegt und erst nachher die betreffende Familie benachrichtigt, daß sie sich ihr Grab »ausgeliehen« haben. Man hat das seit Generationen so gemacht und deswegen hat keiner mehr gewußt, welche Knochen zu wem gehörten. Dann hat es noch das Problem gegeben, daß der Grund recht naß war. Man hat kaum das Grab geschaufelt gehabt, da hat es schon voller Wasser gestanden. In anderen Gegenden ist es üblich gewesen, daß ein Mann im Grab gestanden und den Sarg von unten angenommen hat. Bei uns war das wegen des Wassers nicht möglich, deswegen hat man den Sarg an Seilen hinuntergelassen. Anschließend hat man das Grab zugeschaufelt und einen Erdhaufen darüber aufgeschichtet. Aber schon nach ein paar Tagen war jedes Grab eingesunken.

Jedenfalls, drei Wochen nach der Mutter ist auch das Baby gestorben. Eine Amme haben wir nicht finden können und frische Milch hat es damals nicht zu kaufen gegeben. Darum haben wir dünnen Reisbrei gemacht und das Baby damit gefüttert. Ich hab' es jeden Tag auf dem Rücken mit mir herumgetragen und ich weiß noch, daß ich deshalb ziemlich übel gerochen hab'. Wir haben nämlich die Windeln nur einmal am Tag wechseln können. Bis zum Abend ist alles aus den Windeln und mir den Rücken hinuntergelaufen, so daß meine Sachen ganz vollgepißt und stinkig waren. Mir hat das aber nicht viel ausgemacht.

Ungefähr drei Wochen nach dem Tod meiner Mutter, als ich eines schönen Tages mit Spielkameraden im Wald gewesen bin, hat auf einmal eins von den Kindern gerufen: »Schau mal, die Hände von dem Baby sind ganz geschwollen.« Wie ich das Kind auf meinem Rücken angefaßt hab', ist mir vor Schreck

ein Schrei entfahren, weil es nämlich schon eiskalt war. Meine Spielkameraden sind genauso erschrocken und haben gebrüllt: »Es ist tot! Es ist tot!« Das tote Baby auf dem Rücken war mir ganz gruselig, drum hab' ich mir die Jacke heruntergerissen und das Baby abschnallt und bin hinter den anderen Kinder hergerannt, die mit großem Geschrei und so schnell sie konnten aus dem Wald gelaufen sind. Nach ein paar Stunden hat mich aber das Gewissen geplagt und ich bin zurückgegangen. Das Baby hat noch immer unter einer großen Kiefer, so wie ich es abgenommen hatte, auf dem Gesicht dagelegen. Ich hab's ein paar Minuten in den Armen gehalten, bevor ich es in meine Jacke eingewickelt hab' und damit heulend heimgelaufen bin.

Mein Vater hat es eine Zeitlang traurig angeschaut und dann gesagt: »Wir hab'n halt für den armen Wurm nichts tun können, so wie die Mutter vor ihm gegangen ist und alles.« An das Begräbnis kann ich mich aber merkwürdigerweise überhaupt nicht mehr erinnern.

Als ich älter war, bin ich als Dienstmagd zu einem reichen Bauern gekommen, der ein paar Kilometer weiter oben auf den Hügeln gewohnt hat. Die Bäuerin war wirklich eine gutherzige Frau und im ganzen Umkreis recht gern gelitten. Fast allen im Dorf hatte sie schon mindestens einmal bei der einen oder anderen Gelegenheit geholfen: Sie hat zum Beispiel oft, ohne ihrem Mann was davon zu sagen, Leuten in Not Geld gegeben. Nie hat sie sich beschwert, wenn sie das Geld nicht zurückgekriegt hat. Als sie plötzlich im Zusammenhang mit einer Schwangerschaft schwer krank geworden ist – das war ungefähr vier Jahre nachdem ich dort hin gekommen bin –, haben alle Leute großen Anteil genommen.

Die Bäuerin muß gerade um die vierzig gewesen sein. Damals hätte es als Schande gegolten, wenn eine Frau über vierzig noch ein Kind bekommen hätte – man hat dann entweder abgetrieben oder das Baby gleich nach der Geburt tot gemacht. Eine Frau in diesem Alter hat nur ein bißchen müde oder schlaff aussehen müssen, und schon haben sich die Leute das Maul zerrissen.

Jedenfalls war es bei der Bäuerin so eine Geschichte gewesen. Ich glaub', daß sie das Kind behalten hat wollen, aber ihre Schwiegermutter, eine furchtbare Hexe, hat sie jeden Tag drangsaliert: »Daß eine Frau in deinem Alter noch ein Kind kriegt, ist ja lasterhaft – schau zu, daß du's los wirst, so bald es da ist«, hat sie immer wieder gestichelt.

Die Alte hat gedacht, die beste Methode für das Beseitigen würde *usugoro* (»Töten im Mörser«) sein. Was ich zu schildern hab', ist nicht gerade angenehm, fürcht' ich, aber ich will's trotzdem erzählen. Damals war die übliche Methode, wie man ein Baby umgebracht hat, das Ersticken mit einem nassen Stück Papier, das man auf Nase und Mund gedrückt hat. Wenn das nicht gereicht hat, hat man mit dem Knie den Brustkorb eingedrückt. Eine andere Methode war das *usugoro*. Die Frau hat in so einem Fall ihr Baby in einem Schuppen ganz allein auf einer Strohmatte zur Welt gebracht. Sie hat es dann zwischen zwei Strohsäcke gelegt, zusammengebunden und auf die Matte gelegt. Dann hat sie einen schweren Holzmörser genommen und so lange über das Baby gerollt, bis es tot war. Die Leiche hat sie in die Strohmatte eingeschlagen und alles zusammen begraben. Das hat eine Frau alles alleine gemacht. Am nächsten Morgen war sie wieder als erste auf den Beinen und hat die übliche Arbeit im Haus und auf dem Feld gemacht, als wär' nichts gewesen. Von ihrer bitteren Tat hat sie jedoch nie zu jemand sprechen können.

Die Schwiegermutter, den fürchterlichen Drachen, hab' ich gefürchtet wie den Tod. Wissen Sie, sie war verrückt nach Schlangen. Sie hat oft im Wald giftige *mamushi*-Schlangen gefangen, in kleine Stücke geschnitten und mit *miso* angemacht. Das Gericht sei potenzsteigernd, hat sie immer behauptet. Wenn jemand zu ihr zu Besuch gekommen ist, hat sie ihm unweigerlich davon zu essen gegeben. Sie hat natürlich nicht gesagt, was es war, weil es sonst niemand gegessen hätte, sondern sie hat es »Waldaal« genannt. Über Holzkohlenfeuer gegrillt riecht *mamushi* ganz gut, drum hab'n die meisten Leute sich nichts dabei gedacht und anstandslos gegessen. Sie hat mir auch immer davon gegeben, wenn ich zu ihr gehen mußte. Während ich gegessen hab', hat sie mir alle grausigen Einzelheiten über *usugoro* geschildert. Können Sie sich vorstellen, mit welchem Appetit ich das Schlangenfleisch gegessen hab'? Jedenfalls hat die junge Bäuerin gesagt, daß sie es nicht fertigbringen würde, das Neugeborene mit *usugoro* umzubringen und ist nach Tsuchiura gefahren, um sich das Kind wegmachen zu lassen. Aber irgendwas muß bei der Operation schief gegangen sein, weil die Bäuerin nämlich ein paar Tage später auf einem kleinen Fest bei den Nachbarn auf einmal über furchtbare Schmerzen geklagt hat. Alle waren recht besorgt, weil es immer schlimmer geworden ist. Wie sie daheim war, haben schwere Blutungen angefangen und nicht mehr aufgehört. Ein paar Nachbarn, denen die Bäuerin schon so manchen Gefallen getan hatte, sind sofort nach Tsuchiura gerannt und haben den Arzt geholt. Der Doktor ist noch spät in der Nacht gekommen, hat sie untersucht und festgestellt, daß noch etwas von der Nachgeburt im Leib zurückgeblieben sei. Er hat seine Geräte sterilisiert und versucht, der Frau zu helfen. Damals waren aber die Methoden ja noch ziemlich primitiv, und er hat nicht viel tun können. Die Blutungen haben nicht aufgehört, sondern sind jeden Tag schlimmer geworden.

Ich hab' jeden Tag die Bäuerin gewaschen und auch ihre Wäsche. Nach ein paar Tagen hab' ich gemerkt, daß in ihrem Ausfluß kleine weiße Würmchen waren. Sie sind immer größer geworden, bis ich erkannt hab', daß es Maden waren, die da zu Dutzenden auf ihren Beinen und dem Bett herumgekrochen sind.

Die Bauern in der Nachbarschaft haben wirklich alles getan, um der Frau zu helfen. Sie haben sogar selbst jeden Tag eine Rikscha nach Tsuchiura gezogen und den Arzt damit abgeholt. Die Bauersfrauen sind von Tempel zu Schrein und von Schrein zu Tempel gegangen und haben für die Kranke gebetet. Aber der Zustand der armen Frau hat sich ständig verschlimmert; sie hat so hohes Fieber gehabt und ihre Gesicht hat dermaßen geglüht, daß man sie kaum hat berühren können. Schließlich hat man sogar einen zweiten Arzt aus Tsuchiura kommen lassen. Der hat sie nur kurz angeschaut und gesagt, daß er nichts mehr tun kann und ist schnurstracks wieder umgekehrt, ohne irgendetwas zu unternehmen.

Man hat also wieder den ersten Arzt rufen müssen. Ich hab' ihm die Maden gezeigt und da hat er gesagt: »Wir müssen einen Spezialisten aus Tokyo kommen lassen. Der wird sicher nicht bis aufs Dorf hinausfahren, aber wenigstens bis nach Tsuchiura kommen.« Die Leute im Dorf wollten unbedingt helfen und haben versprochen, die Frau, wenn's sein muß, auf einer Tragbahre nach Tsuchiura bringen. Sie haben sofort angefangen, aus einer alten Tür eine Trage zu zimmern, die sie mit einem *futon* gepolstert haben und Proviant vorbereitet.

Am nächsten Morgen, gerade als es hell geworden ist, war's aber schon zu spät. Die Ärmste ist noch in den frühen Stunden gestorben. Alle, Männer wie Frauen, haben geheult und manche haben schluchzend vor ihrem Bett gekniet. Die Schwiegermutter aber, die alte Hexe, hat nur kaltherzig gesagt: »Wir müssen alle irgendwann mal sterben«, sich auf die Terrasse gesetzt und von oben herunter gelassen die traurige Versammlung beäugt.

Für die Verstorbene wurde eine große Begräbnisfeier abgehalten; mehrere buddhistische Priester sind gekommen und haben Sutren gelesen. Ganz viele Leute sind von überall und weit her gekommen, um ihr das letzte Geleit zu geben. Man hat auch viel Geld unter die Menge geworfen. Kurz danach bin ich aber nach Hokkaidô in eine neue Stellung gegangen, drum weiß ich nicht, was aus der Familie später geworden ist. Ich hab' bloß gehört, daß der Bauer immer launischer geworden ist und ihn die Nachbarn mehr und mehr gemieden haben.

BOOTSLEUTE UND FISCHER

Takase-Boote, mit See im Hintergrund

Der Wanderfischer

*Herr Fujii Susumu (*1911)*

Ich möcht' ein bißchen von unserm Leben als Fischer erzählen, wie es früher gewesen ist. Die Fischerboote sind ja heute alle mit Motoren ausgerüstet. Kraft und Geschicklichkeit spielen überhaupt keine Rolle mehr dafür, wie schnell ein Fischer mit seinem Boot vorankommt.

Ich bin sechzehn gewesen, wie ich zum ersten Mal mit meinem Vater zum Fischen hinausgefahren bin. Unser Boot hat nur ein Heckruder gehabt, wie alle anderen Fischerboote auch, das heißt wir haben uns noch mit Muskelkraft voranbewegt – das war schon ziemliche Knochenarbeit. Aber schon als Kind, noch fast bevor ich richtig hab' laufen können, hab' ich in kleinen Ruderbooten herumgespielt. Rudern war mir zur zweiten Natur geworden. Aber leider hat's zum Fischerberuf viel mehr gebraucht, als nur rudern. Es war ein harter Beruf.

Also, wie soll ich's erklären? Man muß ungefähr acht bis zehn Kilometer gegen den Wind rudern, bis man bei den Fischgründen ist. Unsere Boote waren ungefähr fünfundzwanzig Fuß lang und voll ausgerüstet, mit Mast, Segel, sonstigem Takelzeug und den Netzen, ziemlich schwer. Im Durchschnitt war ein Mast ungefähr zwanzig Fuß hoch und das Segel ungefähr fünfzig Fuß breit, aber es konnte auch, je nach Fischer, noch größer sein. Man kann sich also leicht vorstellen, wie man sich hat plagen müssen, daß man mit dem Boot überhaupt vorwärtsgekommen ist. Obwohl ich im Sommer nichts als ein *fundoshi*, eine Art Lendentuch, angehabt hab', ist mir vom Rudern der Schweiß nur so heruntergelaufen. Wirklich übel war aber, daß mir das Salz in die Haut eingebrannt ist und sie ganz verkrustet hat, so daß ich mir schon bald wie ein Salzhering vorgekommen bin.

Hinausgerudert auf den See sind wir immer kurz vor Sonnenuntergang; bis wir endlich bei den Fischgründen draußen waren, war der Himmel meistens grade feurig rot vom Sonnenuntergang. Die Fischschwärme haben jeden Tag woanders gestanden – das war ganz abhängig von Wind und Temperatur. Drum war es für uns Fischer wichtig, daß wir das Wetter richtig haben einschätzen können, bevor wir hinausgefahren sind und den besten Platz für den Fang ausgesucht haben. Wenn wir uns für eine bestimmte Stelle entschieden hatten, sind wir, so schnell wir konnten, dorthin gerudert. Das Problem war nur, daß erfahrene Fischer alle ziemlich ähnlich gedacht haben, so daß fast alle in die gleiche Richtung losgefahren sind, und es jedesmal ein Wettrennen um die besten Plätze gegeben hat. Fischer sind recht eigenwillige Leut': sie können's nicht leiden, wenn sie ins Hintertreffen geraten. Schon bei der Ausfahrt hat darum das Gerangel angefangen.

Wie gesagt, es hängt hauptsächlich von der Kraft und Geschicklichkeit des Fischers ab, wie schnell sein Boot ist – aber auch von der Qualität des Ruders und des Bootes. Ein gutes Blatt hat viel Elastizität und macht, daß das Boot weich durchs Wasser zieht, sogar bei hohen Wellen. Bei einem schlechteren Ruder wird die Kraft des Ruderers zum großen Teil von den Wellen, die an das Boot prallen, geschluckt. Das beste Holz für ein Ruder ist immergrüne Eiche. Diese Art wächst allerdings in Dejima nicht und hat deswegen aus Chôshi in der Präfektur Chiba geliefert werden müssen. Ich hab' mir meine Ruder immer vom Schiffsbauer Sugasawa machen lassen. Seine Arbeit war hervorragend. Schon nach wenigen Schlägen mit dem neuen Ruder hat man genau gespürt, wie gut's gebaut war.

Zu der Zeit, als ich mit der Fischerei angefangen hab', hat man mit dem Fang einer Nacht ungefähr zehn Yen verdienen können. In einer guten Nacht hat's sein können, daß das Boot so voller Fische war, daß es schier gekentert ist. Trotzdem, wenn man überlegt, daß allein ein gutes Ruder zehn Yen gekostet hat – und man hat ja sonst noch eine Menge Ausgaben für die Ausrüstung gehabt –, war's klar, daß wir vom Fischen nicht haben reich werden können.

Für jeden außenstehenden Betrachter muß sich der See, auf dem sich all die Fischerboote mit ihren im Wind gewölbten weißen Segeln getummelt haben, als romantisches Bild des Friedens und der Harmonie dargestellt haben. Für uns Fischer war das Leben aber alles andere als friedlich. Je mehr Boote, um so größer die Rivalität. Es sind sogar ernste Händel vorgekommen. »Die anderen können mir alle gestohlen bleiben. Ich sehe zu, was ich erwischen kann«, das ist die Einstellung der meisten Fischer gewesen. Der einzige Gedanke, den jeder Fischer gehabt hat, war: »Wie kann ich noch mehr Fische fangen?« – Jeder hat nur an sich gedacht; die anderen waren ihm egal.

Fischerboote

Lassen Sie mich an einem Beispiel schildern, wie sich eine solche Einstellung ausgewirkt hat. Sagen wir mal, daß zwei rivalisierende Boote auf dem See sind. Der kräftigere Fischer überholt den langsameren. Beide werfen ihre Netze aus und fangen an zu fischen. Allmählich driftet das vorhin schnellere Boot mit dem Wind rückwärts. Man könnt' jetzt meinen, daß beide Boote mit der gleichen Geschwindigkeit driften und sich nicht ins Gehege kommen. Das ist aber nicht der Fall. Das vorhin schnellere Boot ist auch in dieser Situation das schnellere, weil es besser gebaut ist. Also muß das hintere Boot ausweichen, damit es nicht gerammt wird. Und schon ist's vom besten Platz verdrängt. Der kräftigere Fischer ist also auf der ganzen Linie im Vorteil: Weil er der bessere Ruderer ist, besetzt er im See immer die ergiebigsten Stellen, folglich fängt er mehr Fisch; mit dem größeren Fang kann er sein Boot besser in Schuß halten, ein größeres Segel und ein besseres Ruder kaufen. Auch Mast und Segel spielen ja eine Rolle. Weil er die bessere Ausrüstung hat, macht er wiederum meistens einen besseren Fang. Er bleibt also immer um eine Nasenlänge voraus.

Mit Segelbooten gefischt haben wir vom Juli bis Dezember, aber schon ab Ende November ist der Fang spärlicher geworden. Im Winter haben wir diese Art der Fischerei dann ganz eingestellt und sind alleine in kleineren Booten hinausgefahren. Wir sind dann von Stelle zu Stelle auf dem See herumgewandert und haben mit gespreizten Schore-Netzen nach Bitterlingen und ähnlichem gefischt. Im unserem Dialekt heißt diese Fischerei *wadari*, Wanderfischerei. Beim *wadari* bin ich oft zwei, drei Monate lang überhaupt nicht nach Hause gekommen.

Für diese Zeit hab' ich mir auf meinem Boot mit einigen Stangen ein provisorisches Dach gegen den Regen gebaut. Ich hab' monatelang mutterseelenallein auf dem Boot gelebt – gekocht, gegessen und geschlafen. Tagsüber bin ich die Flüsse hinaufgerudert, die in den See münden und hab' an den verschiedenen Stellen meine Netze ausgelegt. Am Abend, nach der Arbeit, hab' ich mein Boot für die Nacht im Schilf festgemacht. Morgens bin ich ganz früh aufgestanden und hab' nach den Netzen gesehen. Wenn ich genug Fische gefangen hatte, bin ich bis zum nächsten Dorf gerudert und hab' sie dort auf den Markt gebracht. Von dem Erlös hab' ich mir Reis, *miso*, Sojasoße, Brennholz und was ich sonst so gebraucht hab', besorgt. Dann bin ich weitergezogen und hab' meine Netze an einer anderen Stelle ausgelegt. Ich war somit vollständig unabhängig: Ich glaub' nicht, daß ich auch nur ein einziges Mal in einem Gasthaus übernachtet oder gegessen hab'. Ich hab' nicht einmal eine Lampe gehabt; das Öl dafür hätt' ich mir gar nicht leisten können. Nachts war der Mond meine einzige Laterne. Weil ich ja allein unterwegs war, hab' ich abends sowieso niemanden gehabt, mit dem ich mir die Zeit hätt' vertreiben können. Drum bin ich schlafen gegangen, sobald's dunkel geworden ist. Mit genug Stroh war's auf dem Boot wirklich ganz schön warm. Dazu noch eine grobe Bastmatte und ein *futon* – und es war fast gemütlich. Wenn man ein paar Jahre gefischt hatte, war man gegen Kälte ja ziemlich unempfindlich.

Ich hab' oft auch in recht verlassenen Ecken des Kasumigaura gefischt. Auf unserer Seite von Sawara, an der Ostspitze des Sees, war früher ein weites sumpfiges Gebiet, Yodaura hat es geheißen. Heute ist es trockengelegt, keine Spur mehr davon erkennbar, aber damals war's eine gespenstische Stelle: kilometerweit nur Röhricht und Binsen – kein Lebewesen weit und breit, nicht einmal ein Vogel hat sich dorthin verirrt. Sogar am hellichten Tag hat man sich dort fast vor Gespenstern fürchten können. Das Sumpfland war so weit weg von überall, daß ich meine Fische nicht gleich auf den Markt hab' bringen können. Ich hab' meinen Fang also in einem kleinen Netz hinter dem Boot hergezogen. Nach einer Woche hab' ich den Sumpf meistens satt gehabt. Mit der Zeit war das Netz auch immer voller geworden. Am Ende hab' ich die verendeten Fische aussortiert, und mit dem Rest bin ich ins nächstbeste Dorf gerudert.

Auf meinen Wanderungen bin ich manchmal in den kleinen Hafen Itako an der östlichen Seespitze gefahren. Bis ich in die Stadt gekommen bin, hab' ich manchmal zwei bis drei Wochen lang kein Bad gehabt. Ich war völlig verdreckt und muß gestunken haben wie die Pest. Ich hätt' natürlich gern viel öfters ein Bad genommen, aber die öffentlichen Bäder haben eineinhalb *Sen* gekostet, was mir viel zu teuer war.

Das Flußviertel von Itako war voller Freudenhäuser. Auf beiden Seiten der Straßen standen die Bordelle und davor die Anwerber. Wenn man die Straßen entlang gegangen ist, haben einen ständig die Burschen hineinzulocken versucht. Nur mich haben sie nicht angesprochen, ja noch nicht einmal zur Kenntnis genommen. Man hat mir nämlich sofort angesehen, daß ich mir sowieso keine Frau hätte leisten können. In die Gasthäuser in der Innenstadt bin ich auch nie gegangen. Ich hab' stattdessen die Nächte immer in meinem Boot am Flußufer außerhalb der Stadt verbracht. Sobald's dunkel geworden ist, hat sich im Rotlichtviertel Kundschaft angesammelt und es ist lebendig geworden in den Bordellen. Die Lichter haben auf dem Wasser geschimmert, der Wind hat das Klimpern der *shamisen* zu mir ins Boot herübergeweht, und das Lachen der Frauen hat mich in den Schlaf begleitet.

Ich hab' alles vermieden, was Geld gekostet hätte. Ich hab' mich zwar nicht in den Freudenhäusern amüsieren können, aber dafür hab' ich unter den Bauern rund um den See ziemlich viele Freunde gefunden. Ich hab' oft die Bauern in meiner Nähe besucht, einen Beutel Fisch als Geschenk mitgebracht und dafür eine warme Mahlzeit oder eine Tasse Tee gekriegt. Doch wenn ich das erste Mal bei einem Haus angeklopft hab', sind die Leute erst mal erschrocken, wie ich so in meinen Lumpen und mit meinem vor Dreck schwarzen Gesicht wie ein Landstreicher vor der Tür gestanden hab'. Aber dann, wenn mich die Leute etwas näher kennengelernt haben, haben sie mich ganz gern gelitten, so daß ich oft stundenlang zum Plaudern geblieben bin. Manche Leut' haben mich sogar zum Abendessen eingeladen und mich baden lassen.

Fischersleute sind selten krank geworden. Zum Kranksein hab' ich gar keine Zeit gehabt. Ein Mensch mit einer schwachen Konstitution hätte diese Fahrten, wie ich sie im Winter gemacht hab', aber nicht verkraftet, er wär' bestimmt daran zugrunde gegangen. Es war gerade, als wären Fischer damals eine andere Rasse gewesen als die Stadtleut'. Wir haben alle kräftige Muskeln, ein Paar ordentliche Pranken, breite Füße und eine dunkles, wettergegerbtes Gesicht gehabt. Selbst im Winter hab' ich nie mehr als eine kurze dünne Baumwollhose angehabt. Schuhe kannten wir Landleute sowieso nicht. Bauern und Fischer sind das ganze Jahr barfuß gegangen. Erst nach dem Krieg haben auch die Landleute angefangen, Schuhe zu tragen. Ich glaube, das ist mit ein Grund, warum sie heutzutage für Krankheiten so anfällig sind.

Nur einmal, wie ich so allein unterwegs war beim Fischen, ist's mir ganz schlecht gegangen: Ich hab' auf einmal wahnsinnige Bauchschmerzen bekommen. Die sind so stark geworden, daß ich zuletzt mein Boot im Röhricht hab' festmachen und rasten müssen. Eine ganze Woche hab' ich allein in meinem Boot gelegen, stöhnend vor Schmerzen, und bin nur einmal am Tag aufgestanden, um Wasser aus dem Fluß zu trinken. Sonst hab' ich den ganzen Tag nur zusammengerollt dagelegen und mich nicht gerührt. Allmählich haben die Schmerzen nachgelassen, so daß ich nach einer Woche wieder hab' aufstehen können. Sobald ich mich wieder auf den Beinen hab' halten können, bin ich mit meinem Boot nach Ushibori gerudert, wo ein alter Freund von mir gewohnt hat. Er hat mir zu einer Moxa-Behandlung* geraten und mich zu einer unheimlich schönen Frau gebracht. Daran erinnere ich mich gut. Sie hat mich ganz ausgezogen und auf meiner Haut Moxa verbrannt. Wie es gekommen ist, weiß ich nicht, aber auf einmal ist's mir viel besser gegangen. Am Schluß hat sie mich noch in ein heißes Bad gesteckt; danach hab' ich mich gefühlt wie neugeboren. Aber die eine Woche in dem Boot werde ich nie vergessen.

---

* Eine Behandlungsmethode der traditionellen chinesischen Medizin. Das Präparat wird aus *mogusa* (Beifuß, *artemisia princeps*) gewonnen und an vorgeschriebenen Akupunkturstellen auf der Haut verbrannt. Die sich dabei entwickelnde Wärme soll heilend wirken.

Tragödie auf dem See

Herr Sakurai Takamasa (1903-1993)

Meine erste Ruderlektion hab' ich mit fünf Jahren bekommen. Mein Großvater hat mir ein Seil um den Bauch gebunden, damit ich nicht ins Wasser
fallen konnte, mich mit einem kräftigen Schubs vom Ufer abgestoßen und nur
gesagt: »Rudern!« Unsere Boote haben nur ein einziges Ruderblatt. Es sitzt
am Heck und wird in einer Art Achterbewegung im Wasser hin- und her-
gewendet. Mein Problem war nur, daß das Ruder viel größer war als ich selber.
Alles was ich fertig gebracht hab', war, das Blatt hinter dem Boot im Wasser
baumeln zu lassen. Großmutter hat zugeschaut und gelacht: »So wie du das
machst, fährst du ja nur im Kreis!« Das war der Anfang, und von da an hab'
ich jeden Tag üben müssen, bis ich den Kniff heraus gehabt hatte und das Boot
geradeaus gefahren ist.

Es war wichtig, daß man schon sehr früh ein Gefühl für den See und seine
Gefahren bekommen hat, wenn man als Fischer hat überleben wollen. Man
hat genau wissen müssen, was in schwierigen Situationen zu tun war. Mir sind
die wichtigen Lektionen von meinen Eltern so lange jeden Tag eingepaukt
worden, bis ich gedacht hab', daß sie mir wieder aus den Ohren herauskom-
men. Die alten Fischer haben den See wie ihre eigene Westentasche gekannt.
Sie sind auch bei starkem Wind ziemlich unbesorgt zum Fischen hinausgefahren – man hat nie davon gehört, daß ein Fischer ertrunken wäre. Die einzigen
Leute, die je im See umgekommen sind, waren die, die keine Ahnung gehabt
haben und's nicht glauben wollten, wie gefährlich der See sein kann.

Mein Vater hat sich mit dem Wetter besser ausgekannt als die Leute von der
Wettervorhersage im Radio. Die Existenz eines Fischers war ja zum großen
Teil vom Wetter abhängig. Wenn einer nicht weiß, wie das Wetter werden
wird, kann er ja unmöglich die Wanderungen der Fischschwärme einschätzen.
Und wer das nicht absehen kann, macht immer nur einen miserablen Fang. Es
konnte zum Beispiel aber auch der Fall sein, daß über dem See strahlend
blauer Himmel war, am Tsukubasan aber schon schnell treibende oder dunkle
Wolken aufgezogen sind. Wenn die Fischer solche Wolken über dem Berg
gesehen haben, haben sie nicht lange gewartet, sondern gesagt: »Machen wir
uns lieber auf den Heimweg.« Und wirklich, kurz darauf ist das Wetter umge-

schlagen. Die Wolken über dem Berg Odasan aber waren als Wetterwarnung fast überhaupt nicht gut. Wenn dort die ersten Wolken aufgetaucht sind, war's schon zu spät, weil dann nämlich schon die ersten Böen auf den See eingeschlagen haben. Bevor der Sturm losgebrochen ist, hat man's nicht mehr bis nach Haus geschafft. Man hat dann sehen müssen, daß man das nächste Ufer oder ein Schilfdickicht erreicht hat oder daß man Zuflucht in einem kleinen Nebenfluß gefunden hat, wo man den Sturm hat aussitzen können.

Die alten Fischer haben auf ihre eigene Wetterkenntnis so sehr vertraut, daß sie unter Umständen sogar Taifun-Warnungen aus dem Rundfunk ignoriert haben und zum Fischen hinausgefahren sind. »Bei solchen Wolken wie heut' kriegen wir nie und nimmer einen Taifun«, haben sie vielleicht gesagt. Und recht haben sie immer gehabt.

Sie sind auch überzeugt gewesen, daß man aus dem weiter entfernten Rauschen des Sees das Wetter beurteilen kann. Hat man die Wellen aus der Richtung nördlich von Kashima gehört, hat es geheißen, daß ein Sturm im Anzug war.

Zum Stint-Fischen ist man ganz früh am Morgen hinausgefahren. Wir Fischer haben am Seeufer herumgesessen, bis spät in die Nacht geplaudert und abgewartet, ob man am Morgen würde ausfahren können. So wie's in den frühen Stunden kälter wurde, haben wir uns in Segel eingewickelt, daß nur noch der Kopf herausgeschaut hat, geplaudert oder einfach vor uns hin gedöst. Es hat ganz plötzlich sein können, daß man von weit her über den See kommend ein Dröhnen gehört hat. Wenn's von Nordosten hergekommen ist, haben wir gewußt, daß das Wetter sich verschlechtern wird, war's aber im Südosten, hat man sicher sein können, daß es nach einer Weile aufklaren würde, selbst wenn es noch hie und da geregnet hat.

Mein Großvater hat mir eingeschärft, daß ich den See als einen Topf kochendes Wasser ansehen müßte. »Wenn du hineinfällst«, hat er gesagt, »hast du keine Chance.« Von der gleichen vorsichtigen Art war die Einschätzung der Fischer, mit der sie, besonders im Winter, das Wetter genauestens beobachtet haben, bevor sie mit ihren Booten auf den See hinausgefahren sind.

Soweit ich mich erinnere, sind tatsächlich nur zwei tödliche Unfälle auf dem See vorgekommen. Wie man sich denken kann, sind es nicht Fischer gewesen, die ums Leben gekommen sind, sondern Leute, die vom See und seinen Gefahren keinen blassen Schimmer gehabt haben.

Das erste Unglück ist passiert, als ich neunzehn war. Es war an einem Tag im Januar. Ein fürchterlicher Westwind ist über den See gefegt, so daß wir Fischer jeden Gedanken ans Fischen aufgegeben hatten. Wir haben im Büro des Fischgroßhändlers gesessen und palavert und getrunken. Einer von uns hat auf einmal ein großes Boot auf dem See bemerkt, das auf der anderen Seite, drüben bei Ôyama, ausgelaufen war und in Richtung Westen gefahren ist.

»Was zum Teufel hat der vor?«

»Das ist das Boot vom Marineluftgeschwader. Ein riesiges Boot – mindestens für fünfzehn Mann.«

»Ist mir egal, wie groß es ist, bei dem Wind kommt's nicht weit.«

Wir haben alles liegen und stehen gelassen, sind zum Ufer hinuntergerannt und haben bloß noch geschaut, wie das Boot gegen den Wind und die Wellen angekämpft hat. Genau an der Stelle, wo das Boot war, hat's ungefähr zwei bis drei Fuß unter der Wasseroberfläche eine Sandbank gegeben, die gerade bei Westwind sehr gefährlich hat werden können. An der Südseite der Sandbank hat bei solchem Wetter immer alles relativ ruhig ausgesehen, aber sobald man um sie herum war und auf der Nordseite herausgekommen ist, haben die riesigen Wellen wieder zugeschlagen. Bei Sturm aus dem Westen haben wir Fischer diese Stelle wie die Pest gemieden.

Jetzt haben wir alle dagestanden, starr vor Schrecken.

»Der Idiot! Der wird doch nicht vorhaben, um die Sandbank herumzufahren!«

Jeder hat gewußt, was passiert, wenn das Boot den Kurs beibehält. Da ist's auch schon um die Spitze der Sandbank gebogen und sofort von den hohen Wellen bös' hin- und hergeworfen worden.

Es ist überhaupt nicht mehr von der Stelle gekommen. Der Bootsmann schien gemerkt zu haben, daß er so nicht weiter kam, weil er das Boot herumgeworfen und versucht hat, umzukehren. Wir haben alle wie angewurzelt dagestanden und nur noch stumm zuschauen können.

Plötzlich war das Boot aus der Sicht verschwunden.

»Oh Gott, es ist untergegangen.«

Tatsächlich, das Boot war gekentert. In diesem Sturm zur Rettung hinauszufahren, hatte keinen Sinn. Wir haben nichts tun können. Alle Mann an Bord sind damals ertrunken, sieben Soldaten. Ein Mann – ein Oberbootsmann – hat's schwimmend die sieben, achthundert Meter bis zur Spitze der Sandbank geschafft, wo das Luftgeschwader für Bombenabwurfübungen eine Zielmarke angebracht gehabt hatte. Aber als er diesen Punkt erreicht hatte, war seine Erschöpfung schon zu groß. Auch der hat nur noch tot geborgen werden können. Wir haben später geholfen, die Leichen zu suchen – es hat drei Wochen gedauert, bis wir die letzten gefunden hatten.

Das zweite Unglück ist im März 1924 passiert, nachdem ein Wasseraufklärungsflugzeug – auch das hat vom Marineluftgeschwader gestammt – auf dem See in der Nähe von Magake eine Notlandung gemacht hatte. Auch an jenem Tag hatte es starken Wind gehabt. Trotzdem haben's die Fischer vom Dorf geschafft, daß sie mit vier oder fünf Booten hinausgerudert sind und das Flugzeug mit einem Seil ans Ufer geschleppt haben. Das Militär hat vom Stützpunkt in Ami ein Motorboot geholt, das Flugzeug daran festgebunden und versucht, es sofort wieder über den See zu schleppen. Der See war aber immer noch so rauh, daß das Flugzeug vom Wind und den Wellen arg gebeutelt worden ist.

Es ist ja nur ein kleiner Einsitzer gewesen mit zwei mickrigen Schwimmern dran. Es hat ganz danach ausgesehen, daß es bald auseinanderbrechen würde. Aus irgendwelchen Gründen – vermutlich um das Flugzeug zu stabilisieren – hatte man auf die Tragflächen je einen Mann gesetzt. So haben sie das Ding zurückgeschleppt, vorbei an Magake, in Richtung Sandbank. Aber sobald sie daran vorbeifahren wollten, sind sie, gebremst von den Wellen, nicht mehr vorangekommen. Da wollten sie wieder umzukehren. Aber fast im selben Augenblick sind auch schon beide gekentert, das Motorboot genauso wie das

Wasserflugzeug. Fünf Mann sind ertrunken.* Die zwei Mann auf den Tragflächen haben von Anfang an keine Chance gehabt. Aber was will man schon
sagen, wenn die so dumm sind und bei solchem Wetter unbedingt auf den See
hinausfahren wollen?

Die Militärs haben damals sowieso immer gemeint, sie wüßten alles besser.
In Wirklichkeit haben sie aber überhaupt keine Ahnung gehabt von dem See.
Auf uns haben's schon gar nicht gehört. Die Schuld für das Unglück haben sie
sich selbst zuschreiben können.

---

* Saga Jun'ichi weist in einer Fußnote darauf hin, daß die Stadtchronik von diesem Vorfall am
17. März 1925 berichtet. Es handelte sich dieser zufolge um ein Flugzeug vom Typ »Hansa«.
Nach den Angaben der Chronik ist außer den fünf Soldaten noch der namentlich genannte Leutnant zur See, Kume Eiji, ums Leben gekommen.

Eine Fischersfrau

Frau Nemoto Yasu (1899-1982)

Als ich fünfundzwanzig war, hab' ich einen Fischer geheiratet. Und so bin ich hierher an den See Kasumigaura gekommen. Ich hab' all die Jahre hier gelebt und bin jetzt einundachtzig.

Ein bißchen Landwirtschaft haben wir auch getrieben, aber meine Falten verdank' ich der Arbeit als Fischersfrau. Wenn ich so zurückdenke, fällt mir wieder eine Geschichte mit einem von meinen Buben ein. Ich hab' ihn mit aufs Boot genommen und war mit meiner Arbeit beschäftigt; der Bub hat hinter mir immer so aufs Wasser gepatscht. Wahrscheinlich hat er sich dabei zu weit übergelehnt, jedenfalls ist er ins Wasser gefallen. Ich hab's erst gar nicht gemerkt, bis der Nachbar auf dem anderen Boot mir zugerufen hat: »Hoi, dein Bengel ist hineingefallen!« Ich muß ganz blaß vor Schreck gewesen sein. Zum Glück hab' ich ihn aber an ein langes Stück Tuch gebunden gehabt, für alle Fälle, so hab' ich ihn daran wieder herausfischen können, bevor's zu spät war.

Zu arbeiten angefangen haben wir meistens weit vor Tagesanbruch, ungefähr um zwei oder drei Uhr morgens. Wir hätten nicht später anfangen können, weil alle Fischer so früh aufgestanden sind, damit sie einen guten Platz auf dem See haben ergattern können. Als Verpflegung haben wir immer eine große Schüssel Reis mitgenommen. Das hat für uns Frauen geheißen, daß wir schon um ein Uhr nachts aufgestanden sind, Wasser vom Brunnen geholt und den Reis aufgesetzt haben.

Sehen Sie, das Leben für uns Frauen war kein Honigschlecken. Ich war also nicht lange nach Mitternacht schon wieder auf den Beinen, bis weit in den Nachmittag hinein auf dem Boot, und wenn wir vom Fischen zurückgekommen sind, haben wir angefangen zu kochen und putzen – außerdem hatten wir ja noch die Reisfelder. Die einzige Zeit zum Wäschewaschen war nachts um zehn oder elf. Aufgehängt haben wir die Wäsche beim Mondschein. Man muß aber bedenken, daß wir bei weitem nicht so oft gewaschen haben wie heutzutage – wir haben gar keine Zeit dazu gehabt.

Bevor ich als junge Braut hierher gekommen bin, hab' ich ja gar nicht gewußt, was mir bevorstand. Die ersten paar Monate war ich ganz elend und verzweifelt. Den ganzen Tag war ich müde wie ein Hund, das Bootfahren hab'

ich auch nicht vertragen und oft hab' ich daran gedacht, einfach davonzu-
laufen. »Aber alle anderen Frauen halten es doch auch aus«, hab' ich mir dann
wieder gesagt, »vielleicht solltest du noch ein bißchen warten, ob's besser
wird.« Und wirklich, nach einiger Zeit hab' ich mich daran gewöhnt und bin
dageblieben.

Der Fischfang war schon ganz gut; wir haben immer genug gefangen,
manchmal sogar zu viele. Die Netze waren immer zum Zerreißen voll. Ich
weiß noch, daß wir einmal so viele Karauschen gefangen haben, daß sich der
Großhändler geweigert hat, uns alle abzunehmen. Drum ist uns nichts anderes
übrig geblieben, als sie zum Markt weiter nördlich nach Ishioka zu bringen
und zu versuchen, sie dort loszuwerden. Wir haben unsere Fracht auf einen
Handkarren geladen, meine Schwiegermutter hat gezogen, ich hab' geschoben, und so haben wir uns auf den Weg gemacht.

Nach ein paar Kilometern sind wir zu dem steilen Hügel bei Ôwada gekommen. Mit viel Ächzen und Stöhnen haben wir den schweren Karren den Berg
hinaufgebracht, uns dabei aber dermaßen verausgabt, daß wir nachher keinen
Schritt mehr haben gehen können. Wir waren an diesem Tag ohne Frühstück
aufgebrochen, haben also wenig Energiereserven gehabt. Wir haben uns noch
ein kleines Stück über die Felder weitergequält, waren aber schon bald so
erschöpft, daß uns die Hände gezittert haben. Wir konnten einfach nicht
mehr. Zum Essen haben wir auch nichts dabei gehabt. Da hatten wir das große
Glück, daß uns ein Bekannter begegnet ist. Wir haben ihm erzählt, daß wir
nicht mehr können, und er hat gutherzig gesagt: »Gut, ich ziehe euch den
Karren, nehmt ihr stattdessen meinen. Der ist leer.« Wir waren darüber recht
erleichtert. Aber selbst mit dem leeren Wagen ist uns der Weg noch sauer
genug geworden.

So haben wir's letzten Endes doch noch bis Ishioka geschafft, aber wie wir
nach der Plag' dort angekommen sind, haben uns die Fischhändler nur aus-
gelacht. »Wo habt ihr bloß diese stinkenden Fische her?« haben sie gespottet.
»Die sind ja alle verdorben. Die kann man doch nicht mehr essen!« Und sie
haben sich strikt geweigert, uns die Fische abzukaufen. Wir haben uns wahn-

sinnig geärgert, aber machen konnten wir nichts. Zum Glück haben meine Eltern zufällig am Ortsrand von Ishioka gewohnt. Dorthin zu gehen, war unser letzter Ausweg. Wir haben meine Mutter überredet, für uns den Fisch loszuschlagen. Daß meine Mutter nicht sehr erbaut davon war, kann man sich denken. Dementsprechend kurz angebunden war sie auch und hat geschimpft: »Weiß Gott, wie ihr solch eine Ladung den ganzen Weg hierher gebracht habt. Kommt bloß nie wieder mit so einem Zeug daher, sonst krieg' ich hier in der ganzen Nachbarschaft einen schlechten Namen.« Ich hab' mir's gesagt sein lassen und bin nie wieder nach Ishioka gegangen, wenn wir Fisch haben loswerden wollen.

Mitfahren zum Fischen haben wir Frauen immer müssen, auch wenn wir hochschwanger gewesen sind. Bei unserem zweiten Mädel waren wir gerade draußen auf dem See, als die Wehen angefangen haben. Wir sind nicht mehr rechtzeitig nach Hause gekommen; die Kleine ist im Boot geboren. Wir haben sie Urako getauft, das Seekind. Es war ein kräftiges Kind, und aus ihr ist eine tüchtige Frau geworden.

Kilometerlange Fischernetze

Frau Suzuki Hama (*1906)

Sehen Sie, in den alten Tagen war das Wasser im See viel sauberer als heute. Die Fischerhütten standen in einer langen Reihe am Ufer entlang, und alle Leute nahmen zum Kochen und Waschen das Wasser aus dem See. Es war so klar, daß man noch weit draußen bis auf den Grund sehen konnte. Man brauchte keine Brunnen zu graben.

Am Seeufer, wo der Sand hell in der Sonne leuchtete, war damals immer viel Leben: Männer riefen und zogen an Seilen, Frauen trugen Körbe voll Fisch nach Hause, Kinder tummelten sich überall und standen den Erwachsenen bei ihrer Arbeit im Weg, halfen manchmal aber auch mit. Es war Leben in dem Bild. Aber heute ist der Strand fast leer, traurig, tot.

Ich glaube, ich war als Kind ein ziemlicher Wildfang. Ich erinnere mich noch gut daran, daß ich im Sommer den ganzen Tag splitternackt am Ufer umhergelaufen bin und schwarzgebrannt von der Sonne war. Wo wir gewohnt haben, war der See ziemlich seicht. Wenn man etwa knietief hineingewatet ist und nur ein bißchen mit den Zehen im Sand gebohrt hat, kamen ganz viele Muscheln zum Vorschein – innerhalb einer Stunde konnte man einen großen Eimer voll davon sammeln.

In unserem Dorf, in Asô, gab es sogar zwei Fischereiunternehmer, die mit *daitoku*-Netzen fischten. Solche Netze hatten eine Länge von zwei oder drei, ja bis zu vier Kilometern und konnten vom Ufer oder von Booten aus ausgelegt werden. Ich habe als Kind oft mitgearbeitet. Man konnte dabei ganz gut verdienen, deshalb reihten sich alle möglichen Leute ein – Bauern, die ein paar freie Stunden hatten, Frauen, ja sogar alte Leute. Bauern arbeiteten zwar tagein, tagaus auf ihren Feldern, sahen aber, bis die Ernte eingebracht war, nie Bargeld. Deshalb war für sie die Arbeit bei den Unternehmern ziemlich attraktiv, denn dort bekamen sie für ihre Arbeit noch am gleichen Tag Geld.

Das Fischen mit *daitoku*-Netzen begann in der Abenddämmerung und dauerte die ganze Nacht bis zum Morgengrauen. Man brachte das Netz in einem großen Boot auf die Mitte des Sees hinaus und ließ es, während das Boot langsam weiterfuhr, an einer günstigen Stelle nach und nach über den Bordrand ins Wasser gleiten, so daß es sich am Ende über eine große Fläche erstreckte. Das

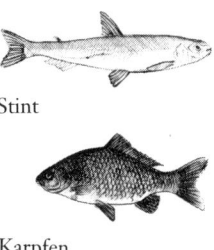

Stint

Karpfen

Boot fuhr anschließend zum Ufer zurück, wo das Einholen der Seile, die an den vier Enden des Netzes befestigt waren, mit Winden begann. So ein Netz war unglaublich schwer – es brauchte dazu acht hölzerne Winden, zwei für jedes Seil. Die Männer waren bei dieser Arbeit immer sehr fröhlich, obwohl sie vor Schweiß trieften. Sie begleiteten jede Drehung an den Winden mit dem Stampfen der Füße und einem monotonen, rhythmischen Gesang. Die Frauen stimmten in den Gesang ein und klatschten den Rhythmus dazu mit den Händen.

So wie das Netz nahe genug ans Ufer herangeholt war, verließen die Männer die Winden und wateten ins Wasser, faßten die Zugleinen und hievten das Netz an Land. Wir Kinder wurden von den Fischern immer angeschrieen: »Laß das Netz nicht einfach durchhängen! Zieh an dem verdammten Ding!« riefen sie sofort, wenn wir nicht fest genug mitzogen. War das Netz vollständig auf den Strand hochgezogen, sammelten die Frauen die Fische in große Körbe ein. Das leere Netz wurde sofort wieder ins Boot geladen und auf den See hinausgebracht. In einer Nacht wurde der gesamte Vorgang drei- bis viermal wiederholt. Im Sommer zumindest arbeiteten die Fischer und ihre Familien ohne Unterbrechung die ganze Nacht hindurch bis zur ersten Morgendämmerung. Wer eine Rast brauchte, konnte nach Hause gehen und sich ein paar Stunden aufs Ohr legen. Doch danach ging es wieder schnurstracks zurück zum Strand.

Es gab alle möglichen Fische im See: Stinte und Breitlinge, Plötzen und Aale, ja, wir fingen sogar einzelne Seepolypen, Schollen und Lachse. Die Fische wurden von den Frauen in unterschiedliche Körbe sortiert. Breitlinge genauso wie Stinte, Karpfen und Aale brachten am meisten Gewinn. Doch verschiedene andere Arten, wie zum Beispiel Plötzen, waren nicht so viel wert. Aber gerade von denen fingen wir die größten Mengen, daß sie gar nicht alle verkauft werden konnten und zu Dünger verarbeitet werden mußten. Stinte sind meistens in einer Salzbrühe gekocht und anschließend getrocknet worden, damit sie in kleinen, aus Stroh geflochtenen Beuteln an Händler in Tsuchiura verkauft werden konnten.

Gekocht wurde in riesigen Kesseln, die dem Unternehmer gehörten. Fünf solche Kessel standen in seinem Haus – jeder mindestens mit einem Meter Durchmesser und einen halben Meter tief. In diesen wurden sieben bis acht Kilo Stint drei Minuten lang in Salzwasser von drei Teilen Wasser und einem Teil Salz stark gekocht. Man fischte die gegarten Stinte mit einem Netz aus dem höllisch siedenden Sud und ließ sie in einem Korb abkühlen. Nach einer Weile schwamm auf der Brühe eine Fettschicht, die regelmäßig abgeschöpft werden mußte, damit der Fisch keine häßliche rote Färbung annahm. Nach dem Abkochen wurde er zum Dörren an den Strand in die Sonne gelegt. Bei sonnigem Wetter reihten sich hunderte Strohmatten mit solchen Fischen dicht am ganzen Ufer entlang.

Im Haus des Fischereiunternehmers ging's immer lustig zu; ständig gingen Leute ein und aus. Doch das schönste daran war, daß sich jeder, der dort gearbeitet hat, in der Küche eine ordentliche Mahlzeit vorsetzen lassen konnte. Wenn bei uns ein Pachtbauer sonst nicht genug zu essen hatte, ging er zum Unternehmer zum Arbeiten und half an den großen Netzen, weil er sich dort wenigstens einmal richtig satt essen konnte. Zum Ebisu-Fest für den Gott des Wohlstands zeigte sich der Unternehmer ganz besonders freigebig. Das ganze Dorf war zum Schmaus eingeladen und jeder konnte so viel Sake trinken, wie er wollte. Dieser Tag mit dem großen Fest am Strand war für unser Fischerdorf eindeutig der schönste im ganzen Jahr. So ein Unternehmer damals war wie ein Gott für uns.

Heute hat sich natürlich alles sehr verändert, und das Fischerdorf und der See werden nie wieder so sein wie früher.

Badezuber am Strand

Herr Hida Minoru (*1924)

Direkt unterhalb von unserem Haus war der Strand und dahinter der große See. Das Schilf ist noch ganz dicht gewachsen, und von unserem Haus aus hat man den Rohrsänger gehört. Aber seit man gegen Überschwemmungen die Ufermauer gebaut hat, ist die Aussicht lange nicht mehr so schön wie früher.

In den alten Tagen haben alle Leute ihr Wasser vom See geholt: zum Wäschewaschen und Baden, genauso wie zum Kochen. Am Ufer hat es zwei Holzstufen zum Wasser hinunter gegeben. Zwischen Ebbe und Flut hat sich nämlich der Wasserstand um bis zu fünfzig Zentimeter verändert. Normalerweise hat man von der oberen Stufe aus das Wasser erreichen können, aber bei Ebbe mußte man bis zur unteren Stufe hinuntergehen. Doch seit 1963 das Wehr zum Fluß Hitachitonegawa gebaut worden ist, gibt es am See keine Gezeiten mehr.

Heute kann sich kaum noch jemand vorstellen, wie viele Fische es damals im See gegeben hat. Wenn man im See den Reis für das Abendessen gewaschen hat, sind einem Dutzende von fetten Karpfen um die Beine herumgeschwommen. Obendrein hat es noch eine Menge Karauschen gegeben. Sie sind in Riesenschwärmen von zwei- bis dreitausend Stück durch den See gezogen. Man konnte genau sehen, wo sie sich getummelt haben, weil sie das Wasser aufgewühlt haben, so daß es dort eine andere Farbe hatte. Wenn die Karauschen dicht am Ufer waren, haben wir Kinder uns den Spaß gemacht, dorthin zu schwimmen, den Schwarm zu umzingeln und auf einmal mit einem Mordsgeschrei und Geplantsche die Fische zu erschrecken. Der aufgestörte Schwarm ist dann geflohen, wobei sich Dutzende von den Fischen in ihrer Verwirrung auf den Strand geworfen haben. Karauschen sind sehr hübsche Fische und glitzern am sonnigen Strand recht schön. Sie kämpfen aber auch sehr heftig, wenn man sie an der Angel hat. Eine ausgewachsene Karausche kann bis zu dreißig Zentimeter lang werden.

Abends für das tägliche Bad Wasser in Eimern vom See zum Haus hochzuschleppen, wäre eine mühsame Angelegenheit gewesen. Man hat stattdessen in der warmen Jahreszeit von April bis November die Badezuber einfach ans Seeufer gestellt. Gegen den Regen hat man darüber ein kleines Dach aus

Karausche

geflochtenem Schilf aufgestellt und für das Badewasser am Strand Treibholz gesammelt oder einfach Stroh und getrocknetes Schilf verbrannt. So haben alle Fischer gebadet. Manche haben sich nicht einmal die Arbeit gemacht, ein Dach zu zimmern, sondern haben bei Regen mit einem Regenschirm im Badezuber gesessen oder den Schirm an eine Stange neben der Wanne gebunden. Bei gutem Wetter war es wirklich ein herrliches Gefühl, im heißen Badewasser zu sitzen und die Sterne zu betrachten oder den Mond, wie er über dem See aufging.

Zwischen den einzelnen Zubern hat es natürlich keinerlei Sichtblenden gegeben oder so etwas wie Stellwände und jeder, der gerade vorbeikam, konnte ungehindert zusehen. Die Mädchen haben natürlich dort genauso gebadet wie die alten Leute, darum sind wir Dorfjungen oft von Zuber zu Zuber geschlichen, in der Hoffnung, einen Blick auf eine nackte Schöne zu erhaschen. Aber nachts war es unten am See meistens so stockdunkel, daß wir Jungen eher ins Wasser stolperten oder von Moskitos fast aufgefressen worden sind als auf unsere Kosten zu kommen. Es ist für uns also nicht immer nur ein reines Vergnügen gewesen, Voyeur zu spielen.

Sobald es kälter geworden ist, hat man die Badezuber ins Haus zurückgeholt. Bäder waren damals ja so primitiv, daß es keinen Unterschied gemacht hat, ob der Zuber im Freien oder im Haus gestanden hat. Das »Badezimmer« hat sowieso höchstens aus einer einzigen Steinplatte bestanden, auf der man gehockt hat, um sich abzuschrubben, bevor man ins Badewasser gestiegen ist. Der Waschlappen für alle war so schmuddlig, daß man ihn heutzutage nicht einmal als Putzlappen verwenden würde, von Seife oder gar Shampoo gar nicht zu reden. Die Frauen haben sich ihre Haare mit Tonerde gewaschen.

Nachts gab es als Beleuchtung nur eine Kerze, die man auf einen Sims oder in eine Laterne gestellt hat; elektrisches Licht hatte keines der Häuser; erst nach dem Krieg haben manche schon eine elektrische Glühbirne besessen, die man an einem langen Kabel dort aufhängen konnte, wo sie gerade gebraucht worden ist, unter anderem eben auch im »Bad«.

In dreißig Tagen nach Tokyo und zurück

Herr Yamaguchi Hachigorô (1901-1970)

Seit meinem Großvater sind wir alle Binnenschiffer gewesen, auf sogenannten *takase*-Booten. Das waren flachbödige Lastkähne, mit denen wir Reis, Brennholz und Strohsäcke von Tsuchiura nach Tokyo transportiert haben. Auf dem Rückweg haben wir Getreide und was sonst so an Fracht angefallen ist geladen.

Ich bin in einem Haus in der Nähe vom Kawaguchi-Wehr geboren. Dort haben damals immer ganz viele Boote festgemacht – *takase*-Kähne, kleine Ruderboote und Dampfer – Dutzende von Booten haben da Heck an Heck am Flußufer gelegen.

Kaum war ich aus der Schule – die Grundschule hat man mit zwölf Jahren abgeschlossen – hab' ich mit meinem Vater auf dem Boot gearbeitet. Sie müssen bedenken, daß Kinder damals noch ganz anders zur Arbeit eingespannt worden sind als heute. Ab zwölf oder dreizehn Jahren hat man von ihnen die gleiche Arbeit verlangt wie von Erwachsenen. So hat jedes Kind auf einem Binnenschiff seine genau bestimmte Arbeit gehabt. Mir war das Kochen für die ganze Mannschaft zugeteilt gewesen. In vielen Fällen war es ja so, daß die ganze Familie auf dem Kahn gewohnt hat. Bei uns war es allerdings anders: bloß mein Vater, meine drei älteren Brüder, zwei Schiffsleute und ich sind mit auf Fahrt gegangen; meine Mutter ist in unserem Haus in Kawaguchi geblieben. Sie hat den größten Teil ihres Lebens damit verbracht, darauf zu warten, daß die Männer wieder zurückkommen.

Takase-Lastkähne waren völlig vom Wind abhängig. Bei kräftigem günstigem Wind hat man schon in drei Tagen in Tokyo sein können, aber solch gute Bedingungen haben nur selten geherrscht. Manchmal hat die Fahrt sogar acht bis zehn Tage gedauert. Das hat einerseits daran gelegen, daß der Fluß Tonegawa bei Regen sehr trügerisch war, andererseits daran, daß es bei stürmischem Wind gefährlich war, das Segel zu setzen. Man hat deswegen kaum im voraus abschätzen können, wie lange man bis Tokyo brauchen würde. Die *takase*-Kähne haben natürlich auch ihre Vorteile gehabt, sonst hätte man sie nicht eingesetzt. Sie waren robust gebaut und sind bei gutem Rückenwind sogar ohne Segel flott dahingefahren.

Doch bei Windstille haben diese Boote überhaupt nichts getaugt. Noch schlimmer, bei schwerem Regen oder bei Gegenwind konnte man nur eins tun: die Leinen festmachen und auf besseres Wetter warten. An solchen Tagen haben wir irgendwo am Ufer angehalten, unter Umständen kilometerweit von jeder Siedlung entfernt, uns eine ausgiebige Mahlzeit gekocht und an Bord gefaulenzt, bis sich das Wetter gebessert hat. Wenn uns die Vorräte ausgegangen sind, hat einer von uns Schiffsjungen vier, fünf Kilometer weit bis zum nächsten Dorf zum Einkaufen gehen müssen. Wenn man weit genug gelaufen ist, hat man immer irgendeinen Dorfkrämer gefunden. Die meisten dieser Krämer haben wegen ihrer dunklen Hautfarbe wie Bauern ausgesehen und waren Fremden gegenüber abweisend. Aber sobald sie erkannt haben, daß man auf einem Lastkahn gefahren ist, sind sie freundlicher geworden.

Wenn wir irgendwo mehrere Tage festgesessen haben und uns langweilig geworden ist, sind wir an Land gegangen und haben uns ein wenig in der Gegend umgesehen. In Takasaki hat es zum Beispiel den berühmten alten *nanjamonja*-Baum gegeben. Schauen Sie sich den einmal an, ich glaube, daß er noch steht. Vor zweihundert Jahren soll Mito Kômon, der damalige Vize-Regent des Shôgun, als er den Baum gesehen hat, den Ausspruch »*nanjamonja*« (»Was ist das bloß für ein Ding?«) getan haben.

In Ôhori hat es ein altes Boot gegeben, das unter uns das »Badeschiff« geheißen hat. Es war ein ausrangierter *takase*-Kahn mit einem Dach, den man zu einem Bad mit einigen Ruheräumen umgebaut hatte. Das Badewasser hat man aus dem Fluß hochgepumpt.

Das Badeschiff in Ôhori war ständig festgetäut, und die Binnenschiffer haben da gern Halt gemacht. Vom frühen Nachmittag bis spät in die Nacht hinein war dort Betrieb. Die meisten Schiffer haben es sich im heißen Bad wohl sein lassen. Aber im Mitteldeck hat man zum Würfelspiel gehen können. Das haben manche ausgenutzt, weil es dort ziemlich sicher war. Denn abgesehen von einigen Bootsleuten und ähnlichem Volk haben in Ôhori kaum Leute gewohnt, und darum hat sich die Polizei dort höchst selten blicken lassen. Wir haben es auf dem Schiff recht gemütlich gefunden. Dort haben wir unter uns sein und spielen und trinken können. Frauen hat es dort allerdings keine gegeben. Wer sich damit amüsieren hat wollen, hat zum Nachbarort gehen müssen, nach Toride. Die großen Lastkähne hatten ja immer ein kleines Beiboot dabei. Damit sind die Männer, die zu den Frauen wollten, über den Fluß zur anderen Seite hinübergerudert. Die Dirnen haben eine merkwürdige Art gehabt, Kundschaft anzuwerben: Mit ihren langen Tonpfeifen haben sie hinter Holzgittern gesessen und zu den Männern, die vorbeigegangen sind, den Rauch hinausgeblasen.

Wir Binnenschiffer sind also immer gemächlich den Fluß rauf und runter gefahren und waren mit uns zufrieden, wenn wir eine Hin- und Rückfahrt von Tsuchiura nach Tokyo in einem Monat geschafft haben. Wir haben an einer einzigen Reise im Monat noch genug verdient und uns mitsamt unserer Familie ganz gut ernähren können. Wirklich, ich kann mir nicht vorstellen, daß es damals viele Berufe gegeben hat, die so bequem waren wie der unsere.

Allerdings im Winter, wenn es richtig kalt geworden ist, war dieses Leben nicht ganz so lustig. Wenn man bei eisigem Westwind, der nur so über den Fluß gepfiffen hat, lediglich in einer wattierten Jacke an Bord gestanden und das Schiff gesteuert hat, sind einem fast die Hände und Füße abgefroren. Ich war manchmal so steifgefroren, daß ich die Lippen nicht mehr zum Sprechen hab' bewegen können. Man hat ja nicht einfach das Ruder loslassen können, nur weil man so fürchterlich gefroren hat. Ich wundere mich nachträglich noch, daß wir unter solchen Bedingungen nie ernsthaft krank geworden sind.

1918 bin ich nach Tokyo gegangen und hab' auf Schleppkähnen gearbeitet, die Kohle, Reis und Getreide transportiert haben. Meine Frau und Kinder sind mitgekommen und haben mit mir auf dem Schiff gelebt.

Es war gerade in der kalten Jahreszeit nicht ungefährlich auf dem Kahn. An einem eisigen Abend, wir hatten gerade neue Ladung aufgenommen und sind von Ômori abgefahren, hätte ich fast meine Frau verloren. Graupelschauer sind auf das Schiff niedergegangen, und das Deck war im Nu vollkommen vereist. Trotzdem hat meine Frau an Deck mitgeholfen. Ich hab' mich auf das Navigieren konzentriert und war völlig damit beschäftigt, da hab' ich plötzlich etwas ins Wasser plumpsen gehört. Wie ich mich verwundert umgedreht hab', war meine Frau verschwunden. Ich bin zur Reeling gesprungen und da hab' ich gesehen, daß meine Frau im Wasser trieb, immer wieder in den Wellen untertauchend. Wir sind gerade am Gaswerk Ômori vorbeigefahren, das in der Nacht immer hell beleuchtet war, so daß man auf dem Fluß gut sehen konnte. Meine Frau hat natürlich nicht schwimmen können, und mir war klar, daß sie ertrinken würde, wenn ich ihr nicht sofort zu Hilfe kam. Ich hab' schnell die Maschine abgestellt und bin ihr nachgesprungen. Mit wenigen Zügen war ich bei ihr. Ich hab' sie einigermaßen über Wasser halten und mit ihr zu unserem Boot hinschwimmen können. Gleichzeitig hab' ich eine Stimme gehört: »Jemand ist ins Wasser gefallen«, und im nächsten Moment ist uns auch schon jemand nachgesprungen. Ich hab' zurückgerufen: »Alles o. k. Ich hab' sie schon.« »Gott sei Dank«, hat die Stimme von einem Boot aus geantwortet. Es war auch sofort bei uns und hat uns herausgefischt. So ist es gekommen, daß ich meiner Frau das Leben gerettet hab'.

Auch die Kinder sind mehrmals ins Wasser gefallen, und ich hab' jedesmal hineinspringen und sie herausholen müssen. Zum Glück ist keines ertrunken. Aber manchmal denke ich schon, daß es fast ein Wunder ist, daß sie alle noch am Leben sind.

Heutzutage gibt's ja kaum noch Binnenschiffer, auch nicht mehr im Bezirk Fukagawa in Tokyo. Und sogar in Kawaguchi, wo früher bis zu zwanzig, dreißig Familien auf Kähnen gewohnt haben, sind alle Boote verschwunden. Als ich jung war, waren die Flüsse voller Leben. Es hat einfach zu einem Fluß gehört, daß es vor Kähnen nur so wimmelte. Jetzt sind die Flüsse einsam und leer, und sie machen mich traurig. Ich gehe nicht mehr gerne in ihre Nähe.

Mit dem Segelboot in die Stadt

*Herr Komatsuzaki Yukio (*1902)*

Schiffe waren auf den Wasserwegen zu meiner Zeit wichtige Verkehrsmittel. So hatte auch in unserer Gegend, auf der Halbinsel Dejima am See Kasumigaura, jedes Dorf sein »Linienschiff«, das regelmäßig nach Tsuchiura fuhr. Es transportierte überwiegend Güter, nahm aber auch Passagiere mit an Bord.

Als meine Familie ein Boot kaufte und mit der Binnenschiffahrt anfing – es muß 1919 oder 1920 gewesen sein –, gab es bereits ein Schiff, das zwischen unserem Dorf Kawajiri und Tsuchiura verkehrte, nämlich die »Asano Maru« der Asano-Familie. Die Asanos hatten schon mehr als zwanzig Jahre vor uns eine Art Linienverkehr eingerichtet. Die »Asano Maru« konnte ungefähr sechzig Sack Reis laden. Unser Boot dagegen war neuer und größer und hatte schon Platz für siebzig Sack. Wissen Sie, es gab eine Reihe ziemlich großer Geschäfte bei uns in Kawajiri. Allein das Frachtaufkommen von den beiden größten Geschäften, dem Getreide- und Düngerhändler »Yoemon« und dem führenden Fischgroßhändler am See Kasumigaura, dem »Kanegawa«, reichte für zwei Schiffahrtsunternehmen.

Unser Boot lief morgens um acht Uhr von Kawajiri aus und kam gewöhnlich kurz nach drei zurück. Die meisten Dörfler waren mit ihrer Landwirtschaft viel zu beschäftigt, als daß sie selbst zum Einkaufen nach Tsuchiura hätten fahren können. Wenn sie also irgendetwas aus der Stadt brauchten, schauten sie am Abend vorher mit ihren Aufträgen bei uns vorbei. Alles, was man für den Haushalt brauchte, habe ich für die Leute besorgt: Salz und Zucker, Sojasoße und Holzpantinen, Strohsandalen und Stoffe, einfach alles.

Gelegentlich mußte ich sogar für meine Kunden zur Bank gehen und Geld abheben oder überweisen. Es war selbstverständlich, daß man mir hierzu das Bankbuch und persönliche Siegel anvertraute. Für manche mußte ich die Zinsen für Sparguthaben kassieren oder für ein weiteres Jahr anlegen, ja manchmal sogar einen gewissen Betrag abheben und dafür etwas in der Stadt besorgen. Nur bei »Yoemon« oder »Kanegawa« war es anders. Aus mir unbekannten Gründen gaben sie mir lieber Bargeld mit, als daß ich es in der Stadt von ihrem Konto abheben sollte. Mit all diesen Aufträgen von den verschiedenen Leuten hatte ich manchmal wirklich große Geldbeträge bei mir.

Der Chôshi-Dampfer

Damit man jedoch eine richtige Vorstellung von unseren »Linienschiffen« bekommt, muß ich die Boote etwas beschreiben. Bis gegen Ende der zwanziger Jahre waren es schlichte Ruderboote. Die Fahrt nach Tsuchiura dauerte daher je nach Wind und Wetter etwas mehr als eine Stunde. Bei Rückenwind ging es leicht, wir brauchten nur das Segel zu setzen. Im Winter war es so kalt, daß wir ein *hibachi* aufs Boot mitnahmen, damit wir für uns und unsere Passagiere mit dem Flußwasser Tee kochen konnten.

Eine Hin- und Rückfahrt kostete zehn *Sen*. Das klingt recht billig. Doch wenn man bedenkt, daß die meisten Bauersleute damals nur einmal im Jahr, nach der Ernte nämlich, Bargeld in die Hände bekamen, war das ein für die meisten kaum erschwinglicher Fahrpreis. Der Preis, so weit ich mich erinnere, blieb während der ganzen zwanziger und dreißiger Jahre gleich und änderte sich erst, als der Zweite Weltkrieg kam.

In den alten Tagen war die Stadt Tsuchiura viel lebendiger und bunter als heute. Ständig lagen unten am Kawaguchi-Kai, wo auch ich mit meinem Kahn anlegte, Dutzende von Schiffen, von denen eine Menge Leute aus den umliegenden Dörfern in die Stadt strömten. Es war ein ständiges Ein- und Auslaufen von Liniendampfern, *takase*-Booten und Vergnügungsschiffen, die alle ihre Passagiere und Güter in Tsuchiura absetzten. Auch meine Passagiere waren darunter. Sobald ich mein Boot festgemacht hatte, verstreuten sie sich in der Stadt, machten bis zwei Uhr ihre Einkäufe oder besuchten ihre Bekannten. In dieser Zeit konnte ich für meine Kunden im Dorf die Einkäufe besorgen. Zum Beispiel kaufte ich Salz bei »Nomura« in Uchinishichô, Zucker bei der Zuckerhandlung in Nakajô, die ebenfalls »Nomura« hieß, und Sojasoße bei »Nagai«. Später begann ich die meisten Sachen bei »Shibanuma« in Mushikake zu bestellen. Ich brauchte dann nur vom Kai aus zu telefonieren, und ein Lehrling brachte alles mit dem Fahrrad ans Boot.

Bis ich nach dem Mittagessen zu meinem Boot zurückkam, waren schon alle Sachen angeliefert und an Bord. Die Fahrgäste kehrten ebenfalls nach und nach zurück. Wenn sich alle Passagiere vom Morgen wieder eingefunden hatten, rief ich: »Abfahrt! Leinen los!« und es ging zurück nach Hause.

Normalerweise machte ich die Fahrt hin und zurück zwischen Kawajiri und Tsuchiura nur einmal pro Tag, doch bei Bedarf fuhr ich auch zweimal. Bei starkem Wind ließ ich die Fahrt natürlich ausfallen. Es kam aber auch vor, daß auf dem Hinweg kaum Wind war, bis zum Nachmittag dagegen, gerade wenn wir die Rückreise antreten wollten, eine starke Brise aufgekommen war. Dann war natürlich an eine Rückfahrt nicht zu denken. In solchen Fällen mußten die Passagiere zu Fuß nach Hause marschieren, während ich in Kawaguchi blieb und auf meinem Boot übernachtete.

Den Fluß Sakuragawa fuhr ich gewöhnlich nicht hinauf. Nur während der Kirschblüte machte ich eine Ausnahme. Bei schönem Wetter vermietete ich mein Boot für kleinere Gesellschaften an das Landvolk. Ich ruderte sie, vorbei an der Eisenbahnbrücke und der Brücke Nioibashi, bis hoch nach Mushikake am Westrand von Tsuchiura. Die Flußufer bildeten einen herrlichen Blütentunnel. Ich glaube kaum, daß es seinesgleichen in ganz Japan gegeben hat. Die Kirschbaumalleen zu beiden Seiten reichten bis zur Brücke bei Mushikake, gesäumt von kleinen Buden, die Imbiß und Getränke für die Ausflügler feilboten. Und der Fluß war zur Kirschblütenzeit stets bevölkert von zahllosen geschmückten Booten, auf denen sich die reicheren Leute mit ihren Gästen von Geisha mit Tanz und Gesang unterhalten ließen. Die ganze Szenerie bot jedes Mal ein traumhaft schönes Bild.

Doch einige Jahre nach dem Krieg, etwa Mitte der fünfziger Jahre, stellten die Flußboote alle den Betrieb ein. So wie die Autos und Lkws zunahmen, hat sich der Verkehr endgültig auf die Straße verlagert.

Frischer Fisch, alter Fisch

Herr Hotate Shun'ichi (* 1914)

Die »Tsuchiura Hochseefischerei-Gesellschaft« war im Besitz eines Mannes, der aus einer ehemaligen Samurai-Familie stammte. Er betrieb zugleich den Fischmarkt. Die Geschäfte seiner Firma wurden von zwölf Vorstandsmitgliedern und zwei Stellvertretenden Vorsitzenden geführt. Der eine Vorsitzende hieß Okubo Tôhachi und handelte sowohl mit Gemüse als auch mit Fisch; der andere hieß Numajiri Hachiemon und besaß ein *kanbutsuya*, wo er auch Fisch verkaufte, jedoch in Ômachi. Sie finden es vielleicht merkwürdig, daß Gemüsehändler sich im Fischhandel betätigten, aber damals war es ja üblich, daß Fischgeschäfte alle möglichen Waren verkauften.

Das hatte seinen Grund darin, daß die Hochseeschiffe damals viel kleiner waren als heute und bei rauher See nicht auslaufen konnten. Wurde nicht gefischt, konnten die Fischgeschäfte in Tsuchiura von der »Gesellschaft« nicht mit frischem Seefisch beliefert werden. Stattdessen kaufte die »Gesellschaft«, was immer der Seedampfer mit nach Tsuchiura brachte und versorgte damit die Geschäfte, damit sie etwas zu verkaufen hatten. Brachte er nur Rettiche, kaufte die »Gesellschaft« die gesamte Ladung auf und die Einzelhändler gingen damit in der ganzen Stadt hausieren. Wenn manchmal der See Kasumigaura sogar für den Dampfer zu stürmisch war, blieb den Geschäften nichts anderes übrig, als nach Gemüse, wie etwa Lauch, auf den Dörfern in der Umgebung von Tsuchiura zu suchen.

Ich erinnere mich in diesem Zusammenhang an eine lustige Geschichte: Die Fischer hatten wieder einmal nichts gefangen. Also wurde dem Dampfer statt Seefisch eine Ladung Kirschbaumsetzlinge mitgegeben. Die »Gesellschaft«, die gewöhnlich die gesamte Ladung abnahm, hatte keine andere Wahl, als den ganzen Posten Setzlinge zu kaufen. Danach schickte sie ihre Verkäufer durch die Stadt, die versuchen mußten, die jungen Kirschbäume an den Mann zu bringen. Es wollte aber partout niemand Kirschbäume. Um die Setzlinge nicht schließlich wegwerfen zu müssen, kam man auf die Idee, sie am Fluß Kawaguchigawa anzupflanzen. Sie sind alle wirklich hervorragend gediehen. So kam es, daß wir vor dem Krieg am Fluß entlang eine herrliche Kirschblütenallee hatten und in jedem Frühling eine wunderbare Kirschblüte.

Die Fischereigesellschaft war 1881 gegründet worden und bestand über vierzig Jahre lang. Der gesamte vor der Küste von Chôshi gefangene Seefisch wurde per Dampfer flußaufwärts zu uns nach Tsuchiura transportiert: Bonito und Sardinen in Bambuskörben, die etwas wertvolleren Schollen und Brassen in großen Fässern, Haie oder Thunfische lagen so auf Deck. Das heißt aber nicht, daß vor Gründung der »Gesellschaft« überhaupt kein Seefisch nach Tsuchiura gelangt wäre: es dauerte nur viel länger, da er in per Hand geruderten *takase*-Booten befördert wurde. Wenn sogar der Dampfer von Chôshi bis Tsuchiura acht Stunden unterwegs war, mußten die *takase*-Kähne mehr als einen ganzen Tag und eine Nacht gebraucht haben. Manches Mal passierte es sogar, daß Seefisch per Handkarren bis nach Tsuchiura geliefert wurde.

Unser Familienbetrieb produzierte *kamaboko*, Fischpastete, die wir nach Utsunomiya in der Präfektur Tochigi verkauften. Zu meiner Zeit waren Konservierungsstoffe noch völlig unbekannt. Wir hatten uns deshalb zu beeilen, daß wir unser Produkt innerhalb von höchstens drei Tagen an den Mann brachten. Der Transport per Wagen nach Utsunomiya dauerte alleine schon einen ganzen Tag. Darum mußte die Ware vor Ort binnen eines einzigen Tages losgeschlagen sein, sonst blieb man darauf sitzen, weil sie dann nämlich schon zu riechen anfing. Zum Glück für uns erreichte die Gegend von Utsunomiya absolut kein Frischfisch. Deshalb wurde dort auch kein *kamaboko* hergestellt, so daß es für uns relativ einfach war, unser Produkt dort loszuwerden. Möglicherweise war es sogar zu leicht, denn unsere jungen Gehilfen, die die Ware nach Utsunomiya schafften und dort vertrieben, blieben auf dem Rückweg allzu oft in Tsukuba hängen. Sie hatten leicht verdientes Geld in der Tasche, und die Versuchung war nur zu groß, es dort in den Spelunken bei den Frauen zu lassen. Meist brachten sie weit weniger Geld zurück, als sie nach dem Verkauf hätten haben sollen.

Was uns aber am meisten Kopfzerbrechen machte, war die Frage, wie man den Fisch bis zur Verarbeitung vor zu schnellem Verderb schützen könne. Alle möglichen Methoden versuchten wir: So bauten wir einen ausgemauerten Lagerraum unter unserem Haus und holten im Winter mit einem eigenen

Wagen Eis vom Suwa-See am Nordrand der japanischen Alpen, um damit im Sommer den Keller kühl zu halten. Bis zum Suwa-See in der Präfektur Nagano brauchte man hin und zurück drei Wochen. Um zu verhindern, daß das Eis auf dem weiten Weg schmolz, wurde es dick in Sägespäne eingepackt. Später eröffnete westlich von der Stadt, in Kamitakatsû, eine Eisfabrik, doch war deren Eis sehr teuer. Eine andere Methode zur Frischhaltung bestand darin, daß wir den Fisch in große Bottiche mit kaltem Wasser und Salz legten. Auf diese Weise ließ sich jeder Fisch eine gewisse Zeit frisch halten. Nur allzu lange ging das eben auch nicht, höchstens ein paar Tage, selbst wenn man das Wasser ständig wechselte.

Eine leichte Lebensmittelvergiftung überraschte damals ohnehin niemand, denn so etwas kam ziemlich häufig vor. Die Leute haben einfach zu gern Fisch gegessen, auch wenn er schon ein wenig roch. Wenn man sich den Magen verdorben hatte, machte man halt einen Witz daraus: »Ich hätte erst meinen Mundschenk probieren lassen sollen!« Man regte sich viel weniger über so etwas auf als heute. Man muß sich nur vor Augen halten, daß damals die Geschäfte mit Fisch handelten, der schon einen ganzen Tag von der Küste her unterwegs gewesen war. Bis die Gehilfen damit in der Stadt hausieren gingen, konnte er gar nicht mehr hundertprozentig frisch sein. Es ist schon wirklich viel, daß wir heutzutage jederzeit und sorglos rohen Fisch essen können, selbst mitten im Hochsommer.

Das Kawaguchi-Viertel in seiner Blütezeit

Herr Sekozawa Yoshimatsu (1908-1993)

In meinen Kindheitserinnerungen spielt der Fluß – ich bin im Stadtteil Kawaguchi aufgewachsen – eine große Rolle. Ich sehe mich immer noch, wie ich darin umherschwimme. Kaum war am Nachmittag die Schule aus, erbettelte ich von meiner Mutter zehn *Sen* und schwamm bis zum »Tsuruta«-Schiffssteg. Dort gab es nämlich ein *senbei*-Geschäft, wo ich mir gern ein paar Reiskräcker kaufte. Ich hängte meine Kleider an eine Weide vor unserem Haus, sprang in den Fluß und schwamm unter der Brücke Asahibashi hindurch bis zu dem großen Dünger-Händler »Ogata«. Wenn der Fluß Kawaguchigawa genug Wasser führte, kletterte ich an dieser Stelle ans Ufer; wenn nicht, konnte ich dort wegen der steilen Böschung nicht aus dem Wasser. In diesem Fall ließ ich mich eben bis zu »Tsurutas« Landesteg weitertreiben.

Mein nächstes Ziel war gewöhnlich die Schiffsanlegestelle der Reederei »Watanabe«. Der Reeder war ein enger Freund meines Vaters, deshalb durfte ich immer umsonst bis zum See mitfahren. Die Schiffer machten aber nur für mich diese Ausnahme, andere Kinder wurden sofort verscheucht. Nur wenn sie mit mir zusammen auftauchten, durften sie auch mitfahren. Darum war ich bei den anderen Kindern sehr beliebt, und ich hatte immer fünf oder sechs Jungen im Schlepptau. Wir fuhren aber nur einige hundert Meter mit, sprangen dann ins Wasser und schwammen nach Hause zurück.

Merkwürdigerweise machten sich meine Eltern nie Sorgen, wenn ich im Fluß schwamm. Aber als ich einmal alleine zu Fuß nach Tsukuba wandern wollte, hielten sie das aus irgendeinem Grund für zu gefährlich und ließen mich nicht gehen. In Wirklichkeit war der Kawaguchigawa vor unserem Haus viel gefährlicher, weil dort ein Stauwehr in der Nähe war. An jener Stelle war der Fluß so tief, daß wir vom Wehr herunter rückwärts Saltos machen konnten, ohne auf den Grund zu kommen. Die Polizei hatte dort das Schwimmen für Kinder verboten. Wenn also ein Polizist auftauchte, mußten wir ganz blitzschnell verschwinden. Dann kletterten wir so schnell wir konnten aus dem Fluß heraus, packten hastig unsere Klamotten und rannten davon.

Bevor 1963 am Fluß Hitachitonegawa, kurz vor seiner Mündung ins Meer, das große Wehr gebaut wurde, war der See Kasumigaura äußerst fischreich,

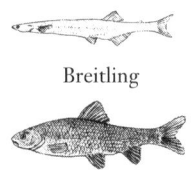

Breitling

Elritze

denn es bestand noch die Verbindung zum Meer. Außerdem gab es zahlreiche Zu- und Abflüsse, vom Meer ebenso wie von Flüssen.

Im Zuge der Maßnahmen des Präfektur-Fischforschungszentrums, Japans Fischfang zu steigern, wurden uns vom Biwa-See (in der Nähe von Kyoto) 156 Elritzen als Grundstock für eine Fischzucht zur Verfügung gestellt. Sie wurden im Fluß Sakuragawa, der bei Tsuchiura in den Kasumigaura fließt, ausgesetzt. Sie vermehrten sich in nur fünf, sechs Jahren derart, daß im Fluß und im See bald große Mengen davon gefischt werden konnten. Elritzen leben vor allem von Garnelen und Muscheln. Eine geschickte Methode des Fischfangs für diese Art von Fischen bestand also darin, daß man Bündel von Bambusgras ins Wasser warf, worin sich Garnelen und Muscheln gerne ansiedeln. Man brauchte dann nur an diesen Stellen die Netze auszuwerfen, um einen guten Fang zu machen.

Elritzen legen ihre Eier in Muscheln ab. Da der See ziemlich flach ist, dringt das Sonnenlicht bis auf den Grund des Sees, so daß die Muscheln sich sehr schnell entwickeln und mit ihnen die Fischeier. Die Zucht gedieh bei uns im Kasumigaura sogar um ein Vielfaches besser als am Herkunftsort. Schließlich war hier die Elritzen-Zucht sogar größer als am See Biwako, so daß man bald in der Lage war, auch die Gegend dort zu beliefern.

Mein Vater, der Fischgroßhändler war, nahm den Fischern ihren gesamten Fang ab und verschickte die Elritzen innerhalb ganz Japans. In den Jahren 1939/40 lieferte er alleine nach Tokyo jährlich fast vierzig Tonnen. Für den Versand benutzte er große Wassertanks, die mit einer Vorrichtung zur Sauerstoffzufuhr ausgerüstet waren. Er hat davon achtzig Stück gekauft. Auch nach Nagoya, wo der Fisch in Sojasoße gegrillt gegessen wurde, schickten wir regelmäßig Sendungen. Die besten Abnehmer für Elritzen fanden sich allerdings in Osaka, denn dort war es Brauch, daß man zu besonders festlichen Anlässen gerade diesen Fisch servierte, während in Tokyo hierfür Brassen bevorzugt wurden.

Aale verschickte man in großen Bambuskörben. Die Körbe wurden – je vier übereinander gestapelt – in Güterzüge verladen. Wenn wir im Sommer Eis

Kawaguchi: Schiffsanlegestelle

dazupackten, konnten wir sie problemlos sogar bis Hokkaidô schicken. Um ganz sicher zu gehen, daß die Aale lebend ankamen, sorgten wir dafür, daß in Aomori jemand am Bahnhof stand und die Aale noch einmal kräftig mit kaltem Wasser übergoß.

Alleine nach Tokyo lieferten wir pro Jahr an die dreißig Tonnen Aal. Wissen Sie, damals war es noch ohne weiteres möglich, mit einem der großen *daitoku*-Netze bei einem einzigen Fang eine ganze Tonne Aal einzuholen. Im Fluß Hitachitonegawa zum Beispiel wimmelte es an manchen Stellen nur so von Aalen. Oft wurden sogar zu viele gefangen, so daß man nicht alle loswerden konnte. Man mußte sie dann zu *tsukudani* einkochen oder als Dünger auf die Felder ausbringen. Wir kauften sämtliche Aale von einem bestimmten Zwischenhändler und steckten sie in Körbe, die wir bis zur Verladung in den Kawaguchigawa hängten. Sie hingen an einer langen Kette im Wasser, genau an der Stelle, wo heute im Zentrum von Tsuchiura der Hauptparkplatz ist, nachdem der Fluß zugeschüttet worden war.

Wir handelten unter anderem auch mit Weißfisch, einer Fischart, die ab etwa September in großen Mengen gefangen wird. Er wurde in Zwanzig-Kilo-Fässern mit Eis verpackt und in alle Teile Japans verschickt. Die Liefermenge begrenzten wir auf fünf Fässer je Region. Wir hätten wahrscheinlich sogar zehn oder zwanzig Fässer davon verkaufen können, hielten es jedoch für klüger, die Menge zu begrenzen, damit die Kunden nicht übersättigt werden würden. Wir lieferten lieber kleinere Sendungen öfter und in verschiedene Gebiete. Das Problem war nur, daß wir nicht genug Fässer beschaffen konnten, so daß wir zusätzlich leere Sojasoßen-Fässer dafür verwenden mußten.

Unsere Stinte gingen hauptsächlich nach Tokyo; in der Osaka-Region gab es dafür nur eine geringe Nachfrage, denn in diesem Gebiet hatten die Leute eine Vorliebe für die größere Spezies – komisches Volk! In gewissen Mengen fanden wir für unsere kleineren Stinte noch Absatz in der Präfektur Gunma. Doch auch dort schien die größere Spezies bevorzugt zu werden, so daß unsere doch so hübsche Standardgröße nur geringe Chancen hatte. Der Markt für Süßwasser-Stinte war im Vergleich zu Elritzen ohnehin nicht sehr groß.

Obendrein erzielten sie nur ziemlich niedrige Preise, was daran lag, daß sie sich in Tokyo als Dörrfisch nicht sehr gut verkauften.

Plötzen wurden bei uns so viele gefangen, daß es unmöglich ist, die Menge auch nur zu schätzen. Die Fischer lagen uns ständig damit in den Ohren, mehr zu kaufen. Wenn wir ablehnten, trollten sie sich zwar, aber nur um ihren Fang körbeweise in den Fluß zu hängen, damit er frisch blieb. Ein paar Tage später kamen sie meistens wieder damit an. Wenn wir gar keinen anderen Ausweg mehr wußten, kauften wir ihnen die Fische ab, packten sie in Aalbehälter und gingen damit in der Stadt hausieren.

Mein Vater handelte sowohl mit Karpfen der Fischfarmen als auch mit solchen aus freien Gewässern, denn Karpfen wurden wie alle anderen Fischarten in reichen Mengen gefangen. Man erzählte, daß mit einem einzigen Netz manchmal über zweieinhalb Tonnen Karpfen gefangen wurden. Auch hörten wir immer wieder Geschichten von Fischern, die davon berichteten, wie voll ihr Netz war und daß sie es nicht mehr aus dem Wasser hieven konnten. Zum Glück gab es für Karpfen eine stete Nachfrage. Im Kreis Namegata zum Beispiel hat man Karpfen zu allen Festlichkeiten und in der Gegend von Inashiki auf Hochzeiten serviert.

Seit es das Wehr zum Hitachitonegawa gibt und die Verbindung zum Meer abgeschnitten ist, fängt man bei Tsuchiura weder Elritzen noch Plötzen. Die Muscheln sind alle eingegangen und mit ihnen wurden alle Fische, die ihre Eier in die Muscheln ablegten, ausgerottet. Auch Aale und Stinte, die früher vom Meer her über den Hitachitonegawa zum See hochschwammen, sind so selten geworden, daß sie ebenfalls so gut wie ausgestorben sind.

HANDWERKSLEUTE

Ein *geta*-Schuster

Das Rieddach

Herr Yoshida Kumanosuke (1903-1981)

Unsere Familie deckt seit Generationen Rieddächer. Mein Großvater hat Rieddächer gedeckt und mein Vater genauso. Und jetzt hat mein Bub das Geschäft übernommen. Es ist schon so lange her, daß ich mich nicht mehr genau dran erinnern kann, wann ich mein Handwerk gelernt hab'. Ich glaub' aber, daß ich mit der Lehre angefangen hab', sobald ich aus der Grundschule gekommen bin, also mit ungefähr zwölf Jahren.

Ein richtiger Bauernhof hatte damals mindestens sechs oder sieben Gebäude: Da waren das Haupthaus, das Altenteil, der Stall, der Mistschuppen, das Badehaus und das Aborthäuschen. Jedes hat ein Strohdach gehabt; wir Dachdecker haben also genug zu tun gehabt.

Als erstes haben wir natürlich das Material holen müssen. Zu meiner Zeit hat's im Ukishima-Sumpf noch jede Menge Ried gegeben. Es hat jetzt auch noch welches, aber lange nicht mehr so viel wie früher. Ich bin immer mit dem Fahrrad hinübergefahren – über dreißig Kilometer, auf den damals miserablen Straßen!

In Ukishima, an der südöstlichen Seite vom See Kasumigaura, bin ich zum Riedgras-Händler und hab' mit ihm den Preis ausgehandelt. Dann hab' ich die Menge gekauft, die ich gerade gebraucht hab'. Für ein normales Haus hat man knapp tausend Quadratmeter Dachfläche gerechnet. Am besten zum Dachdecken eignet sich Riedgras, das zwischen sechzig und neunzig Zentimeter lang ist; alles was darunter oder darüber liegt, ist unbrauchbar. Man hat das Ried bündelweise gekauft, ein Bündel zwölf bis fünfzehn Zentimeter dick. Für ein einziges Dach waren mehrere tausend Bündel notwendig, für ein großes Haus bis zu zehn- oder zwanzigtausend.

Das Material hat man in flachen Kähnen, den *takasebune*, auf denen man sogar leben konnte, über den Kasumigaura transportiert. Ein einzelnes Boot mit dem hoch aufgeschichteten Ried hätte bei starkem Wind leicht kentern können, darum hat man zwei Kähne zusammengebunden. Ich weiß nicht, wie oft ich hoch oben auf den Bündeln gesessen und den See überquert hab' – aber jedesmal wieder hab' ich die Aussicht auf den Tsukuba-Berg und die Hügel ringsum genossen. Heute ist die Landschaft lange nicht mehr so schön.

Yoshida Kumanosuke

Der Ort, in dem ich gewohnt hab', hatte keinen Hafen, darum haben wir ein Stück vor dem Ufer ankern und auf kleine Kähne umladen müssen. An Land haben wir dann die ganze Ladung auf Pferdefuhrwerke verteilt und zur Baustelle gefahren. Vorher haben wir aber die Bündel zu größeren Packen zusammengebunden, ungefähr zwanzig Bündel zu einem großen Haufen, weil sie dann leichter zu transportieren waren. Man hat schon eine anständige Anzahl von Fuhrwerken gebraucht, damit man einen solchen Berg von Ried hat wegschaffen können. Der Bauherr hat sich deshalb meist von seinen Verwandten und der Dorfgemeinschaft helfen lassen und ihre Pferde ausgeliehen. Ich hab' selbst auch ein Pferdefuhrwerk gehabt und oft dafür miteingespannt.

Das alte Dach abdecken war eine Arbeit, die jeder hat machen können, dazu hat man keinen Fachmann gebraucht. Die ganze Nachbarschaft hat immer mitgeholfen; alle standen sie oben auf dem Dach und haben mitgearbeitet. Das alte Stroh ist herausgerissen und neben das Haus auf die Erde hinuntergeworfen worden. Was das für einen Verhau gegeben hat – Stroh und Staub überall! Nachher erst ist alles aufgeräumt worden. Die Frauen haben dabei nicht mitgeholfen, die haben ihre eigene Arbeit gehabt – Kochen und den Haushalt. Bis Mittag war das Dach abgedeckt und dann hat's eine Mahlzeit gegeben.

Ich war mit dem Essen allein nicht zufrieden – ich hab' meinen Sake gebraucht. Ich hab' immer gern einen getrunken; schon ab dreizehn, vierzehn hab' ich immer zum Essen meinen Sake haben müssen. Ohne Sake zum Essen war mit meiner Arbeit nicht viel los. Das hab' ich einfach gebraucht, sonst bin ich nicht munter geworden. Meine Auftraggeber haben das gewußt und sich danach gerichtet. Später hab' ich sogar schon am Morgen, bevor ich an die Arbeit gegangen bin, meinen Becher Sake getrunken.

Nach dem Mittagessen hab' ich dann die Dachsparren zugeschnitten. Dafür hat man Bambus genommen. Man hat ihn in zwei bis drei Zentimeter dicke Latten geschnitten und im Abstand von zweieinhalb Metern aufgebunden. Waagerecht darüber kamen im Abstand von dreißig Zentimetern dünnere Sparren. Man begann damit am First und ging bis zur Dachkante. Auf die Längssparren hat man sogenannte *yuzuri* gelegt. Das waren dünne Bambus-

157

streifen, mit den Knoten daran, die man mit der flachen Seite nach unten aufgelegt hat. Die obensitzenden Knoten wirkten wie Höcker, die verhindert haben, daß das Strohdach abgerutscht ist. Die *yuzuri* sind im Abstand von knapp zwanzig Zentimetern auf die Sparren gebunden worden. Sobald das fertig war, hat man das ganze Dach mit Reisstroh abgedeckt. Auf diese untere Lage hat man nochmal eine zwei bis drei Zentimeter dicke Schicht Stroh getan. Damit war die Basis für das Rieddach gelegt und schon mal gegen Regen sicher. Selbst wenn es also am nächsten Tag geregnet hätte, hat man schon im Haus wohnen können. Die beiden Arbeitsgänge, das Dach abdecken und die Basis legen, haben darum unbedingt an einem Tag fertig werden müssen.

Die erfahreneren Bauern haben auch diesen Teil der Arbeit selbst machen können. Den Dachdecker haben sie dann nur noch für das Rieddach und die Dachkante gebraucht. Damals hat man ein Rieddach ganz anders als heutzutage und mit anderem Material gedeckt. Die heutige Methode ist ja erst vor relativ kurzer Zeit aufgekommen.

Man hat damals zuerst Stroh auf die Dachkante gelegt und darüber eine Schicht geschwärztes Stroh vom alten Dach. Als nächstes hat man Schilfgrasstengel genommen, das weiße Mark herausgeschält und aufgebunden. Über die Stroh- und Schilfschicht ist eine Lage Zedernrinde gelegt worden. Die nächste Schicht nannte man *mizu-giri*: Dafür hat man entweder Flußröhricht oder wieder Schilfgras genommen, je nach Jahreszeit. Sieben, acht, manchmal bis zu elf oder zwölf Lagen hat man draufgetan, je nachdem, wie es sich der Auftraggeber gewünscht hat.

Erst wenn die Dachkanten ordentlich gemacht waren, hat man die restliche Dachfläche mit langem Riedgras gedeckt. Man hat unten an den Dachkanten angefangen und ist bis zum First hochgegangen. Das Material ist von hinten mit einem Spezialwerkzeug aus Bambus festgemacht worden. Man hat sauber arbeiten müssen, damit das Dach wirklich wasserdicht geworden ist. Mehr will ich aber darüber nicht mehr erzählen, sonst wird's zu speziell.

Zu unserer Zeit hat man einem Lehrling nicht viel erklärt, man hat ihm vor allem gezeigt wie's geht. Wenn er's nicht kapiert hat, hat's ein paar hinter die

Löffel gegeben. Wenigstens war das meine Methode. Ich will ja nicht großtun, aber bei mir ist immer anständig gearbeitet worden. Und genau so hab' ich meinem eigenen Buben das Handwerk auch beigebracht. Wenn er geschludert hat, hab' ich ihm das ganze Dach wieder heruntergerissen, egal wie lang er dazu gebraucht hat. So hat er sich's am besten gemerkt, daß man von Anfang an sauber arbeiten muß. Dafür hat's keine komplizierten Erklärungen gebraucht. Zehn Jahre hat man gerechnet, bis einer sein Handwerk wirklich gut beherrscht hat. Wenn nämlich das Dach solide gedeckt ist, hält es mindestens fünfzig Jahre. Aber wenn einer Pfusch macht, dann ist es oft schon nach drei oder vier Jahren undicht.

Mein Junge trinkt bei der Arbeit gern Sake – na ja, der Apfel fällt nicht weit vom Stamm. Ich hab' mein Leben lang auch gern und viel getrunken. Es war vielleicht nicht besonders gut für meine Gesundheit; aber schaun's, trotzdem bin ich alt genug geworden. Ich hab' jeden Tag meine ganze Flasche Sake getrunken, fast zwei Liter – den ersten Schluck nach dem Aufstehen und den ganzen Tag schön stetig bis zum Abend. Und wenn ich wo eingekehrt bin, noch was extra. Mir hat's halt geschmeckt.

Das Ziegeldach

*Herr Sunada Kôichi (*1904)*

Als ich jung war, hat's noch sehr wenig Fahrräder gegeben. Egal wie weit man's zur Arbeit gehabt hatte, man ist alles zu Fuß gelaufen. Wenn die Arbeitsstelle in Tsukuba oder Yasato gewesen ist, hat man früh raus müssen. Und nach der Arbeit hat man wieder einen genauso langen Weg heim gehabt.

Einfacher war's, wenn die Arbeitsstelle am See gewesen ist, zum Beispiel in Edosaki, dann hat man den Dampfer ab Kawaguchi nehmen können. Aber auch die Fahrt war beschwerlich genug. Das Schiff hat außer den Strohmatten auf dem Boden und einer nackten Glühbirne an der Decke keinerlei Komfort gehabt. Im Winter war es so kalt, daß man auf der ganzen Fahrt vor Kälte gezittert hat. Selbst wenn man sich wie eine Kugel zusammengerollt hat, hat das Zittern nicht aufgehört. Drum bin ich, wenn's kalt war, lieber mit dem Leichterschiff bis Kihara gefahren und die acht Kilometer bis Edosaki zu Fuß gegangen. Der Dampfer hat dort zwar auch angelegt, aber unterwegs so oft angehalten, daß man zu Fuß schneller angekommen ist. Auf dem Rückweg bin ich auch immer bis Kihara zu Fuß gegangen und hab' erst von dort aus den Dampfer genommen. Manchmal war aber der Wind so stark, daß der Dampfer dort nicht hat anlegen können. Dann hab' ich den ganzen langen Weg bis Tsuchiura hinüber laufen müssen. Man hat damals so etwas einfach hingenommen, denn es hätte nicht viel genützt sich darüber zu ärgern.

Ich will aber lieber über meine Arbeit reden. Die Dachziegel in dieser Gegend stammten hauptsächlich aus dem Gebiet um Niihari. Ich hab' sie direkt von den Ziegelbrennern gekauft und auf ein Pferdefuhrwerk verladen. Ungefähr zweihundertfünfzig Stück auf einmal. Die Niihari-Ziegel haben nur nicht viel getaugt. Im Vergleich zu denen aus Sanshû sahen sie gerade aus wie Kinderkram. Wissen Sie, die Brennereien waren oft so unterschiedlich wie Tag und Nacht. Die Dachziegel aus unserer eigenen Gegend waren so ungleichmäßig, daß sie selten aufeinandergepaßt haben; da haben sogar die Maurer mit Mörtel pfuschen müssen. Bei diesen Ziegeln hat man immer damit rechnen müssen, daß Regenwasser dazwischen einsickert. Bei den guten Ziegeln aus Sanshû aber hat man überhaupt keinen Mörtel gebraucht. Sie haben auch die Farbe gut gehalten, während die andern im Laufe der Jahre schwarz geworden sind.

Das erste, was ein Dachdecker gemacht hat, wenn die Zimmerleute fertig waren, war, daß er zur Isolierung Zedernrinde aufgelegt hat. Bei Regen beschlagen sich nämlich die Dachziegel an der Unterseite, besonders wenn es solche aus unserer Gegend sind. Die Feuchtigkeit weicht aber die Lehmschicht auf, die als Unterlage die Dachziegel hält. Um das zu vermeiden, hat man zur Isolierung Rinde untergelegt, sonst wäre das Dach leicht undicht geworden.

Als nächstes hat man über die Rinde nochmal eine Schicht Lehm aufgetragen. Dafür hat man möglichst zähen Lehm genommen; Ton ist dafür nicht gut, denn bei Kälte wird er beinhart und bröckelt ab. Was wir Lehm genannt haben, war die Art von Schlamm, die man in einem Flußbett oder auf dem Grund von Reisfeldern findet. Wenn ich irgendwo einen Auftrag bekommen hab', bin ich immer als erstes in der jeweiligen Umgebung herumspaziert und hab' mir die Reisfelder angeschaut. Wenn ich das richtige gefunden hatte, hab' ich mit dem Eigentümer verhandelt und schließlich so viel Grundschlamm gekauft, wie man von einem Viertel Ar abtragen kann. Den Schlamm hab' ich dann mit dem Pferdefuhrwerk zur Baustelle transportiert und dort solange durchgemischt, bis er reif zum Verarbeiten war.

Das Durchmischen hat man mit den bloßen Füßen gemacht. *Tabi* mit Gummisohlen waren unbrauchbar, weil das Zeug dran festklebt. Im Winter hat man beim Mischen fürchterlich gefroren, und die Nase hat angefangen zu laufen. Das einzige was man tun konnte, war nebendran ein Feuer zu machen und wenn man's vor Kälte nicht mehr ausgehalten hat, sich daran von Zeit zu Zeit aufzuwärmen. Zum Glück hat man aber oft einen jungen Arbeiter vom Bau finden können, der einem für etwas Kleingeld diese Arbeit abgenommen hat.

Den durchgekneteten Lehm hat man in faustgroße Kugeln gerollt und aufs Dach geworfen, eine Kugel je Ziegel.

In jeder Ladung Ziegel waren gute, schlechte und mittelmäßige dabei. Solche Ziegel, die beim Brennen nahe am Feuer gelegen hatten, waren gut gebrannt, hart und glänzten schön; die anderen aber, die im Brennofen obenauf gelegen hatten, waren meistens recht brüchig. Wenn wir nur gute Ziegel zum Decken gehabt hätten, wär's leichte Arbeit gewesen. Das Problem war aber, daß man dem Auftraggeber nichts über die Qualität der Ziegel hat sagen können, sonst hätte man den Ruf der Ziegelei geschädigt. Darum hat man einfach das beste draus gemacht und die guten mit den schlechten kombiniert. Das war der Test dafür, wie gut ein Dachdecker wirklich war.

Manchmal war der ganze Posten Ziegel aber wirklich so miserabel, daß man nicht viel damit hat anfangen können; was man auch angestellt hat, das Dach ist trotzdem bald undicht geworden. Es hat meistens daran gelegen, daß der Auftraggeber hat sparen wollen oder müssen und mich nicht die Ziegel hat selber besorgen lassen. Dann ist tatsächlich oft schon nach kurzer Zeit der Kunde aufgetaucht – gerade, wenn ich selbst angefangen hab', mir über das Dach Sorgen zu machen, meistens nach den heftigen Mairegen oder in der Regenzeit ab Mitte Juni – und hat sich beklagt: »Das Dach ist undicht. Kannst mal nachschauen kommen?« Ich hatte ja schon lange darauf gewartet und war darauf gefaßt gewesen, deshalb hab' ich nur ganz unschuldig dreingeschaut und gesagt: »Ja, so was! Das ist mir aber peinlich! Ich schau mir's gleich an, sobald ich Zeit hab'«.

Das hab' ich aber bloß gesagt, um den Mann zu beruhigen. Ich hab' nämlich den richtigen Zeitpunkt abpassen müssen. Wär' ich sofort hingegangen, hätt' ich das ganze Dach ausbessern müssen – das hätte bei den minderwertigen Dachziegeln geheißen, jede einzelne Ziegel anzuschauen. Und noch mehr als das: der Auftraggeber hätt' mich anstelle der schlechten Ziegel für verantwortlich gehalten.

Darum hab' ich ihn so lange hingehalten, wie's irgendwie gegangen ist. Es war ja meistens so, daß mit der Zeit und mit dem Regen die undichten Stellen von selbst verschwunden sind. Ich hab' also gar nichts tun müssen außer warten. Warum? Wenn das Regenwasser zwischen die Dachziegel und den Lehm eindringt, wird der Zwischenraum feucht – es bildet sich Schimmel, der sich über das ganze Dach ausbreitet und als zusätzliche Isolationsschicht wirkt. Man braucht also nur so lange zu warten, bis der Schimmel dicht genug ist. Wenn man mit schlechtem Material arbeiten mußte, hat man von vornherein gewußt, daß das passieren wird.

Dachziegel sind damals nicht aus Ton, sondern aus Lehm gemacht worden. Den Ziegellehm hat man nach der gleichen Methode mit den Füßen gemischt, wie ich vorhin beschrieben hab'. Dann hat man ihn in der Sonne getrocknet und bei relativ schwachem Feuer gebrannt. Solche Dachziegel waren alles andere als gleichmäßig und ziemlich krumm – unter zehn Ziegeln waren keine zwei, die gleich gewesen wären. Ein guter Dachdecker hat sich dadurch erwiesen, daß er es fertiggebracht hat, mit krummen Ziegeln ein Dach zu decken, das nachher sauber aussah und regendicht war. Jeder von uns hat seine eigene Methode dafür gehabt. Das war andererseits das, was die Arbeit interessant gemacht hat.

Die Technik des Ziegelbrennens ist heute im Vergleich zu früher wesentlich verbessert worden. In einem Stapel von hundert Dachziegeln sind heute alle hundert fast auf den Millimeter gleich. Sie sind auch viel härter gebrannt als zu meiner Zeit und darum ist das Risiko gering, daß das Dach undicht wird. Das ist natürlich alles sehr schön und gut, nur Kunst ist es heute keine mehr. Heut' kann jeder ein Dach decken. Das Fachkönnen geht verloren, wenn man die Dachziegel nur noch ineinander einhängen muß. Mag auch sein, daß es leichter ist, aber für meinen Geschmack zu viel langweilige Routine.

Der *Tatami*-Macher

Herr Yamaguchi Seitarô (1901-1991)

Unser Betrieb ist wahrscheinlich der älteste in ganz Tsuchiura. Mein Junge führt das Geschäft nun schon in der fünften Generation weiter. Mein Vater war auch *tatami*-Macher. Als ich mit sechzehn aus der Schule kam, schickte er mich zu einem Meister in Nihonbashi im Zentrum von Tokyo in die Lehre. Es war eine ziemlich große Werkstatt mit fünf Gesellen, die immer eine Menge Aufträge hatte.

Die erste Arbeit, die man neuen Lehrlingen gab, war das Auftrennen von alten Strohsäcken. Das Tagespensum waren bis zu fünfzig Säcke. Das ergab eben genug Material für zwei *tatami*. Das Stroh verwendete man nämlich als Füllmaterial für die *tatami*. Wenn wir die ausgedienten Säcke vom Reishändler bekamen, waren noch an beiden Seiten die mit einem Strick eingenähten Verschlüsse dran. Diese abzumachen, war ziemlich mühsam. Wir durften die Säcke aber auch nicht einfach auseinanderreißen. Das Stroh war nämlich in der Weise geflochten, daß abwechselnd mal das dicke Ende oben war und mal das dünne. Beim Zertrennen der Säcke mußten wir die losgelösten Strohhalme schön ordentlich nebeneinanderlegen, alle mit dem gleichen Ende in eine Richtung, sonst konnte man sie nicht als Füllmaterial gebrauchen.

Die Reissäcke waren so begehrt, weil die Bauern dafür nur das beste, sorgfältig gereinigte und präparierte Stroh verwendeten und die Säcke gut pflegten, selbst wenn sie sie nicht in Gebrauch hatten. Viele *tatami*-Macher hatten daher Verträge mit Reishändlern, um sich die ausgedienten Reissäcke zu sichern. Es gab sogar eigens Händler für alte Reissäcke.

Nachdem ein Lehrling monatelang Reissäcke aufgetrennt hatte, durfte er endlich bei der Vorbereitung des Füllmaterials helfen. Es ist etwas schwierig, den Arbeitsvorgang zu beschreiben, wenn man ihn nicht zeigen kann. Ich will's aber versuchen. Zuerst legte man eine Strohschicht der Länge nach auf den unteren Überzug des *tatami*. Darüber wurde auf fünf Zentimeter Länge zugeschnittenes Stroh bis zu einer Dicke von fünf Zentimeter geschichtet. Eine weitere Schicht bestand aus gebündeltem Stroh, das kreuzweise gelegt wurde. Darüber kam nochmal eine Querlage. Die nächste Lage wurde diagonal darübergelegt und mit der unteren Schicht verflochten. Dabei war darauf zu achten, daß das Ganze schön glatt wurde. Eine letzte Schicht wurde der Länge nach aufgelegt. Die Füllung mußte man so aufwendig einarbeiten, damit das *tatami* nicht etwa im Laufe der Zeit wellig wurde oder gar einbrach. Es hieß, daß ein gut gearbeitetes *tatami* weder von einem Pfeil noch einem japanischen Schwert durchbohrt werden kann.

Jedenfalls war nach all diesen Schichten die Füllung etwa dreißig Zentimeter dick. Jetzt mußte sie mit Nadel und Zwirn so fest zusammengenäht werden, daß sie am Ende nur noch weniger als sechs Zentimeter dick war – heutzutage sind *tatami* ja nur noch vier bis fünf Zentimeter dick. Es war wichtig, daß die fertige Füllung einige Millimeter weniger als sechs Zentimeter hatte, damit das *tatami* nachher mitsamt dem Überzug genau die sechs Zentimeter hatte, die es brauchte, um mit den Türschwellen eben abzuschließen.

Damit man die Füllung auf ein Fünftel der anfänglichen Dicke zusammenpressen konnte, mußte sie mit einem kräftigen Zwirn genäht werden. Man hockte sich dazu auf das *tatami*, stach mit einer großen Nadel den Zwirn durch das Material, mit beiden Händen und aller Kraft ziehend, während man sich mit den Füßen gegen die Matte stemmte. Es gab ja noch keine Maschinen und jedes *tatami* brauchte mehrere hundert Stiche. Man schaffte also höchstens zwei *tatami* pro Tag. Allein das Schichten der Strohlagen dauerte etwa eine Stunde und für das Nähen rechnete man nochmals drei Stunden. Sehen Sie, es machte einen großen Unterschied, ob man sauber gearbeitet hat oder nicht. Ein gutes *tatami* war absolut regelmäßig und glatt, von welcher Seite man es auch betrachtete. Wohingegen die gröberen Matten, für die man nur die Hälfte der Zeit brauchte, voller Unebenheiten waren. Man brauchte fünf Jahre, um das Handwerk richtig zu lernen.

Zu meiner Zeit als Lehrling waren die großen Kaufhäuser wie Mitsukoshi oder Shirokiya noch im japanischen Stil eingerichtet: die Kunden zogen am Eingang entsprechend dem japanischen Brauch ihre Schuhe – *geta* oder *zôri*-Sandalen – aus. Ein Hausdiener stellte sie in ein Regal. Der Korridor zu den Verkaufsräumen war mit einer siebzig Meter langen Bastmatte ausgelegt. Es zählte zum Kundendienst des *tatami*-Machers, der das Kaufhaus mit *tatami* ausgestattet hatte, daß er jeden Morgen die Matte ausrollte und am Abend reinigte und wieder wegräumte. Das war aber nicht sein einziger Kundendienst. Hatte ein Kunde des Kaufhauses sperrige Waren gekauft, übernahm unser Geschäft die Zustellung per Pferdewagen frei Haus. Wir hatten sogar einen Fahrrad-Lieferdienst, der kleinere Einkäufe des Kaufhauskunden sofort überbrachte. Das war damals noch Service!

Unsere *tatami* haben wir per Handkarren in die verschiedenen Stadtviertel geliefert. Jeder, der einmal ein paar Stunden durch Tokyo spaziert ist, wird wissen, daß Tokyo mitnichten flach ist. Den mit schweren *tatami* vollbeladenen Karren einen steilen Hügel hinaufzubugsieren, war der härteste Teil unserer Arbeit. Es standen zwar an solchen Stellen oder an den hohen Brücken »Wagenschieber« bereit, die für fünf *Sen* anschieben halfen. Das Problem waren aber eben diese fünf *Sen*, denn die Firma hätte mir diese Ausgaben niemals erstattet. Außerdem gab es auf dem Weg meistens mehr als nur einen Hügel. Auf einem längeren Weg hätte sich das Trinkgeld für die Helfer zu mehr als dem Tageslohn eines Facharbeiters addiert. Es blieb mir also nichts anderes übrig, als mich alleine abzuplagen.

Wir haben bis nach Shibuya, Shinjuku und Ikebukuro geliefert. Zu meiner Zeit waren da noch überall Felder, wo heute die größten Einkaufszentren stehen und sich große Menschenmassen drängen. Ich erinnere mich in diesen Vierteln noch gut an lange Karawanen von Pferdewagen, die alle mit Jauchefässern beladen waren. Darin wurde der Inhalt der geleerten Aborte abtransportiert. Nach Sonnenuntergang war es dort draußen so dunkel und still, daß man Angst vor Gespenstern haben konnte. Die Außenbezirke im Norden und Westen von Tokyo waren damals noch viel bäuerlicher als Tsuchiura. Man kann sich das heute überhaupt nicht mehr vorstellen.

An eine Sache erinnere ich mich noch besonders gut: Ich sollte im Uhrenturm des Tokyo-Bahnhofs einen Raum mit *tatami* auslegen. Der einzige Weg in diesen Raum führte über eine steile Leiter in luftiger Höh' – und ich war ganz allein. Als ich es endlich mit Zittern und Zagen geschafft hatte, die *tatami* hochzuhieven, fand ich nur einen winzigen Raum von zwei *tatami*

Größe vor, in dem nichts als die Turmuhr stand. Der Bahnhof war 1914 eingeweiht worden; aber als ich mit meinen *tatami* dort zu tun hatte – es war 1918 – ist in Marunouchi, auf der Seite des Bahnhofs, wo heute das Geschäftszentrum Tokyos liegt, noch mannshohes Gras gewachsen.

So war das damals. Heute, wo die Bauern den Reis mit Mähdreschern ernten, wird das Stroh klein gehäckselt und weggeworfen. Die Zeiten für gutes *tatami*-Stroh sind vorbei.

Für ein einziges gutes *tatami* brauchte man bis zu achtzig Bündel Stroh, je zwanzig Zentimeter dick. So viel langes Stroh kann man heutzutage nur noch mit viel Mühe beschaffen.

Der Färber

*Herr Sano Hitoshi (*1919)*

Mein Vater hat seine Lehre noch in der großen Färberei »Minatoya« in Manabe am Nordrand von Tsuchiura gemacht. 1895, in dem Jahr, in dem die erste japanische Verfassung in Kraft getreten ist, hat er sich selbständig gemacht. Da er im Januar 1868 geboren ist, dem Jahr der Meiji-Restauration, war er also gerade siebenundzwanzig Jahre alt, als er seine eigene Werkstatt eröffnet hat. Sie steht noch heute.

In der damaligen Zeit hat es eine ganze Anzahl von Färbereien in unserer Gegend gegeben. Da war zum Beispiel die Firma von Hakata Chôsaemon, die als die »Große Färberei« bekannt war und hauptsächlich nur Webgarn färbte. Die Bauern haben dort lediglich ihr Garn färben lassen, gewebt haben sie den Stoff selbst. Für die Färberei hatte das den großen Vorteil, daß sie weniger Platz brauchte und auch arbeiten konnte, wenn es regnete und man nicht im Freien arbeiten konnte. Die »Große Färberei« hatte daher ein beständigeres Geschäft als die anderen, und sie verdiente sehr gut. Dagegen konnten Färbereien wie die unsere bei schlechtem Wetter oder starkem Wind nichts tun. Wir haben uns ständig auf das Wetter hinausgeredet, wenn wir mit einem Auftrag nicht rechtzeitig fertig geworden sind und den Kunden auf übermorgen vertröstet haben. Es gab sogar eine stehende Redewendung, die auf uns Färber gemünzt war: »*kôya no asatte*« (Morgen, morgen, nur nicht heute, sagen alle Färbersleute).

Ich habe mein Handwerk von meinem Vater gelernt. In unserer Werkstatt gab es sechzehn Färbebottiche mit Indigofarbe. Daneben stand eine Reihe von großen, in den Boden eingelassenen Tonkrügen, in denen Holzkohlenfeuer brannten, so daß sich der Boden rund um die Bottiche erwärmte. Auf diese Weise konnte man den Farbstoff auf einer ziemlich konstanten Temperatur halten. Da in unserem Haus ständig Feuer brannte, war die Luft recht rauchig – ja, die Deckenbalken waren ganz schwarz von dem vielen Ruß.

Die schwierigste Aufgabe für den Färber bestand darin, gutes Indigo zu machen. Heutzutage gibt es ja chemische Farbstoffe, mit denen auch ein Laie problemlos umgehen kann. Mit diesen kann man den Farbton auch ziemlich genau bestimmen. Doch zu meiner Zeit mußte man seinen Farbstoff noch selbst durch das Auskochen der Indigo-Blätter herstellen. Abhängig davon wie dunkel die Farbe werden sollte, war das Verfahren etwas unterschiedlich. Aber selbst ein erfahrener Fachmann konnte nicht einfach durch einen Blick auf die Farblösung im Bottich den genauen Ton angeben, der daraus entstehen würde. Es war ein schwieriges Gewerbe. Deshalb konnte man ohne ordentliche Lehre nie ein angesehener Färber werden.

Damals, als ich noch meine Werkstatt betrieb, benutzten wir schon eine deutsche Chemikalie, die »*pure*« hieß. Auf ein Pfund *pure* nahmen wir drei Liter Kalk und ein Pfund Zinkpulver und verrührten das Ganze in warmem Wasser. Jeder Bottich faßte 270 Liter. Brauchte man dunkles Indigo, wie für die *hanten*-Kittel, nahm man die doppelte Menge von allem und ließ es nach dem Verrühren eine Woche stehen. Die Lösung wurde in einem der großen 270-Liter-Bottiche in kochendem Wasser angerührt. Gleichzeitig wurde ein zweiter Bottich mit einer nur halb so kräftigen Farbmischung vorbereitet. In einem dritten Bottich stand eine Mischung bereit, die wiederum nur halb so intensiv war. Als nächstes wurde das *go* gemischt. Zwei Kilo gekochte Sojabohnen ließ man abkühlen, zerstampfte sie in einem Steinmörser zu Brei, verdünnte diesen mit zehn Litern Wasser und preßte einen Teil der Flüssigkeit wieder aus. Dann mußte teerartiges Harz mit einem Knochenleim vermischt werden. Dazu wurde stark harzhaltiges Kiefernholz angebrannt und die verkohlte harzige Schicht abgeschabt. Das Ganze wurde dann in einem irdenen Mörser mit kochendem Knochenleim gründlich vermischt. Da sich beide Stoffe nicht ohne weiteres miteinander verbanden, mußte man mindestens eine Stunde lang kräftig rühren, bis man die richtige geleeartige Konsistenz erreicht hatte. Nachdem man diese Masse so lange mit Wasser verdünnt hatte, bis sie wie Tusche aussah, wurde sie mit der eben beschriebenen Sojabohnenlösung verrührt. Die Mischung aus der schwarzen Masse und der Sojabohnenlösung ergab das, was wir *go* nannten. Bevor man die *hanten*-Kittel in Indigo färben konnte, wurden sie in diese Mixtur getaucht. Indigo für sich hätte keinen vollen gleichmäßigen Farbton ergeben. Deshalb gab man dem Material zuerst mit dieser schwarzen Masse eine Grundierung.

Der Stoff wurde dann im Freien zum Trocknen aufgehängt. Das Trocknen dauerte nicht lange, denn die Sojabohnenlösung beschleunigte den Prozeß. Das *go* für diesen Arbeitsgang hieß »erstes *go*«. Für das zweite *go* wurde die vom »ersten *go*« verbliebene Sojabohnenkleie in zehn Litern Wasser verdünnt und wieder ausgepreßt. Nun wurde eine weitere Lösung hergestellt, indem man vier Liter Wasser mit einem halben Liter Kalklauge mischte. Diese Lösung ließ man ungefähr eine Stunde stehen, bis sich die Lauge gesetzt hatte und das restliche Wasser kristallklar geworden war. Die klare Wasserschicht wurde in das »zweite *go*« abgegossen, wobei sorgfältig darauf zu achten war, daß nichts von dem Bodensatz mit hinein kam: Selbst die geringste Menge davon hätte die zu färbenden Kittel ruiniert.

Anschließend wurden beide Seiten des zu färbenden Materials mit dem »zweiten *go*« bestrichen. Nach diesem Arbeitsgang war nur noch eine einzige Grundierung aufzutragen: Es war ein hellbrauner Farbstoff, *tankawa* genannt, der dem dunklen Blau einen rötlichen Schimmer verlieh. Der Farbstoff bestand überwiegend aus Mangrovenrinde. Er wurde gekocht, verdünnt und auf den Stoff aufgetragen, so daß das aus den beiden *go*-Einfärbungen entstandene Schwarz einen warmen bräunlichen Ton bekam. Damit war der Grundiervorgang abgeschlossen.

Danach ließ man den Stoff drei Tage ruhen, ehe er nun mit Indigo gefärbt wurde. Selbstverständlich konnte man noch am selben Abend färben – man nannte das *iresome* –, wenn es der Kunde eilig hatte, nur dann blich die Farbe bald aus. Normalerweise hielten wir uns jedoch an die Drei-Tage-Regel. Erst dann weichten wir den Stoff in Wasser ein, damit die Indigofarbe gut eindringen konnte. Anschließend hängten wir ihn auf die Leine, klopften das Wasser heraus, bis der Stoff nur noch feucht war und tauchten ihn dann in den Färbebottich. In einen Bottich paßten zwei Ballen von zusammen siebzehn Metern Stoff. Zwei Ballen sind gerade die Menge Stoff, die man für vier kragenlose *hanten* braucht.

Das Material wurde zuerst in die mittelkräftige Farblösung getaucht. Nach diesem Farbbad nahm das Material zunächst eine gelbe Färbung an. Schwenk-

Ein Arbeiter im *hanten*

te man es aber ein paar Minuten in der Luft, erhielt es eine hellblaue Farbe. Nun kam ein weiteres Stück an die Reihe.

In der Zwischenzeit hängte man den Stoff auf eine Trockenleine. Anschließend folgte ein Färbevorgang mit der kräftigsten Indigolösung, was dem Stoff eine dunkelblaue Färbung gab. Erst dann wurde er in das hellste Farbbad getaucht. Wenn man die Stoffe in dieser Reihenfolge mit den drei verschiedenen Indigos färbte, erhielt man den typischen kräftig-blauen Ton, der außerdem absolut farbecht war. Diesen gesamten Färbeprozeß nannte man *undengaeshi*.

Nach einem letzten Farbbad wurde der Stoff auf Bambusstangen an die Luft gehängt. Ungefähr zehn Minuten Abkühlung reichten, um dem Farbton gerade die richtige Qualität zu geben. Danach nahm man den Stoff wieder ab und legte ihn über Nacht in kaltes Wasser. Das Wasserbad befreite das Material von überschüssigen Bindemitteln. Am nächsten Morgen gab man dem Stoff ein Säurebad, womit man das Material von Laugen- und Leimresten reinigte. Hierfür wurde eine Tasse verdünnter Schwefelsäure mit Wasser gemischt und darin der Stoff gründlich ausgespült. Auf diese Weise wusch man die letzten Verunreinigungen aus, mit dem Ergebnis, daß das Indigo jetzt einen kräftig-frischen Farbton erhielt.

Als letzter Arbeitsgang mußte das Material noch in klarem Wasser, und zwar dreimal, gespült werden, damit keine Säurereste haften blieben, die den Stoff zerstört hätten. Der gesamte Färbeprozeß war dann endlich abgeschlossen und wir konnten den Stoff zum Trocknen auf einen Spannrahmen heften.

Was haben wir daran verdient? Nun, aus sechs Ballen Stoff machte man zehn komplette *hanten*, mit Kragen und allem. Bis 1935 verkaufte man einen *hanten* für einen Yen fünfzig. Ein Ballen kräftiger Baumwollstoff kostete damals fünfundfünfzig *Sen*, das heißt sechs Ballen kosteten drei Yen dreißig. Für einen gefärbten *hanten* konnte man mit einem Erlös von einem Yen und siebzehn *Sen* rechnen. Davon mußten Brennmaterial, Färbemittel und sonstige Kosten abgezogen werden – einen Riesengewinn haben wir also nicht gemacht. Außerdem schaffte man an einem Tag nicht mehr als fünf *hanten* –

selbst wenn man sehr flott arbeitete. In diesem Gewerbe war jeder *Sen* hart verdientes Geld.

Da wir sehr stark von der Witterung abhängig waren, war zusätzlich zur harten Arbeit das Wetter unsere größte ständige Sorge. Man brauchte ja allein für die Grundierung schon drei Arbeitsgänge, und jedesmal mußte das Material getrocknet werden. Wenn diese Arbeitsfolgen unterbrochen wurden, wirkte sich das negativ auf das Ergebnis aus. Wurde nämlich die *tankawa*-Färbung nicht am gleichen Tag vorgenommen, drang die Farbe nicht richtig in das Material ein. Noch schlimmer war es, wenn es während der Indigo-Färbung anfing zu regnen. Dann konnte sehr leicht alles verdorben werden. Verstehen Sie, deshalb sorgten sich die Färber dauernd ums Wetter, und deshalb gab es eben die stehende Redewendung: »Morgen, morgen, nur nicht heute ...«

Besonders schlimm war für uns der Winter. Das Wasserbad, in das man den Stoff über Nacht legte, war am nächsten Morgen zugefroren. Man mußte erst die Eisschicht abheben, bevor man den Stoff auswringen konnte. Dabei froren einem fast die Hände ab. Wenn ich meine Finger nicht mehr spürte, klopfte ich die Hände gegen den Brunnenkübel, damit das Blut wieder zirkulierte. Von dem kalten Wasser sind die Hände bald aufgesprungen. Hat man nachher damit ins Säurebad fassen müssen, brannten sie derart, daß es einem die Tränen in die Augen trieb. Aber es hieß damals, wer den Schmerz nicht aushalten kann, wird nie ein richtiger Färber. Man hat also die Zähne zusammengebissen. Wenn man denkt, daß ich diese Arbeit all die Jahrzehnte hindurch gemacht habe!

Heutzutage wird alles maschinell in großen Fabriken gefärbt; die kleinen Färbereien haben alle dichtgemacht. Die paar Zuber, die bei mir noch herumstehen, sind nur noch zur Erinnerung da.

Unter Holzfällern

Herr Sakamoto Hisashi (1904-1981)

Die »Shichibei-*nagaya*« waren Häuser, die dem Großgrundbesitzer Kikuta Shichibei aus Manabe gehörten und am Fluß Sakuragawa bei der Brücke Zenikamebashi standen. Solche Mietsbaracken hatte er überall in der Stadt bauen lassen. Sieben davon hatte mein Vater gemietet und darin eine große Werkstatt für *geta*-Holzpantinen eingerichtet. Schon in normalen Geschäftszeiten hat er mindestens zwanzig Handwerker beschäftigt. Wenn es viel zu tun gab, brauchte er bis zu dreißig Gesellen. Damals haben ja fast alle Leute *geta* getragen, darum haben wir tatsächlich so viele Arbeitskräfte gebraucht. Man konnte mit *geta* noch sehr gut verdienen. Mein Vater hat seine Pantinen per Bahn sogar bis Osaka und Kyûshû geliefert. Da die meisten unserer Gehilfen ja Junggesellen waren und in den von uns gemieteten Häusern wohnten, hatten wir noch drei Mägde für die Küche und zum Waschen angestellt.

Die Gesellen waren fleißige Burschen, die, wenn's sein mußte, auch den ganzen Tag ohne Pause durchgearbeitet haben. Jung wie sie waren, hatten sie trotz der Arbeit noch genug Übermut, so daß ihnen allerlei Unsinn eingefallen ist. Wenn sie der Hafer gestochen hat, haben sie sich auch auf Raufereien eingelassen.

Im Hochsommer haben sie schweißtriefend mit nacktem Oberkörper an der Arbeit gesessen. Dann sind sie gelegentlich zur Kühlung mit den Kindern in den Fluß gesprungen und haben, nur im *fundoshi*, dem Lendentuch, mit ihnen herumgetobt oder sind von der Brücke aus ins Wasser gesprungen. Ich war achtzehn, als mein Vater die Werkstatt an die Stelle verlegt hat, wo sie heute steht. Es war ein bißchen weiter weg, aber immer noch in der Nähe vom Sakuragawa. Auch dann noch sind die Gesellen nach der Arbeit zum Waschen an den Fluß gegangen, bevor sie zum Abendessen gekommen sind.

Ich war für den Einkauf von Holz zuständig und hab' deshalb kaum selbst *geta* gemacht. Für *geta* nahm man Paulownienholz*. Einen Teil dessen, was wir

---

* Paulownie (*paulownia tomentosa*), jap. *kiri*, die kaiserliche Paulownie, auch Kaiserbaum. Das Holz besitzt mehrere nützliche Eigenschaften: es ist sehr leicht, gilt als feuerbeständiger als andere Holzarten, und es wirkt zu Möbelstücken verarbeitet ausgleichend gegen Schwankungen der Leuchtfeuchtigkeit.

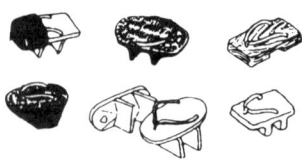

Verschiedene *geta*

brauchten, ließen wir aus unserer eigenen Gegend von Tsuchiura liefern, aber meistens mußte ich noch in die weit nördlich gelegenen Gegenden fahren – bis Aizu in der Präfektur Fukushima oder bis Nanbu und Akita. Dort oben ist es wesentlich kälter. In dem rauheren Klima wächst besseres Holz, als was wir hier haben. Ich hab' aber gehört, daß es heute auch in Aizu schon nicht mehr genug davon gibt. Es wird jetzt aus anderen Gebieten dorthin geliefert und als Aizu-Paulownie verkauft. Zu meiner Zeit hat's aber noch genug hervorragendes Holz gegeben, und wer bares Geld auf den Tisch gelegt hat, konnte so viel davon kaufen, wie er nur wollte.

Während bei uns die Paulownienbäume in der Ebene wuchsen und bequem geschlagen werden konnten, waren die Wälder von Aizu nur schwer zugänglich, weil es dort sehr bergig war. Außerdem waren sie fast undurchdringlich und stark durchmischt mit Zedern, Kiefern und allen möglichen sonstigen Arten. Die richtigen Bäume zu suchen, war also nicht ganz einfach. Ich hab' mir's aber nie nehmen lassen, selbst mit den Besitzern in den Wald zu gehen und die Bäume auszusuchen. Wenn ich mich für einen Baum entschieden hatte, hab' ich mit dem Besitzer erst mal eine Zeitlang gefeilscht und dann den ausgehandelten Preis bar auf die Hand bezahlt. Manchmal hab' ich nur einen einzigen Baum aus jedem Waldstück gekauft, manchmal mehrere auf einmal, besonders dann, wenn sie mehr als einen halben Meter oder gar einen ganzen Meter dick waren. Heutzutage findet man solche Bäume in ganz Japan kaum noch.

Ausgewählt haben wir im Sommer, gefällt wurde aber erst im Winter. Dann konnte man nämlich die dicken Baumstämme mit Schlitten von den Bergen abfahren; außerdem dämpft der tiefe Schnee den Aufprall der gefällten Bäume, was die Gefahr des Holzsplitterns verringert.

Ich bin natürlich selbst auch mit zum Holzfällen gegangen. Die besten Bäume standen tief in den Bergen bei Okutadami, weit hinter Aizu. Der Haken war nur, daß der Weg dahin schwierig war. Und wenn ich endlich da gewesen bin, konnte es sein, daß uns plötzlich ein Schneesturm von der Arbeit abgehalten hat. Dann saß ich mit meinen Holzfällern tagelang in einem Gasthaus fest, und wir mußten uns mit Trinken und Plaudern die Zeit vertreiben. Es waren gute Leute, ehrliche und fleißige Arbeiter. Sie haben vor keiner Arbeit zurückgescheut und sehr zuverlässig genau alles so gemacht, wie man's haben wollte.

Es war harte Arbeit, das dürfen Sie mir glauben. Bevor man einen Baum fällen konnte, mußte man den Stamm erst aus dem Schnee freischaufeln. Hätte man den Baum dort abgeschnitten, wo er aus dem Schnee herausragte, wäre bei dem zwei bis drei Meter hohen Schnee der beste Teil des Stamms stehen geblieben. Die Männer haben also zuerst ein Loch von der Größe eines kleineren Zimmers in den Schnee graben müssen. Das alleine hat schon gute zwei bis drei Stunden gedauert.

Wenn die Holzfäller damit fertig waren, haben sie unten im Schneeloch ein Feuer angezündet und sich erst mal mit etwas *kasutori-shôchû*, aus Sake-Trebern gebranntem Schnaps, aufgewärmt. Für mich ist das der beste Schnaps, den es gibt, ganz besonders für draußen im Schnee. Er hat einem so richtig eingeheizt. Ein paar Becher davon und die Männer waren in der richtigen Verfassung, einem der mächtigen Bäume zu Leibe zu rücken.

Einen dicken Baum zu fällen, brauchte schon seine Zeit – besonders die Paulownie im Norden, die härter war als in wärmeren Gegenden. Aber nach ein, zwei Stunden war es meistens geschafft. Dann ist man weiter in den Wald hineingestapft zum nächsten Baum. Man hat wieder ein Loch geschaufelt und einen zweiten Baum gefällt – es ist klar, daß wir unter solchen Umständen nicht mehr als zwei Bäume am Tag geschafft haben.

Der Schnee war aber wenigstens gut für die Holzabfuhr. Dazu hatten wir eigens einen Schlittenmann. Sein Fahrzeug bestand nur aus einem großen Brett mit einem Paar Kufen darunter, aber er ist damit die steilsten Hänge durch den Wald hinuntergefahren bis direkt vor das Frachtdepot am Bahnhof.

Manchmal bin ich sogar bis hoch in den Norden nach Akita gezogen. Bei den schlechten Verkehrsverbindungen dorthin war es eine recht anstrengende Reise. Von solch einer Reise war ich vor zwei Wochen nicht zurück. Das *geta*-Geschäft lief damals ja noch recht gut, und man hätte fast alles verkaufen können. Wir hatten aber den Ehrgeiz, möglichst gute Ware herzustellen – und dazu wollten wir nur das beste Holz verwenden. Dafür bin ich dann auch bis in die entlegensten Gegenden und in den tiefsten Wald gegangen. Bei solchen Reisen hab' ich gleichzeitig nach »Rohlingen« Ausschau gehalten. Das war bereits für die Weiterverarbeitung zugeschnittenes Paulownienholz, das unsere Pantinenschnitzer sofort verwenden konnten. Der Einkauf von »Rohlingen« war ein Geschäft, bei dem es auf den persönlichen Kontakt mit den Händlern ankam. Darum bin ich mit solch einem Händler erst einmal in ein *onsen*, einen Badeort mit heißen Quellen, gegangen, zum Beispiel nach Higashiyama, wo wir uns nach einem dampfenden Bad ein paar Becher Sake genehmigt haben, bevor wir mit dem ernsthaften Verhandeln begonnen haben. Von außen haben wir vielleicht wie zwei Kumpel auf Urlaub ausgesehen, aber in Wirklichkeit ist's um viel Geld gegangen. Da konnten beim Verhandeln schon mal die Funken fliegen. Trotzdem, es hat jeder genau gewußt, daß langfristige Geschäftsbeziehungen auf dem Spiel standen und deshalb hat keiner irgendwelche Tricks versucht. Wenn wir endlich handelseinig gewesen sind, haben wir den Rest des Abends vertrunken …

Ich bin seit dem Krieg nicht mehr in Aizu gewesen. Ich hätte große Lust, mal wieder hinzufahren. Wahrscheinlich würde ich's nicht wiedererkennen. *Geta* werden ja kaum mehr getragen, und vielleicht sind die Wälder auch schon verschwunden. Ich hätte Angst, daß ich enttäuscht sein könnte …

Der Tischlermeister

Herr Umehara Kaoru (*1913)

Es ist schon an die vierzig Jahre her, seit ich hierher nach Ami am See gezogen bin. Aber geboren bin ich in Isohama, ein Stück weiter die Küste hoch in Richtung Mito. Das gehört zwar streng genommen nicht mehr in das Gebiet von Tsuchiura, aber wenn's recht ist, erzähl' ich trotzdem ein wenig über das Leben in dem Fischerstädtchen dort und anschließend über meinen eigenen Beruf.

Unsere Familie hat drei Generationen lang ein *soba*-Gasthaus, ein kleines Restaurant für Nudelsuppen, betrieben. Unser Geschäft war mitten im Rotlichtviertel von Isohama. Mindestens dreißig Freudenhäuser hat's in dem Viertel gegeben, das sich an der Küste entlang hingezogen hat. Isohama hat auch ein Viertel mit Geisha-Häusern gehabt, aber das war nicht bei uns in der Nähe. Die Kundschaft in unserem *soba*-Laden waren hauptsächlich die Freudenmädchen und ihre Freier. Damals stammten die meisten solcher Frauen aus armen Bauernfamilien, die ihre Kinder an die Bordelle verkauft hatten. Jedes Bordell hat ungefähr vier oder fünf Prostituierte beschäftigt; ihre Kunden waren hauptsächlich die Fischer.

Die Art, wie die Fischer damals gelebt haben, war so anders als die von Fischern heutzutage, daß Sie vielleicht glauben, ich übertreibe – aber es war wirklich so, wie ich's erzähle. Im Sommer sind die Fischer splitternackt herumgelaufen – ohne *fundoshi* oder was ähnliches. Sie hatten sogar die Gewohnheit, die Vorhaut vorzuziehen und mit einem Stück Stroh zuzubinden. Wirklich, sie haben wunderlicher ausgesehen als Buschmänner, wie man sie manchmal in Filmen sieht. Pudelnackt, wie sie waren, sind sie überall hingegangen. Selbstverständlich haben sie bei der Arbeit auf ihren Booten und mit den Schleppnetzen auch nicht mehr angehabt. Daß Frauen beim Einholen der Netze mitgeholfen haben, hat niemand gestört. Die älteren Frauen waren ja fast genauso nackt wie die Männer. Nur die jüngeren hatten eine Art Hüfttuch um, und manche vielleicht sogar noch ein Unterhemd an.

Armselig wie die Bekleidung waren die Behausungen. Die wenigstens Häuser hatten ein Strohdach oder gar Dachziegel; sie waren nur mit Baumrinde gedeckt, mit ein paar Steinen drauf. So ein Haus hat nur aus einem einzigen

Raum bestanden, und *tatami* darin hat als Luxus gegolten; so etwas war weit über dem Durchschnitt. Das Normale war, daß der Raum mit einer rauhen Bastmatte ausgelegt war. In dem einzigen Raum hat die ganze Familie geschlafen. Sobald ein Fischer Bargeld in die Hand bekommen hat, ist er damit sofort Trinken gegangen und hat es bei Frauen und Glücksspiel verjubelt. Sehen Sie, das Leben war kurz, drum hat man nur an den Augenblick gedacht. Die Einstellung war: In einem Boot ist zwischen dir und dem Abgrund nur eine dünne Planke. Drum mach' aus dem bißchen Leben so viel du kannst.

Das Ufer vor unserem Haus war bis weit ins Meer hinaus ganz flach. Ich hab' oft dort gestanden und beim Ausladen der Bonito-Fische zugeschaut. Da die Küste so flach war, konnten die größeren Schiffe nicht in den Hafen hineinfahren. Ihre Ladung hat auf Leichter umgeladen werden müssen. Zu meiner Zeit hat's ja noch soviel Bonito gegeben, daß man sie in großen Schwärmen hat herumschwimmen sehen, und man hat fast immer prallvolle Netze eingebracht. Trotzdem sind die Fischer nicht reich geworden. Es hat ja kein Eis zum Einlagern gegeben, drum hab'n sie den ganzen Fang schnell und in einem kleinen Gebiet verkaufen müssen. Fischerfamilien waren arme Leut'.

Die Kinder haben weder Lesen noch Schreiben gelernt; sie haben den ganzen Tag nur am Strand gespielt. Wenn die Buben die Boote reinfahren gesehen haben, sind sie ihnen entgegengeschwommen und haben darum gebettelt, daß sie mitfahren durften. Jeder hat ja jeden gekannt, drum ist es ihnen nie abgeschlagen worden. Wenn sie eine Zeitlang auf dem Boot im Weg gestanden hatten, haben ihnen die Fischer einen Fisch mitgegeben und gesagt, daß sie jetzt abhauen sollten. Ich hab' oft zugeschaut, wie die Bengel wieder ins Wasser gesprungen sind, jeder mit einem Riesenfisch auf dem Rücken.

Mit sechzehn bin ich aus dem Haus gegangen. Mein Vater hat zwar gewollt, daß ich einmal das Geschäft übernehmen solle und hat mich immer zum Aushelfen in sein *soba*-Restaurant geholt. Ich hab' aber andere Flausen im Kopf gehabt. Ich hab' nämlich immer gern herumgebastelt und hab' vielleicht sogar Talent für Holzbasteleien gehabt. Jedenfalls hab' ich von klein auf Schreiner werden wollen. Wie gesagt, mein Vater hat andere Pläne gehabt und deshalb

Umehara Kaoru

ist's für mich zu Haus immer schwieriger geworden. Als erstes bin ich in eine große Möbelschreinerei in Yokohama gegangen, nicht weit vom Nanking-Viertel. In der Schreinerei waren ungefähr zehn Gesellen und drei Dienstmädchen beschäftigt. Ich für meinen Teil kann über diese Firma kein einziges gutes Wort sagen. Man hat mich nämlich vom ersten Tag an immer nur die gleiche Arbeit machen lassen: Möbel ausliefern. Ich hab' dort ungefähr 1929 oder 1930 als Lehrling angefangen. Es hat damals schon die ersten Autos gegeben. Trotzdem sind die Möbel noch per Handkarren oder Pferdefuhrwerk zum Kunden gebracht worden. Bis ich mit meiner Ladung auf die Hauptstraße hinauskam, drängten sich dort schon all die anderen Wagen; ich war nur einer unter vielen.

Ich wollte ja eigentlich etwas lernen und hab' mich beeilt, daß ich so schnell wie möglich wieder von meinem Auftrag zurück war. Aber kaum war ich in der Werkstatt angekommen, bin ich nur schon wieder losgeschickt worden. Und wenn ich wirklich mal ein paar Minuten gehabt hätte, etwas anderes zu tun, hab' ich nur den Gesellen zuschauen können, nie selber etwas ausprobieren dürfen. Ich weiß noch gut, wie ich einmal nach einem solchen Tag hundemüde zurückgekommen bin und mich zu einem Gesellen hingesetzt hab', um ihm etwas abzuschauen. Da hat er mich, ohne vorher ein Wort zu sagen, auf einmal mit seinem Zollstock kräftig auf die Schulter gehauen und gesagt: »Du glaubst wohl, du kannst dich hier hinlümmeln und zuschauen, was?« Also bin ich aufgestanden. Aber da hab' ich schon wieder einen Puffer gekriegt: »Du brauchst auch nicht rumstehen und Maulaffen feil halten«, hat er wieder geschimpft, »hock dich hin!« Er war wirklich gemein zu mir. Weil ich aber auch ganz schön hitzköpfig bin, hab' ich mir nichts gefallen lassen und gemault: »Jetzt reicht's mir aber. Ich hör' auf. In diesem Laden lernt man ja in hundert Jahren nichts Richtiges«, und bin auf der Stelle gegangen. Danach hab' ich in einer Möbelwerkstatt in Kawasaki angefangen. Ich bin aufs Geratewohl und ohne Empfehlung dorthin gegangen – der Chef hat mich sofort genommen. Ihm scheint grad meine Nase gefallen zu haben. Zur Probe hat man mich etwas Einfaches machen lassen. Als sie gesehen haben, daß ich meine Sache

ordentlich gemacht hatte, haben sie gemeint: »Du scheinst ganz gut zu sein.«
Und damit war ich angestellt.

Zuerst hab' ich gelernt, wie man das Holz zuschneidet. Die Kunst war, daß
man nur exakt so viel abgesägt hat, wie man gerade brauchte und nicht einen
Zentimeter verschwendete. Wichtig war auch, daß man nach der Maserung
arbeitete. Bäume sind Lebewesen, und jedes Holz hat seine eigene Härte,
Form und Maserung. Wenn man die besondere Qualität eines jeden Stücks
nicht einschätzen kann, bevor man mit der Arbeit anfängt, verpfuscht man
alles. Man ist zwar nicht der allmächtige Gott und kann es darum nie ganz
vermeiden, daß es Abfall gibt. Aber wenn man sich's vornimmt, daß man nichts
verschwenden will, wird man nach und nach immer besser im Zuschneiden.

Anschließend hat man mir gezeigt, wie *amado*-Regenverschläge gemacht
werden. Mein Chef sagte: »Ich will dir gern was zeigen, aber ich sag' dir nur
einmal was. Also aufgepaßt!« Ich hab' mich bedankt und mir vorgenommen,
mir alles aufs erste Mal zu merken. Ich hab' aufgepaßt wie ein Luchs, mir
gemerkt, was er erklärt hat und am Abend alles in meiner unbeholfenen Schrift
in mein Notizbuch eingetragen. Vor dem Einschlafen bin ich im Kopf noch
einmal alle Handgriffe durchgegangen und hab' mir eine geistige Notiz
gemacht, an welchen Stellen man besonders aufpassen muß. Ich hab' wahrscheinlich noch davon geträumt. Am nächsten Tag hab' ich gesehen, daß ich's
wirklich schon ganz alleine konnte. Es war das erste Mal, daß ich etwas ganz
ohne Hilfe gemacht hatte, wenn es vielleicht auch noch nicht ganz perfekt war.
Ich hatte aber schon in Yokohama gut aufgepaßt – so weit sie mich gelassen
haben – und mir auch jetzt gut gemerkt, was mir der Chef erklärt hatte, deshalb ist es schon ziemlich gut gegangen. Bald hab' ich auch schwerere Sachen
machen dürfen, wie *shôji*-Schiebetüren, Eingangstüren und kompliziertere
Holzgittertüren.

Es gibt bei dergleichen Arbeit zwangsläufig allerlei Hürden, aber wichtig ist,
daß man möglichst schnell sein Werkzeug kennenlernt. Unter hundert Sägen
zum Beispiel sind keine zwei ganz gleich. Jede ist irgendwie anders: in welchem Winkel die Zähne stehen und wie sie gefeilt sind, der Abstand dazwi-

schen, wie flexibel das Blatt ist und so weiter. Man muß auch sofort spüren, wie das Werkzeug in der Hand liegt.

Nicht oft gelingt einem das gleich perfekte Stück zweimal. Nehmen wir zum Beispiel *shôji*. Ich muß zugeben, daß ich in all den Jahren kaum zwei Paar vorzeigen kann, mit denen ich restlos zufrieden bin. Man möcht's kaum glauben, aber es ist fast unmöglich, einen Satz von vier *shôji* zu bauen, die völlig ohne Fehl sind.

Ich will mal wenigstens eine der Schwierigkeiten beschreiben – den traditionellen Holzrahmen (heutzutage sind sie einfacher konstruiert). Man muß dafür einige Dutzend Rahmenhölzer auf Länge schneiden. Alles in allem gibt's an einer Tür schätzungsweise dreihundert Verbindungen, die beim Zusammenstecken der Verstrebungen auf den Millimeter genau passen müssen. Sind sie zu knapp, bricht das Holz aus, zu locker, klappert der Rahmen. Man hat fast immer drei oder vier Stellen, die irgendwie nicht exakt sind. Ein kleiner Tupfer mit dem Hammer richtet's zwar meistens, aber später kann das Holz an dieser Stelle ausbrechen. Nur ein kleiner Fehler, und das Ganze ist Pfusch.

Immerhin gab's ein paar wirklich tüchtige Schreiner, die's verdient haben, daß man sie Meister nannte. Ein Onkel von mir zum Beispiel war ein solcher. Er hat in Tokyo gearbeitet. Ich erinnere mich an eine Holzgittertür von ihm – ein herrliches Meisterwerk. Das Holz war auf beiden Seiten mit Bambusrinde beklebt; der Rahmen bestand aus hunderten von hölzernen Gitterstäbchen, die alle perfekt saßen und nicht das geringste Spiel hatten. Damals gab's noch keinen Kunstleim. Mein Onkel hat die dünne Bambusrinde mit einem selbst angerührten Kleister aufgeklebt. Dazu hat er Weizenmehl mit Lack verrührt, was sehr gut hält. Normaler Tischlerleim wäre abgebröckelt, wenn die Tür einen Stoß bekommen hätte. Es war schon eine hervorragende Arbeit, wie er die beiden Materialien in einem eleganten Netz von Stäbchen miteinander verbunden hat. Ich glaube nicht, daß es noch viele Handwerker gibt, die so etwas könnten.

Schreiner arbeiten mit Holz ganz anders als Zimmerleute. Die Zimmerleute markieren ihr Holz an den Schnittstellen mit Tusche. In meiner Sparte würden wir mit solch dicken Strichen nicht weit kommen. Wir ritzen das Holz mit einem sehr scharfen Messer, einem *keshiki* an. Selbst dabei darf man die Innen- und Außenkante nicht miteinander verwechseln, sondern muß an der richtigen Seite entlang sägen, sonst ist die ganze Arbeit umsonst. Nur so viel als Beispiel dafür, mit welcher Genauigkeit wir arbeiten müssen. Die Sägen, die wir für unsere Präzisionsarbeit benutzen, heißen *dôtsuki*, Spezialsägen mit fünfund-dreißig Zähnen auf einem Zoll. Wir haben uns damals manchmal einen Spaß erlaubt, um zu zeigen, wie fein wir mit unserem Werkzeug arbeiten können. Damals hat man zum Schlafen noch eine Kopfstütze aus Holz benutzt. Der Trick ist nun gewesen, sich in den Schlafraum zu schleichen und dem Schläfer unter dem Kopf die Stütze auf halber Höhe durchzusägen, ohne daß er etwas davon gemerkt hat. Ich hab's selbst auch ein paarmal gemacht.

Nach vier Lehrjahren in der Schreinerei bin ich wieder auf den Gedanken gekommen, mich weiter umzuschauen. »Wenn ich in dieser Werkstatt bleib', lern' ich nur Türen und Fenster machen«, hab' ich mir gesagt, »ich möcht' aber auch Kommoden und andere Möbel machen.« Also hab' ich gekündigt, bin in meine Heimat zurückgegangen und hab' bei einem Tischler angefangen.

Dort hab' ich erst noch mal richtig was gelernt. Ich will Sie nicht langwei-len, deshalb erzähl' ich nur ein paar Einzelheiten über die Tischlerei. Nehmen wir zum Beispiel *tansu*, die japanischen Kommoden. Heutzutage nimmt man nur noch für die Vorderseite Paulownienholz, und selbst das ist heute nur mehr Furnier. Zu meiner Zeit war das ganze Möbelstück aus Paulownie. Pau-lownienbäume werden in der Regel nicht sehr groß. Aber selbst wenn man ausnahmsweise einen dickeren Stamm bekommt, kann man ihn nicht einfach in breite Bretter zersägen wie vielleicht eine Zeder oder Kiefer, weil sich das relativ leichte Holz verzieht. Nach dem Abschälen der Rinde hat man aus dem Stamm Bretter von nicht ganz einem Zoll Dicke gesägt und diese miteinander verleimt. Wenn man die Maserung der einzelnen Teile sorgfältig aufeinander abgestimmt hat, konnte man eine sechs Zoll tiefe Schublade machen, die wie aus einem einzigen Stück gemacht aussah, obwohl sie aus sechs oder sieben

Anfertigung einer *shôji*-Schiebetür

Teilen bestand. Wir haben dafür einen Reiskleister verwendet. Da solch ein Leim aber ziemlich schwach war, haben wir Holzzapfen eingesetzt. Dafür nahmen wir das Holz der Deutzie (*deutzia scabra*), das wir gekocht haben, damit es nicht faulte. Für eine einzige Kommode hat man über eintausend Zapfen in unterschiedlichen Längen von einem bis zu dreieinhalb Zoll gebraucht.

Die Profis haben oft gesagt: »Was ein richtiger Tischler ist, der kann ein Ein-Zoll-Brett auf einen Zoll abhobeln.« Das klingt natürlich paradox. Selbstverständlich könnte man das nicht tun, wenn ein Brett wirklich einen Zoll dick wäre. Aber das, was die Holzhändler als Ein-Zoll-Bretter lieferten, hatte gerade einen halben Millimeter mehr. Die Geschicklichkeitsprüfung für einen guten Tischler war nicht, ob er diesen halben Millimeter exakt von einem Brett abhobeln konnte – das wäre einfach gewesen, sondern ob er das bei fünfzig oder sechzig Stück hintereinander mit der gleichen Genauigkeit konnte.

Eine Kommode, die vollständig aus solchen Ein-Zoll-Brettern gebaut ist, ist wirklich ein schönes Stück Möbel. Man findet nicht viele davon, denn oft ist die Innenverarbeitung enttäuschend schlampig. Wenn man sich den Boden einer Schublade genau ansieht und auf die Verbindungen mit den Seiten achtet, stellt man fest, daß das Brett vorne das volle Maß von einem Zoll hat, während ab der Mitte nach hinten zu dünnere Bretter mit nur noch einem dreiviertel oder halben Zoll angeleimt sind. Man hat damit nicht etwa den Kunden prellen und die Kosten senken wollen, sondern das ist einfach Pfusch. Sogar unter den guten Kommoden konnte je nach dem Holz die Qualität sehr unterschiedlich sein. Ich könnt' über solche Feinheiten noch stundenlang weitererzählen – es würde kein Ende nehmen.

Nur noch einen Tip für Leute, die ein gutes Stück suchen: Ziehen Sie mal alle Schubladen aus der Kommode heraus, drehen Sie sie um und schieben Sie sie wieder hinein. Wenn sie dann genau so leichtgängig sind, haben Sie ein gutes Stück vor sich. Sehen Sie, Paulownie ist ein sehr weiches Holz. Hat der Tischler nur bei drei oder vier von den über tausend Zapfen ein bißchen mit dem Hammer nachgeholfen, macht sich das nachher bemerkbar und die eine oder andere Schublade klemmt.

Wie gesagt, man kann ein ganzes Leben lang tischlern und nie ein Werkstück zustandebringen, mit dem man völlig zufrieden ist. Eine saubere Handwerksarbeit ist nicht einfach.

GEWERBETREIBENDE UND GESCHÄFTSLEUTE

Tôfu-Händler

Einkaufen per Rikscha

Frau Hirose Fumiko (1903-1990)

Wir wohnten in Fujisawa, etwa fünf Kilometer nordwestlich von Tsuchiura. Dorthin ging meine Großmutter gerne zum Einkaufen, besonders wenn es Sonderangebote gab. Dann nahm sie mich oft mit. Auf dem Hinweg wanderten wir meist zu Fuß, den Fluß Sakuragawa entlang; auf dem Rückweg nahmen wir normalerweise eine Rikscha. Manchmal fuhren wir mit dem »To-Te Pferdebus«, der aber leider sehr unregelmäßig ging. Die Haltestelle war, wenn ich mich nicht täusche, am Schrein von Fujisawa, wo ein kleiner Süßwarenladen war und man Limonade und *tokoroten*, eine Art Gelatine aus Meeresalgen, kaufen konnte. Die Leute benutzten den Laden als Wartesaal für den Bus. Auch meine Großmutter und ich warteten dort, manchmal eine Stunde oder länger. Man konnte in der Zwischenzeit nichts tun, als die staubige, in der Sonnenhitze liegende Straße zu betrachten. Davon wurde ich immer schrecklich durstig, so daß ich meistens Großmutter darum anbettelte, mir eine Limonade zu kaufen. Getränke waren damals in solchen Geschäften natürlich nicht gekühlt, auch gab es keine Eiswürfel dazu. Lauwarm, wie die Limonade daher war, kam sie mir trotzdem ganz herrlich vor und das prickelnde Gefühl, wie sie mir die Kehle hinunterrann, meine ich noch heute ganz deutlich zu spüren.

So ein Pferdebus hatte Platz für ungefähr acht Personen. Die Straße nach Tsuchiura war furchtbar holprig und ausgefahren, besonders nach starkem Regen, und man wurde im Wagen ganz erbärmlich durchgerüttelt. Die Straße hatte solch große Schlaglöcher, daß man, während man ganz ahnungslos und zufrieden dahinfuhr, plötzlich regelrecht hochgeschleudert wurde und sich dadurch fast den Kopf an der Wagendecke anschlug. Das Stück von Fujisawa bis Manabe ging quer durch die Berge und war so eng und dunkel, daß es dort selbst an sonnigen Tagen geradezu finster war. Der Kiefernwald schien endlos und man erzählte, daß früher an dieser einsamen Stelle Reisende oft von Straßenräubern überfallen worden seien.

Als man 1918 die Tsukuba-Bahn* eröffnete, wurde der »To-Te Pferdebus« eingestellt. Doch auch die Eisenbahn, so weit ich sie in Erinnerung habe, war

---

* Die Tsukuba-Bahn fuhr von Tsuchiura über Tsukuba bis Iwase auf einer Strecke von etwa vierzig Kilometern. 1987 wurde sie stillgelegt.

ziemlich gemütlich. Ich weiß noch gut, wie ich einmal nach Tsuchiura zur Nähschule unterwegs war und ich noch ein ganzes Stück vom Bahnhof Fujisawa entfernt daherspazierte, als der Zug schon einlief. Wie ich anfing zu rennen und mich der Bahnhofsvorsteher kommen sah, rief er mir zu: »Wo willst du hin?« »Nach Manabe«, schrie ich zurück. »Lauf du direkt zum Zug, ich hol' dir die Fahrkarte und halte den Zug so lange auf«, gab er mir zu verstehen. Ich rannte direkt den Bahndamm entlang, der Zug wartete, bis ich ihn erreicht hatte, einer der Passagiere zog mich hinein, und ab fuhr der Zug. Der Schaffner brachte mir nachher die Fahrkarte ins Abteil. Bezahlen brauchte ich sie erst auf dem Rückweg am Bahnhofsschalter.

Unsere Kleidung kauften wir fast ausschließlich bei »Daitoku«. Textiliengeschäfte waren damals alle noch mit *tatami* ausgelegt, deshalb ließ man die Schuhe im Eingang stehen, bevor man ganz eintrat. Ein Verkäufer empfing die Kundschaft und ließ von den Ladenjungen die Kimono-Stoffe holen, die er geduldig alle vor dem Kunden ausbreitete. »Das ist es nicht. Das auch nicht«, so ging es stundenlang fort. Der Kunde konnte sich ungeniert das gesamte Angebot zeigen lassen. Stadtleute verhielten sich vielleicht anders, aber die Frauen vom Land, wie meine Großmutter, gingen mit der Absicht in die Stadt, den ganzen Tag dort zu verbringen. Deshalb kümmerte es sie nicht im geringsten, wie viel Zeit sie zum Einkaufen brauchten. Die Verkäufer hatten ebenfalls keine Eile und so, statt sich über den trödelnden Kunden zu ärgern, waren sie ganz im Gegenteil äußerst zuvorkommend und zeigten bereitwilligst die ganze Ware, die auf Lager war. Hatte sich Großmutter endlich entschieden, zählte der Verkäufer mit seinem Abakus alles zusammen und stellte die Rechnung aus. Meine Großmutter ging dann über die Straße zur »Gojû-Bank«, um die entsprechende Summe abzuheben.

Bis Großmutter bezahlt hatte, war der Mittag meist vorbei, und so wurde sie auf Kosten von »Daitoku« zum Essen eingeladen. Serviert wurde in einem Hinterzimmer. Wenn eine Verkaufsaktion mit Sonderangeboten lief, war nicht nur das Hinterzimmer voller Gäste, sondern auch der Laden selbst, und die Dienstmädchen hatten alle Hände voll zu tun, daß sie sogar im Winter richtig ins Schwitzen kamen. Bei derart vielen Gästen zum Mittagessen hat das »Daitoku« an einem Tag mindestens drei Säcke Reis verbraucht.

Nach dem Essen gingen wir nicht etwa gleich nach Hause, sondern schauten uns weiter im Geschäft um. War der Nachmittag glücklich ebenfalls vorbei, bestellte uns »Daitoku« eine Rikscha, die uns nach Fujisawa zurückbrachte. Meist brauchten wir sogar zwei oder drei Gefährte, damit wir alles, was Großmutter eingekauft hatte, nach Hause schaffen konnten. Die Fahrt war daher nicht gerade billig. Weil Großmutter immer eine Menge Pakete mit nach Hause brachte, glaube ich, daß unsere Familie ziemlich wohlhabend gewesen sein muß. Wenn meine Mutter auch mit in die Stadt fuhr, machte sie gern den Scherz: »Heute brauchen wir uns um Geld keine Gedanken zu machen. Wir haben den Finanzminister dabei!«

Die Rikschas fuhren immer den Sakuragawa entlang. Sobald die Sonne unterging, und es dunkel zu werden begann, zündeten die Läufer ihre an langen Stangen befestigten Laternen an. Die Lichter baumelten über den Rikschas hin und her, während wir dahinrollten, was sehr romantisch aussah. An Sommerabenden wurden wir von Schwärmen von Glühwürmchen begleitet, und in den Reisfeldern quakten die Frösche. Wenn unsere Rikschas näherkamen, unterbrachen sie kurz ihr Konzert, setzten es aber augenblicklich wieder fort, sobald wir vorbei waren. Es war ein wunderschönes Gefühl, beim gleichmäßigen leisen Stampfen der trabenden Rikschafahrer auf dem weichen nächtlichen Uferweg und mit dem Mond über den fernen Bergen so ruhig dahinzurollen.

Die Textilienhandlung »Daitoku«

Herr Ogata Masao, Bruder (1912-1986)
*Frau Murase Utako, Schwester (*1906)*

Ogata Masao: Ogata Kazuma, der Gründer des Kaufhauses »Daitoku«, war offenbar der Sohn eines Priesters vom Schrein Katori-Jingû. Ich habe nie erfahren, wieso es ihn, den Sohn eines Shintô-Priesters, nach Tsuchiura verschlagen hatte. Belegt ist aber, daß er hier seine Karriere bei einem berühmten Sojasoßenhersteller, einem Hoflieferanten des Shôgun, begann. In dieser Firma arbeitete er sich zum ersten der Angestellten hoch und gründete schließlich 1763 sein eigenes Geschäft.

Murase Utako: Richtig groß wurde das »Daitoku« aber doch erst in der dritten Generation, nicht?

Masao: Stimmt. Der damalige Inhaber stammte aus Ishioka und war in unsere Familie adoptiert worden, als er die älteste Tochter heiratete. In unserer Familie war es immer Tradition, daß der oder die Älteste das Familienerbe übernimmt. Wenn es eine Tochter war, führte ihr Mann das Geschäft. Der zweite, dritte, vierte und auch der fünfte Inhaber haben alle in unsere Familie eingeheiratet und sind, wie üblich, als Ehemann der ältesten Tochter in unsere Familie adoptiert worden. Bei unserer Mutter war es zum ersten Mal in zweihundert Jahren umgekehrt. Sie ist als Braut in unsere Familie hereingekommen. Jedenfalls war es dieser dritte Inhaber, Ogata Tokuhei, der als erster alle seine Leinen- und Seidenstoffe aus Tokyo kommen ließ. Die Ware wurde in *takase*-Booten auf dem Fluß nach Tsuchiura befördert. Es war aber Ende 1865, als er sich erst wirklich einen Namen machte. Im Stadtteil Nakajô war ein großes Feuer ausgebrochen, das fast alle Häuser, einschließlich dem unseren, vernichtete. Zufällig hatte sich aber Tokuhei gerade vorgenommen gehabt, für seine Eltern drüben in Ishioka ein Haus zu bauen. Die Balken und Bretter lagen schon fertig zugeschnitten bereit. Nach dem Brand war natürlich das Geschäft wichtiger als das Haus für die Eltern. Deshalb ließ Tokuhei sofort das ganze Baumaterial nach Nakajô bringen, so daß innerhalb von drei Tagen das neue Geschäft dastand. Schon vier Tage nach der Brandkatastrophe konnte er zur Überraschung aller Leute das neue »Daitoku« mit einer großen Verkaufsaktion eröffnen. Die Waren hierfür hatte er glücklicherweise im alten, 1842 erbauten *kura*, dem Lagerhaus, vorrätig, das den Brand heil überstanden hatte.

Utako: Weißt du, als ich klein war, sah das Geschäft gerade aus wie die Häuser, die man in den historisierenden Filmen über das 18. Jahrhundert sieht. An der Frontseite waren *amado*, die nachts vor die *shôji*, die mit Papier bespannten Fenster, vorgezogen wurden. Der Eingang bestand aus gestampfter Erde und war volle zwölf Fuß breit. Nachts wurde zwischen dem Eingangsraum und den Innenräumen des Geschäfts eine solide Holztrennwand von der Decke heruntergelassen, so daß das Innere vollkommen gegen Feuer und Einbruch gesichert war. Das Geschäft hatte zwei Räume. Vom Eingang aus gesehen war auf der linken Seite der Raum, den wir den »oberen Laden« nannten und rechts der »untere Laden«; dazwischen lag ein sechs Fuß breiter Korridor aus gestampfter Erde, der bis zum hinteren Ende des Hauses durchging. Im »oberen Laden« gab es die feineren Stoffe wie Seide, im unteren dagegen Musselins und die anderen gewöhnlichen Stoffe. Viele Kunden blieben einfach auf der vorderen Kante des *tatami*-Raums sitzen und ließen sich dort die Ware vorlegen. Andere aber kamen ganz herein und nahmen sich viel Zeit zum Auswählen.

Masao: In den alten Zeiten hatten die Geschäfte keine Auslagen oder Schaufenster. Die Ware mußte man für jeden Kunden eigens aus dem Lager, das sich neben dem »unteren Laden« befand, holen, um sie ihm zu präsentieren. Die Verkäufer widmeten sich jedem Kunden ganz persönlich, ließen von einem Ladenjungen die Ware herbeischaffen und breiteten sie vor dem Kunden auf den *tatami* aus. Der betrachtete in Ruhe die Stoffe, und wenn er noch mehr sehen wollte, lief der Ladenjunge wieder zum Warenlager. Dort arbeiteten die älteren Lehrlinge. Sie suchten die Stoffe heraus und reichten den Ladenjungen die Körbe von den Regalen herunter. Diese Körbe hießen *hariko*, bestanden aus Bambus, mit Öffnungen in den Seiten als Griffe und waren mit einem Tuch abgedeckt. Es kam oft vor, daß die älteren Lehrlinge den Neulingen, die sie nicht leiden konnten, üble Streiche spielten. Eine beliebte Boshaftigkeit war es, ihnen einen der schweren Körbe auf den Kopf fallen zu lassen. Eine andere war, ihnen die falsche Ware mitzugeben. Die Ladenjungen rief man bei ihren Vornamen, denen man die Endung »kichi« gab. Nach ein paar Jahren,

Die Textilienhandlung »Daitoku«

wenn die jungen Laufburschen zu Lehrlingen aufgestiegen waren, wurde die Endung in »suke« geändert. Zum Beispiel wurde dann aus einem Sakichi ein Sasuke. Erst als voll anerkannte Verkäufer hatten sie Anspruch auf die Anrede mit dem Familiennamen und der Endung »san« für »Herr«. Sie sehen, die Ware wurde nur bei Bedarf herausgeholt; die meiste Zeit blieb der Hauptraum vollkommen leer. Sicher war es ziemlich umständlich, die Ware jedesmal für einen Kunden heraus- und dann wieder einzuräumen, doch hat man das vor allem zur Vorsicht gegen Feuer so gemacht.

Utako: Sicher, es war eine Menge Arbeit für die Ladenjungen; sie wurden dauernd herumgeschickt. Daher hatten sie es immer so eilig, daß sie sich nicht einmal die Zeit nehmen konnten, den gestampften Zwischenraum zwischen dem »oberen« und »unteren Laden« auf dem Steg, der darüberführte, zu überqueren. Sie sind einfach von der einen Seite auf die andere gesprungen. Die Verkäufer mußten auf den ersten Blick den Kunden, seinen Status und Geschmack genau einschätzen können, so daß sie sofort das Richtige für ihn holen lassen konnten. Sie waren sehr versiert darin und wußten sehr gut, wie sie die Kunden zu behandeln hatten. Sie trugen einen Rechnungsblock und ein kleines Kästchen mit einer kleinen Schublade bei sich, das die Schreibutensilien enthielt. Die Ladenjungen warteten diskret hinter dem Rücken der Verkäufer, stets für Botengänge bereit. Am äußersten Ende des »oberen Ladens« war das Büro des Stellvertretenden Geschäftsführers, der mit scharfem Auge alle Vorgänge überwachte. Zwischen dem »unteren Laden« und dem Lager gab es einen langen mit *tatami* ausgelegten Raum, wo die Lehrlinge Pause machen konnten. Auch Kunden, die Hochzeitsgeschenke oder etwas ähnlich Wichtiges kaufen wollten, wurden in diesen Raum geführt, wo sie die vorrätige Ware sorgfältig und in Ruhe prüfen konnten. In einer Ecke standen mehrere Schreibtische. An diesen unterrichteten abends die älteren Angestellten die Lehrlinge im Lesen, Schreiben und Rechnen mit dem Abakus. An einer anderen Seite des Raumes sah man die Schiebetüren der Einbauschränke, in denen man tagsüber die *futon* verstaute. Am Abend, wenn alle Arbeit getan war, wurden die *futon* hervorgeholt und auf den *tatami* des Ladens zum

191

Textiliengeschäft

Schlafen ausgebreitet: die Angestellten schliefen im oberen Laden, die Ladenjungen und Lehrlinge im unteren.

Masao: In der alten Zeit hatten die Leute nicht so viele Möbel und anderen
Krimskrams in ihren Zimmern herumstehen. Die meisten Sachen, vor allem
alle wichtigen Gegenstände, waren im *kura* verstaut. Sie wurden nur herausgeholt, wenn man sie brauchte und nachher wieder weggeräumt. Deshalb
waren die Wohnräume nie so vollgestopft mit allem möglichen Zeug wie heutzutage. Man hat damals nicht so viel Platz verschwendet. Gleichzeitig war es
eine Vorsichtsmaßnahme, wie ich schon vorhin sagte, gegen Feuer und Dieb-
stahl.

Utako: Wir hatten einen alten Nachtwächter, der das Haus gegen Einbre-
cher und Feuer bewachte. Er wohnte in einem kleinen Häuschen neben dem
kura, wo er tagsüber schlief. Am späten Nachmittag erhob er sich, heizte sein
Bad an und legte sich dann wieder ein wenig nieder, bis es heiß genug war.
Sobald es dunkel wurde, begann er mit seiner Laterne und seinem *hyôshigi*, den
beiden dicken Hölzern, die man in rhythmischen Abständen aufeinander-
schlägt, die Rundgänge ums Haus. Wenn wir manchmal Handwerker im Haus
hatten, blieb er auch tagsüber auf. Er beaufsichtigte die Arbeiten und sah zu,
daß nicht geschludert wurde. In seiner umsichtigen Art war er sehr wichtig für
unser Haus. Für die Sonderverkaufsaktionen im Frühjahr, Herbst, zum *o-bon*-
Fest im August und zum Jahresende bereiteten wir im hinteren Teil des
Hauses vier zusätzliche Zimmer vor. An solchen Tagen waren alle Räume voll
Kundschaft. Im zweiten Stock über den Verkaufsräumen gab es Zimmer, in
denen wir Kunden, die einen weiten Weg hatten, übernachten lassen konnten.
Für die Saisonverkäufe wurden die Stoffe entlang der Zimmerwände ausgelegt.
Dann stellten wir am offenen Fenster ein Grammophon auf und spielten ganz
laut Musik ab. Nach der Schule, auf meinem Weg nach Hause, konnte ich sie
schon vom Konpira-Tempel* aus hören. Sie machte mich so fröhlich, daß ich
hüpfend und springend nach Haus eilte.

---

* Konpira ist der Schutzgott der Seefahrer.

Masao: Der Schlafraum der Dienstmädchen war im zweiten Stock am Ende einer schmalen hinteren Treppe. Wenn Leute ihre Töchter zu uns als Dienstmädchen gaben, erwarteten sie, daß unsere Familie die Verantwortung für sie übernahm, bis sie verheiratet wurden. Wir wären in die größten Schwierigkeiten gekommen, wenn eines der Mädchen in irgendwelche Verlegenheiten geraten wäre. Deshalb saß unser Nachtwächter oft in der Küche und paßte auf, daß sich keiner unserer Gehilfen in das Zimmer der Mädchen schlich. Neben dem Dienstmädchenzimmer lagen noch drei größere Schlafräume. Im mittleren waren die älteren Mägde untergebracht. In den beiden übrigen schliefen meine Eltern und Großeltern. Das war eine praktische Aufteilung, weil dadurch die Mägde im mittleren Raum die Zimmer auf beiden Seiten bedienen und gleichzeitig auf die Dienstmädchen am hinteren Ende des Hauses aufpassen konnten.

Utako: Wenn einmal ein kaiserlicher Prinz Tsuchiura besuchte, was gelegentlich der Fall war, übernachtete er immer in unserem Haus. Er ruhte in dem hinteren acht-*tatami*-Raum, während seine Kammerdiener im zehn-*tatami*-Raum vorne an der Treppe schliefen. Der mittlere Raum dazwischen blieb leer. Während solcher Besuche wurde das Dienstmädchenzimmer als Vorzimmer für Gäste eingerichtet, die auf eine Audienz beim Prinzen warteten. Im Hof bauten wir für den Prinzen sogar ein neues Bad mit einem Vorhang darum herum.

Masao: Ich erinnere mich noch gut, daß wir das Wasser aus unserem Brunnen mit einer Handpumpe hochpumpten. Von dort war ein Zinnrohr zur Küche und zum Bad gelegt. Damals hatten wir wenigstens noch gutes, sauberes Wasser.

Utako: Weißt du noch, wie riesig unser Bad war? Drei bis vier Personen hätten ganz leicht darin Platz gehabt. Der für das Heizen des Bades verantwortliche Knecht war die ganze Zeit damit beschäftigt, das Feuer zu schüren. Daher gab es jederzeit reichlich heißes Wasser.

Masao: Es war damals noch Brauch, daß die Männer vor den Frauen badeten. Als erster ging Vater ins Bad, dann kamen die Angestellten, nach ihnen die

Lehrlinge und am Ende die Laufburschen.* Selbst das Personal, solange es Männer waren, kam vor den Frauen dran. Erst wenn alle Männer drangewesen sind, konnten die Frauen baden: Zuerst kam die Großmutter an die Reihe, dann Mutter und zuletzt die Mädchen.

Utako: Der Badezuber war immer randvoll, und wenn ich hineinstieg, lief er über. Mir schien es wirklich verschwenderisch.

Masao: Über unserem Badehaus befand sich der Trockenraum für die Wäsche. Daneben standen Schuppen zum Aufbewahren von Reis und eingelegtem Gemüse. Angrenzend daran lag Yamaguchis Grundstück. Sein Haus war früher ein Gasthaus der Tokugawa-Regierung gewesen, in dem durchreisende Feudalherrn und Beamte des Shôgunats übernachteten. Um 1910 kaufte unsere Familie ein Stück Land, das hinter diesem Haus lag, und baute einen Brennholzschuppen darauf.

Utako: In der schmalen Gasse hinter dem »Daitoku« tummelte sich immer eine Menge Leute. Es gab dort nämlich mehrere Geisha-Häuser, zum Beispiel das »Suzunoya« und das »Sakasei«. Weiter vorne stand das große Restaurant »Koyokan«. In unserer Nachbarschaft war ein regelrechtes kleines Vergnügungsviertel entstanden. In den zwanziger Jahren aber zogen alle diese Häuser in das von der Stadt eingerichtete offizielle Rotlichtviertel. Andere Geschäfte haben hier eröffnet, aber viele haben wieder zugemacht. Unser Viertel hat sich im Lauf der Zeit wirklich stark verändert.

Masao: Selbstverständlich sind auch die Textiliengeschäfte nicht mehr so wie früher; es gibt keine mehr, die im alten Stil geführt werden. Aber ich denke, es ist halt normal, daß die Geschäfte mit der Zeit gehen.

---

* Um Mißverständnissen vorzubeugen sei angemerkt, daß man sich im japanischen Bad außerhalb der Badewanne abseift, während man im sauberen, sehr heißen Badewasser sitzend, die Wärme wohltuend auf sich wirken läßt.

Die Gemischtwarenhandlung

Frau Satô Iku (1897-1984)

Heute gibt es in jedem Dorf und in jeder kleinen Stadt einen Supermarkt. Zu meiner Zeit gab es nur ein einziges Geschäft, wo man alles kaufen konnte. Es sind jetzt fünfundsechzig Jahre her, daß ich nach Tsuchiura geheiratet habe. Geboren und aufgewachsen bin ich aber in Shishido, das mal eine kleine Stadt mit einer Burg war. Von der Burg stand allerdings schon damals nur noch die Ruine. Die Stadt spielte noch als landwirtschaftliches Zentrum eine gewisse Rolle, militärisch hatte sie keinerlei Bedeutung mehr, wenn das überhaupt jemals der Fall gewesen sein sollte. Meine Eltern betrieben in Shishido eine Gemischtwarenhandlung. Ich will ein bißchen erzählen, wie die ausgesehen hat.

Unser Geschäft war ein zweistöckiges Holzhaus, wo es alles, was man sich nur denken kann, zu kaufen gab: *futon*, Textilien und Bekleidung genauso wie Salz, Zucker, getrockneten Fisch wie *katsuo bushi*, Medikamente oder Schuhe und Pickles. Wirklich alles. Außerdem war unser Haus eines von den wenigen in der Stadt, das Gasbeleuchtung hatte. Verstehen Sie, wir brauchten die Beleuchtung, weil die Bauern immer erst abends, wenn es dunkel geworden war, zum Einkaufen kamen. Sie konnten gar nicht früher kommen, weil sie nämlich auf den Feldern arbeiteten, so lange es hell war. Bevor es Gaslampen gab, brannten in unserem Geschäft lediglich Öllampen.

Jedes Jahr am zweiten Januar hielten wir immer einen großen Neujahrsverkauf ab. Meine Geschwister und ich gingen deshalb am ersten Januar früh schlafen, weil wir schon um Mitternacht von einem der Ladenjungen geweckt wurden. Er lief durchs ganze Haus und brüllte so laut er konnte: »Aufstehen! Aufstehen! Neujahrsverkauf! Neujahrsverkauf!« Ich mußte mir den Schlaf erst aus den Augen reiben und mich zwingen aufzustehen. Bis ich in den Laden hinunterkam, war schon in allen Räumen große Geschäftigkeit. Die Lehrlinge wuselten herum und legten überall noch letzte Hand an. Vor dem Haus brannte im Dunkel der Nacht ein großes Feuer. Die Flammen tanzten im eiskalten Wind und die Funken sprühten. Dutzende von Leuten drängten sich darum und warteten ungeduldig darauf, bis wir aufmachten. Im Laden waren hunderte von »Ramschpaketen« gestapelt. Der Stapel reichte bis fast an die

Decke. Jedes Paket kostete nur fünfzig *Sen*, war aber zu normalen Preisen zwischen drei und fünf Yen wert. Es konnte alles mögliche drin sein, Stoffreste für Kimonogürtel, leicht fehlerhafte Unterwäsche, Stoffreste für Unterkleidung, Leibchenstoff, Arbeitskittel, Schürzen oder sonstige Stoffreste. Die Leute sind für diese Pakete von weit her gekommen. Manche zu Fuß, die Bessergestellten zu Pferd, von Dörfern, die zwanzig bis dreißig Kilometer entfernt lagen. Manche standen schon am Neujahrsabend vor unserem Geschäft Schlange, damit sie ganz sicher etwas erwischten.

Im Laufe des Vormittags wurde der Ansturm immer größer. Die Ladenjungen reizten obendrein mit ihrem Geschrei die Kauflust der Kunden noch an: »Immer herein! Kaufen Sie! Kaufen Sie!« Es war wie auf dem Jahrmarkt.

Im zweiten Stock boten wir der Kundschaft als besondere Attraktion eine kleine Show. Unter anderem ließen wir ein geschminktes, prächtig herausgeputztes Dienstmädchen als Sonnengöttin Amaterasu vor einer Felsenkulisse erscheinen. Die Zuschauer verfolgten das Schauspiel mit Ahs und Ohs. Sie waren entzückt.

Gegen Ende des letzten Jahrhunderts hatte unser Geschäft mit Ratenverkauf begonnen. In jedem Dorf waren hierfür Genossenschaften gegründet worden mit einem Vorsitzenden, der dafür verantwortlich war, daß die Genossenschaftsmitglieder ihre Raten pünktlich zahlten. An einem bestimmten Tag im Jahr kamen die siebzig oder achtzig Mitglieder einer Genossenschaft zu Fuß und auf Pferden gemeinsam zu uns zum Einkauf. Wir mußten ihnen natürlich ein Mittagessen spendieren, das heißt, wir hatten dann jedes Mal Hochbetrieb.

Im Sommer gaben wir immer große Schüsseln mit Nudeln aus, die wir mit Brunnenwasser gekühlt hatten. Die Bauern schlürften sie gierig in sich hinein und waren im Handumdrehen damit fertig. Sie konnten enorme Mengen davon verdrücken. Wir wunderten uns immer, was für einen Magen sie hatten, daß sie so viel in so kurzer Zeit verschlingen konnten.

Zucker verwendete man damals zum Kochen nur an Festtagen. An solchen Tagen gab es dann *ankoro-mochi*, *mochi* mit einer Auflage aus süßer Bohnen-

Eine Gemischtwarenhandlung

paste. Vor Feiertagen war unser Laden deshalb immer voll von Kunden, die Zucker kauften. Zucker war im unteren Laden in Siebzig-Liter-Fässern gelagert. Drei Gehilfen hatten den ganzen Tag vollauf beim Zuckerverkauf zu tun. Im Abwiegen waren sie schon so routiniert, daß sie auf Anhieb die richtige Menge trafen. Gute Bekannte kriegten eine kleine Portion extra.

Wir verkauften auch Medikamente. Welche wir im einzelnen vorrätig hatten, weiß ich aber nicht so genau. Ich erinnere mich aber daran, daß manchmal mitten in der Nacht Bauern an unseren Fensterladen geklopft haben, die dringend Medizin haben wollten, weil etwa ein Kind von ihnen plötzlich erkrankt war und Fieber hatte.

Wenn ein Kunde für ein Bankett ganz dringend einen besonders guten Kimono-Stoff brauchte, fuhr mein Vater sogar persönlich bis nach Nihonbashi in Tokyo. Aber wenn er für den letzten Zug von Tomobe nach Shishido zu spät dran war, mußte er den ganzen Weg bei Nacht zu Fuß gehen und das schwere Bündel mit dem Kimono-Stoff und allem Zubehör schleppen.

Meine Großmutter ist in Tsuchiura geboren und aufgewachsen, wurde jedoch schon mit sechzehn hierher nach Shishido verheiratet. Sie war bekannt für ihre gute Näharbeit. Deshalb ließen sich die Landfrauen, wenn sie bei uns Kimono-Stoff gekauft hatten und selbst keine Zeit zum Nähen fanden, gern von ihr die Kimono schneidern. Zu ihren Nähstunden kamen aus der ganzen Gegend die Bauernmädchen, vor allem die jungen. Sie fingen mit einfachen Sachen, wie Arbeitskleidung an und waren am Ende des Kurses so weit, daß sie ihren eigenen Hochzeitskimono nähen konnten. Ich habe für die Mädchen in den Nähstunden oft Tee und Pellkartoffeln gemacht.

Überhaupt war unser Haus recht lebendig. Allein wir sieben Geschwister sorgten schon für genug Leben. Dazu wohnten noch die Großeltern mit im Haus, fast ein Dutzend Ladengehilfen und vier oder fünf Dienstmädchen sowie zwei Kindermädchen. Außerdem gehörte zu unserem Haushalt eine alte Waschfrau. Sie hat bis zu ihrem Tod bei uns gelebt und für uns alle die Wäsche gewaschen. Im Winter hatte sie immer ganz aufgesprungene Hände. Ihre Hände waren so abgearbeitet, daß die Haut hart wie Baumrinde war.

Eine Nähklasse

Schließlich beschäftigten wir noch einen Holzarbeiter und einen Maurer. Sie wohnten beide im zweiten Stock über dem Laden. Der Holzarbeiter fällte die Bäume auf den Hügeln hinter unserem Haus und schnitt sie zu Bau- und Brennholz zu.

Der Maurer hatte alle Gebäude instandzuhalten, wovon es eine ganze Reihe gab: neben dem Wohnhaus und dem Geschäft zwei *kura*, Lagerhäuser mit Vorräten für unser Geschäft, ein Salz- und ein Reislager und das Altenteil für die Großeltern. Außerdem hatten wir für die Pferde einen Stall. Beide Arbeiter hatten wirklich viel zu tun; die Arbeit ging ihnen nie aus.

Oft erschienen bei uns Pferdehändler. Pferdehandel war zwar nicht unser Geschäft, aber Großvater hielt sich als Hobby Pferde und handelte gelegentlich damit. Die Händler tauchten immer schon vor dem Morgengrauen auf, zwanzig oder dreißig Rösser auf ihren schweren Wagen – sie machten immer einen fürchterlichen Lärm. Sie banden die Pferde bei uns im Hof an und hielten eine Art inoffiziellen Pferdemarkt ab. Zum Glück war unser Hof mit seinen hundert Quadratmetern groß genug dafür. Nach ein paar Stunden, wenn sich die Nachricht über die günstige Gelegenheit herumgesprochen hatte, versammelten sich allmählich auch Bauern aus den umliegenden Dörfern.

Gewöhnlich standen mindestens drei Pferde im Stall. Ein Stallknecht, ich glaube, er hieß Kinji, kümmerte sich darum. Mein Großvater hatte eine große Leidenschaft für Pferde, obwohl er gar nicht reiten konnte. Deshalb mußte mein Vater für ihn immer die neuen Pferde ausprobieren. Vater war ein hervorragender Reiter; er konnte sogar die wildesten Pferde ohne Sattel reiten. Wenn er ein Pferd ausprobieren wollte, jagte er es im Galopp den steilen Hügel hinter unserem Haus hinauf. Wenn er wirklich mal abgeworfen wurde, stieg er sofort wieder auf, ohne mit der Wimper zu zucken, auch wenn er sich weh getan hatte. Er mochte wilde Sachen und war gut darin. Gleichzeitig war er ein guter Geschäftsmann.

Unser Geschäft ging vor allem deshalb so gut, weil es fast das einzige im ganzen Umkreis war und es damals noch so schwierig war, nach Tokyo zu fahren. Ja, schon zum Einkaufen nach Tsuchiura zu gehen, war nicht so einfach. Wenn man heute zurückblickt, ist es kaum zu glauben, wie abgelegen Shishido war. In mancher Hinsicht ist es bestimmt gut, daß das Land so viel offener geworden ist, aber … Ich meine halt, Fortschritt hat auch seine Schattenseiten.

Eier per Sonderzustellung

Herr Komatsu Hideo (*1918)

Vor dem Krieg gab es vier Eiergroßhändler in Tsuchiura: das »Tochigiya«, das »Torisei« am Bahnhof, den »Iijima« an der Brücke Sakurabashi und mein eigenes Geschäft.

Wir beschäftigten ein paar stämmige Burschen, die nichts anderes taten, als für uns Eier nach Kitasenjû im Norden Tokyos zu liefern. Sie pendelten am Tage drei- bis viermal mit der Bahn hin und her. Ihre Monatskarte hatten sie sich dazu an einer Schnur um den Hals gehängt. Auf dem Rücken trug jeder fünfundsiebzig Kilo, in jeder Hand nochmal je fünfzehn Kilo. Freilich waren nicht alle gleich stark, und manche schafften nur weniger.

Die Kartons, die sie auf dem Rücken trugen, waren neunzig Zentimeter lang und circa fünfundvierzig breit. Sie sahen gerade aus wie Traggestelle. Die Hanfstricke wurden mit alten Lappen umwickelt, damit sie nicht so sehr in die Schulter einschnitten. Jeder Karton wurde mit Reiskleie ausgelegt, dann kam eine Reihe Eier, dann wieder Kleie und so weiter, bis der Karton voll war. Danach wurde noch ein Rahmen von fünfundzwanzig bis dreißig Zentimetern Höhe aufgesetzt, den man auch noch mit Eiern füllen konnte. Ganz obenauf stapelte man die Eier pyramidenförmig nochmal fast dreißig Zentimeter hoch. Um den ganzen Packen schlug man dann ein Tuch, band es fest zusammen, und so konnte man das Ganze sicher auf den Rücken befördern. Wenn man also nicht gerade irgendwo anstieß, konnte den Eiern nichts passieren.

Um Zeit zu sparen, ließen wir die Packen mit dem Fahrrad oder einem Handwagen zum Bahnhof bringen. Die Träger brauchten also nichts anderes zu tun, als den ganzen Tag mit dem Zug zwischen Tsuchiura und Tokyo hin- und herzufahren. Es war trotzdem kein bequemer Job, denn die Träger mußten schon morgens in aller Frühe – um vier Uhr – den ersten Zug nehmen. Mit vier Fahrten hin und zurück, lieferten drei Träger immerhin fast eine Tonne Eier pro Tag. Es war übrigens gegen die Bahnvorschriften, mit solch großem Gepäck zu fahren. Aber damals war man noch nicht so penibel und die Schaffner haben es stillschweigend geduldet.

Neben Eiern haben wir auch mit Geflügel gehandelt. Um genug davon zu finden, schickten wir Einkäufer aus, die in den Dörfern im Umkreis von

Tsuchiura alle Hühner aufkauften, die verfügbar waren. Am Abend, wenn unsere Leute zurückgekehrt waren, wurden die Hühner sofort in Körbe verpackt und noch am selben Tag mit der Bahn nach Tokyo geliefert – es gab sogar einen täglich verkehrenden »Hühnerzug« von Tsuchiura nach Tokyo. Fast alles an Eiern und Geflügel für den Markt in Kitasenjû kam aus unserer Gegend. Die ovalen Körbe, in die man die Hühner steckte, hatten einen Durchmesser von ungefähr einem Meter zwanzig. Sie hatten keinen Deckel, sondern waren mit geflochtenen Stricken überspannt. Das machte es leichter, an die Hühner heranzukommen – und unseren kleinen Kindern auch, denen es in den Körben scheinbar immer besonders gut gefiel. In einen Korb paßten fünfzehn bis zwanzig Hühner. Anfangs verwendeten wir ausschließlich Körbe aus Südjapan. Später aber fanden wir einen Korbmacher in unserer Gegend, der speziell für unsere Zwecke Körbe flocht. Wir hatten einen dringenden Bedarf dafür: Zu diesem Zeitpunkt brauchten wir schon mindestens zehn Stück am Tag und manchmal sogar zwanzig bis dreißig – der Umsatz für Geflügel war wirklich gut geworden.

Es war allerdings nicht leicht, genug Ware einzukaufen. Heutzutage werden die Hühner in Massen gezüchtet, da ist das kein Problem. Früher hatte jeder Bauer aber nur ein paar Hühner. Man mußte weit herumfahren und das Geflügel einzeln aufkaufen. Mit dem, was unsere eigenen Leute finden konnten, hätten wir nie genug zusammengebracht, deshalb kauften wir außerdem von Hühnerhändlern.

Solche Händler kamen auf ihren Fahrrädern meist meilenweit zu uns her. Es waren große, stabile Fahrräder, auf denen sie fuhren, mit Gepäckträgern, die groß genug waren, daß sie drei Körbe aufladen konnten. Sie hatten die Gepäckträger hinten etwas erhöht, so daß die Körbe leicht nach vorne geneigt waren und dadurch am Rücken des Fahrers anlagen, gerade so, als hätten sie sie auf den Rücken geschnallt. Damit konnten sie verhindern, daß die Körbe vom Fahrrad fielen.

Die kräftigeren unter den Händlern konnten über hundert Kilo auf ihren Rädern befördern. Das sind ungefähr sechzig Hühner. Mit solch einer Ladung

Kräutersammeln

von Iwase und Shimodate bis hierher nach Tsuchiura auf dem Fahrrad zu fahren – das würde sich heute niemand mehr im Traum einfallen lassen. Die Straßen waren ja noch ganz schlecht, noch nicht einmal gepflastert. Wenn die Händler bei uns im Geschäft ankamen, waren sie immer so erledigt und ausgehungert, daß sie sich, wenn etwas Eßbares vor unserem Laden stand, zum Beispiel zum Abkühlen, davon ein Stück geschnappt und hinuntergeschlungen haben. Zwar haben wir ihnen immer ein Mittagessen gegeben, aber manchmal konnten sie es einfach nicht erwarten. Obwohl die Arbeit so schwer war, sind die zäheren unter ihnen zwei- bis dreimal am Tag zu uns nach Tsuchiura hereingefahren, weil sie alles Geld, das sie verdienen konnten, dringend brauchten. Sogar die Händler von Shimodate legten die Strecke oft zweimal am Tag zurück. Wenn man sich überlegt, daß es von Tsuchiura nach Shimodate hin und zurück achtzig Kilometer sind, dann sind sie am Tag hundertsechzig Kilometer gefahren. Das alles mit dem Riesengepäck und auf den schlechten Straßen!

Außer Hühnern kauften wir auch eine Menge Enten. Wildenten wurden überwiegend aus Ôyama bei Miho am Südufer des Sees geliefert. Damals konnte man noch beliebig viele Enten und andere Wasservögel auf dem See fangen. Für die Jagd auf Wildenten benutzte man mit Leim bestrichene Seile, an die Schilfgras gebunden war, und für andere Vögel Leimruten.

Manche Händler konnten mit dem Geld, das sie in die Hand bekommen hatten, nicht direkt nach Hause fahren – sie mußten unbedingt vorher in einem Geisha-Haus einkehren. An zwei von ihnen erinnere ich mich besonders gut: Haga Gorô aus Dejima und Tarumi Masatarô. Beide waren schon nicht mehr die Jüngsten, aber kaum hatten sie ihre Hühner verkauft, machten sie sich für ein paar Becher Sake auf ins nächste Geisha-Haus.

Wie vorher gesagt, in den letzten Jahren sind die Hühnerzüchter zur Massenhaltung mit zehntausenden von Hühnern übergegangen. Die armen Tiere kommen ihr ganzes Leben nicht aus den engen Gehegen heraus und sind reine Eierlegemaschinen, während die Hähnchen mit Mastfutter so schnell wie möglich schlachtreif gezüchtet werden. Zu meiner Zeit ist das alles noch natürlicher gewesen, war aber halt auch schwerere Arbeit. Ich glaube nicht, daß ich mir damals hätte vorstellen können, wie sehr sich innerhalb von nur dreißig oder vierzig Jahren alles verändern würde.

Der Altwarenhändler

Frau Ono Shige (1899-1983)

Zu meiner Kinderzeit sind die beiden Viertel Tajuku (heute Ôtemachi) und Ômachi noch durch einen Fluß voneinander getrennt gewesen. Bloß über eine Holzbrücke hat man auf die andere Seite kommen können. Den Fluß gibt's nicht mehr – daraus ist eine Straße geworden. Es ist geradezu beängstigend, wie schnell sich alles verändert, nicht? Unser Geschäft war ein Trödelladen, nach dem Wagner »Isayama« und dem *tôfu*-Laden »Iimura« das dritte Haus auf der anderen Seite der Brücke. Damals hat solch ein Geschäft recht profitabel sein können. Das hing damit zusammen, daß nach 1868, als die Feudalländereien abgeschafft worden waren, die Samurai und Feudalherren plötzlich kein festes Einkommen mehr hatten und nach und nach ihre Familienerbstücke verkaufen mußten. Alles, was irgendeinen Wert gehabt hat, ist verkauft worden: Schwerter, Samurai-Rüstungen, Lanzen und Rollbilder.

Wir haben alle diese Sachen aufgekauft und in unserem Geschäft ausgestellt. Heute kann man wochenlang suchen, bis man ein richtiges Schnäppchen macht. Zur damaligen Zeit aber hat's eine Menge guter Sachen gegeben und man hat's für einen Spottpreis kriegen können. So weit ich mich erinnere, sind wir in Ômachi der einzige Trödler gewesen. Aber in Tajuku hat's noch den »Takano« gegeben. Ja, und dann war noch einer in Nakajô. Ein paar Geschäfte hat's noch gegeben, die lediglich alte Möbel und Kleidung verkauft haben. Die ärmeren Leute haben sich nämlich keine neuen Kimono leisten können; die haben die abgelegten Sachen anderer Leute kaufen müssen.

Leider ist uns nur sehr selten etwas wirklich Wertvolles oder Schönes angeboten worden. Ich weiß nicht, ob's daran gelegen hat, daß in Tsuchiura keine berühmten Generäle oder reichen Samurai gelebt haben. Vielleicht hat es sogar welche gegeben, und die Familien haben sich nur nicht von ihren wertvollen Sachen getrennt. Aber als ich ungefähr neunzehn war, haben wir tatsächlich mal von einer Familie gehört, die direkt am See gewohnt hat und angeblich ein paar recht gute Rüstungen haben sollte. Also sind wir sofort hingefahren und tatsächlich, sie haben an die zwanzig Rüstungen gehabt. Aber wie wir schon vermutet hatten, stammten sie nicht von einem berühmten Krieger, sondern nur von einem Samurai niederen Ranges. Wir haben trotzdem alle gekauft. Eine Rüstung hat uns zwischen fünf und zehn Yen gekostet, verkauft haben wir sie aber gewöhnlich für zwanzig bis dreißig.

Mit Schwertern haben wir auch gehandelt, nur weiß ich nicht, wie gut sie waren, weil Vater uns Mädchen nicht hat zuschauen lassen, wenn er sie herausgeholt hat. Trotzdem hab' ich mich oft im Hintergrund herumgedrückt, wenn er sie für einen Kunden hervorgeholt hat. Dann hat er die Klinge vorsichtig mit einem Stück handgeschöpftem Papier abgewischt, bevor er sie dem Kunden gezeigt hat – wie so etwas gemacht wird, kann man heute noch in historischen Stücken im Fernsehen sehen. Gekauft haben die reichen Grundbesitzer der Tsuchiura-Gegend. Ich kann Ihnen heute noch die Namen von mehreren Kunden sagen, die immer wieder mal hereingeschaut haben, um zu sehen, ob sich nicht eine günstige Gelegenheit zum Kaufen bietet.

Ein Trödler hat eine Menge unterschiedliche Dinge verkauft – so ziemlich alles, von *shôji*-Schiebetüren bis *tatami*. Wenn sich zum Beispiel reiche Leute ein neues Haus gebaut haben, haben sie sich natürlich auch neue *shôji* machen lassen und die alten uns verkauft. Die gebrauchten Sachen sind hauptsächlich von den armen Bauern und den Ärmsten in den Mietsreihenhäusern, die sich nichts Neues leisten konnten, erstanden worden.

Die meisten alten Möbel haben wir aber von verschuldeten Leuten bekommen, die sich aus der Stadt haben davonmachen müssen. Wem das unwahrscheinlich vorkommt, der braucht nur Leute zu fragen, die die Zeit damals noch erlebt haben. Besonders Familien aus den *nagaya*, die so weit heruntergekommen waren, daß sie keinen Pfennig mehr besessen haben, hatten keine andere Wahl, als ihren ganzen Haushalt – ihre eigenen Sachen und das, was nicht wirklich ihr Eigen war – zu verhökern und schnellstens aus der Stadt zu verschwinden. Meistens haben sie ja bei allen Geschäften ringsherum Schulden gehabt – für Reis, *miso*, Gemüse, Zucker und so weiter. Wenn die Zeit näher gerückt ist, in der man traditionell seine Schulden bezahlt hat, was zweimal im Jahr war, haben sich solche kaum aus dem Haus trauen dürfen, weil sie Angst haben mußten, jemandem, dem sie Geld schuldeten, über den Weg zu laufen. So etwas war schon eine verzweifelte Lage. Wer also vorgehabt hat,

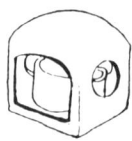

Holzkohlenbecken

sich davonzustehlen, ist zu uns gekommen, durch die Hintertür, und hat uns wissen lassen, daß er noch am selben Tag bei Nacht und Nebel verschwinden würde; wir sollen doch kommen und alles, was noch da war, aufkaufen. Mein Vater hat dann meistens gewartet, bis es dunkel geworden war und ist dann nachsehen gegangen, was das Zeug noch wert war. Er hat einen Preis gemacht, der ihm richtig schien, bezahlt und die Sachen mit einem Handwagen abholen lassen. Abgenutzte *tatami* hat er wieder aufrichten und *shôji* mit neuem Papier bespannen lassen. Danach ist alles zum Verkauf in unser Geschäft gestellt worden.

Fuhrleute haben in einer kleinen Gasse in Ômachi gewohnt. Sie haben Reis transportiert, Umzüge gemacht, überhaupt alles befördert, was es sonst so gegeben hat. Man hat ihnen nur Bescheid sagen müssen, dann sind sie sofort gekommen. Ich glaube, daß drei oder vier Fuhrleute dort gewohnt haben. Die haben auch zusehen müssen, wie sie über die Runden gekommen sind, deswegen haben sie viel Verständnis für solche Familien gehabt, die sich aus dem Staub gemacht haben. Darum haben sie auch nie jemanden verraten und es ist nie ein Problem gewesen, einen von ihnen in so einem Fall um Hilfe zu bitten.

Immerhin, Sie können sich vorstellen, wie schockiert und verärgert die Gläubiger reagiert haben, wenn sie ein völlig ausgeräumtes Haus vorgefunden haben. Manche sind sogar zu uns in den Laden gelaufen gekommen und haben getobt, was uns denn einfiele, die Sachen wegzuholen. Da wir aber die Ware ja nicht gestohlen haben, konnten sie nichts machen. Ich glaube, daß wir vielleicht Unrecht getan haben, den Flüchtenden zu helfen. Wir haben ja genau gewußt, daß sie sich aus dem Staub machen würden, ohne ihre Schulden zu bezahlen.

Solche Leute haben aber jeden Pfennig gebraucht; für sie ist es wirklich eine Frage des Überlebens gewesen. Und so haben wir uns nicht schuldig gefühlt, vielmehr waren wir überzeugt, daß wir ihnen fast das Leben gerettet haben. Mein Vater hat immer versucht, ihnen für ihre Sachen einen guten Preis zu zahlen. Er hat aber nie in herablassender Weise das Geld gegeben – das hätte sie zu Bettlern gestempelt.

Man glaubt es heute kaum, wieviel Armut es damals gegeben hat. Wenn man von jemandem gesagt hat, »er hat nichts«, so hieß das, daß er absolut nichts auf dieser Welt sein eigen nennen konnte. Wenn sich also eine arme Familie gezwungen sah wegzuziehen, hat ihre ganze Habe oft in einziges kleines Bündel gepaßt. Die Leute haben oft sogar ihren letzten Topf verkauft. Selbstverständlich hatten wir mit ihnen Mitleid, aber es gab so viele davon, daß man nichts für sie tun konnte. Außerdem hätte es ihnen nicht im geringsten geholfen, wenn man sie bedauert und beklagt hätte: »Ach, die Ärmsten! Was tun sie uns doch so leid!« Wir haben wenigstens getan was wir konnten – und ihnen einen anständigen Preis für ihre Sachen gegeben. Einige von denen, die abgehauen sind, waren aber ganz schön gewieft: Just an dem Abend, an dem sie sich davongemacht haben, haben sie noch einmal für die ganze Familie *soba* bestellt, um damit den Abschied zu feiern. Danach sind sie verschwunden, ohne das Restaurant zu bezahlen. Jedes Jahr ist es mindestens drei-, viermal vorgekommen, daß eine ganze Familie bei Nacht und Nebel getürmt ist.

Wissen Sie, ich denke oft, arme Leute sind heute gerade so gut angezogen wie die Reichsten zu meiner Zeit. Vor fünfzig Jahren hatten die Armen die gleichen Sachen 365 Tage im Jahr an, ob zur Arbeit oder zum Schlafen. Arbeiter haben im Sommer *hanten*-Kittel und kurze, enganliegende dünne Hosen getragen und im Winter, als einziges zusätzliches Stück, einen dünnen *haramaki* um den Leib, um sich ein wenig vor der Kälte zu schützen. In historischen Fernsehstücken sieht man meistens, daß die Frauen aus den Reihenhäusern in leuchtend roten Kimono und mit aufgesteckten Haaren herumlaufen – absoluter Unsinn. Die Frauen in solchen Armenvierteln haben ihre Haare einfach eingedreht und zu einem schlichten Knoten aufgesteckt. Ihre Kimono waren aus grobem, blauem Baumwollstoff, und statt mit einem *obi* haben sie ihn mit einem schmalen Stoffband zusammengehalten, Bauersfrauen oft bloß mit einem Strohstrick. Allein an der Kleidung hat man damals genau sehen können, wo und wie jemand gewohnt hat.

Da war eine Geschichte, an die ich mich ganz gut erinnere: Ich war damals erst siebzehn. Mein Vater hatte ausnahmsweise ein recht wertvoll aussehendes

Nähkästchen

Kunstwerk zu einem Spottpreis aufgetan. Es war ein Rollbild, stammte von einer alten Familie in Tsuchiura und stellte einen Affen mit sehr langen Armen und Beinen dar, der auf einem Kaki-Baum saß und sich nach einer abgefallenen Frucht streckte. Mein Vater hat mir das Bild gegeben, damit ich gut darauf aufpassen sollte. Ich bin einfach damit in die Ginza nach Tokyo gefahren und hab's dem Antiquitätenhändler Yoshizawa gezeigt. Der Händler hat das Bild eine Zeitlang betrachtet und auf einmal gesagt: »Ich geb' dir hundert Yen dafür.« Zur damaligen Zeit waren hundert Yen ein Vermögen. Ein Zimmermann hat nur ungefähr sechzig *Sen* am Tag verdient. Für sechs Yen hat man eine Kommode aus bestem Paulownienholz kaufen können. Mir hat's die Sprache verschlagen; die Knie haben mir fast gezittert. Ich war aber doch zu sehr die Tochter eines Altwarenhändlers, als daß ich den erstbesten Preis hingenommen hätte. Also bin ich mit meinem Bild wieder nach Hause gefahren und hab's meinem Vater erzählt. Von da an hat er die Sache in die Hände genommen. Ich weiß nicht, welchen Preis er schließlich herausgeschlagen hat, aber ich bin sicher, daß mir Yoshizawa nur deshalb hundert Yen geboten hatte, weil er den Wert des Bildes auf mindestens das drei- oder vierfache geschätzt hat.

Sicher, früher hat's neben all der Armut genau so viel Reichtum gegeben wie heut'. Altwarenhändler haben damals alles mögliche verkauft, von alten Kunstgegenständen bis zu billigstem Trödel. Deshalb sind wir den unterschiedlichsten Leuten begegnet und haben beide Seiten der Gesellschaft gesehen. Das war der interessanteste an unserem Geschäft – das gab's in keinem anderen Gewerbe. Schauen Sie, wenn ich hier so sitze und an die Vergangenheit zurückdenke, hab' ich das alles wieder ganz lebendig vor Augen.

Der *Senbei*-Bäcker

Herr Matsuzawa Torazô (1905-1992)

Mein Großvater betrieb früher in Koshigaya in der Präfektur Saitama ein *senbei*-Geschäft. Ich hab' auch mein ganzes Leben lang *senbei*-Kräcker gebacken, und zwar seit dem Tag, da ich 1935 in das Viertel Ōmachi in Tsuchiura gezogen bin.

Nach dem Krieg gab's in Tsuchiura für eine kurze Zeit einen *senbei*-Bäcker-Verband, dem ungefähr fünfunddreißig Geschäfte angehörten. Daneben gab es noch ein paar Geschäfte, die sich dem Verband nicht angeschlossen hatten. Heute sind fast alle Geschäfte, die ihre *senbei* selbst gebacken haben, verschwunden. Die Geschäfte, die noch existieren, kaufen ihre Ware von Fabriken.

Ich mache für meine *senbei* noch alles selbst. Zuerst mahle ich mit einem steinernen Mahlstein Reis. Wissen Sie, heute gibt's Leute, die haben noch nicht einmal einen Mahlstein gesehen. Sehen Sie, das Loch hier in der Mitte? Hier schiebt man mit der linken Hand nach und nach die Reiskörner hinein, nicht zu viele auf einmal, und mit der rechten Hand dreht man den oberen Stein, bis die Körner zu Mehl verrieben sind. Als ich jung war, hab' ich neun bis zehn Kilo in der Stunde geschafft. Jetzt, wo ich älter werde, geht's nicht mehr so flott.

Das Mehl verrührt man mit heißem Wasser und knetet den Teig gründlich. Es ist schwer zu beschreiben, wie fest der Teig sein soll, aber ungefähr so wie für *mochi*. Den Teig dämpft man dann ungefähr eine Stunde lang in einem Korb. Nach dem Dämpfen wird der Teig in einem Mörser mit einem hölzernen Stampfer fest geschlagen, bis er die Konsistenz eines *mochi* hat. Danach knetet man ihn noch einmal und rollt ihn anschließend auf einem Nudelbrett aus, ungefähr so wie man Nudeln für die Nudelsuppe macht. Zuletzt werden runde Formen ausgestochen und in der Sonne getrocknet.

Die Zinnformen gibt es in unterschiedlichen Größen. Meine Formen hat noch der alte Matsunaga für mich gemacht. Er hatte selbst nicht weit von hier viele Jahre lang ein *senbei*-Geschäft. Die Fabriken arbeiten heute mit Maschinen, die auf einen Schlag bis zu zweitausend *senbei* produzieren können. Aber für Leute wie mich, die noch alles per Hand machen, ist das Backen ein langsamer Prozeß.

Reis mahlen

Unser Teig wird noch luftgetrocknet. Dazu legen wir ihn auf einem Grundstück hinter unserem Laden aus, das einmal ein Reisfeld gewesen ist. Bei schlechtem Wetter kann es vier bis fünf Tage dauern, bis der Teig richtig trocken wird. Manche Leute glauben, daß man auch Trockenmaschinen verwenden kann. Aber wenn Sie mich fragen, ich bin der Meinung, daß an der Sonne getrocknete *senbei* ganz anders schmecken. Man muß auch aufpassen, daß der Teig nicht zu stark austrocknet, sonst brechen die *senbei* beim Backen auf. Meine Frau und ich müssen deshalb mehrmals am Tag rausgehen und nachsehen. Und wenn's plötzlich zu regnen anfängt, müssen wir schnell laufen und die Kräcker reinholen. Nach der Trocknungsphase hat man die sogenannten »Rohkekse«. Was Sie hier sehen, sind solche Rohkekse. Diese sind schon mit Sojasoße bestrichen und ein zweites Mal gebacken worden.

Für das Backen gibt's einen gewissen Kniff. Man darf die Rohkekse nicht einfach ausbacken, so wie sie sind, sondern man trocknet sie noch einmal langsam drei Stunden in einem *hoero*. Meiner ist ein einfacher Drahtkorb, den ich über dem Herd aufstelle. Dieses einfache System funktioniert ganz prima. Will man die Rohkekse nach dem ersten Trocknen sofort backen, gehen sie nicht so schön auf, wie es *senbei* tun sollen. Sehen Sie, diese hier geben beim Aufeinanderklopfen einen hohlen Ton. Diesen bekommen Sie nur, wenn die Kekse vor dem Backen im *hoero* getrocknet worden sind – und nur dann schmecken die *senbei* richtig. Ich backe sie dann über einem Holzkohlenfeuer, wobei ich immer auf die richtige Hitze achte und Kekse, die sich aufbiegen, mit einer kleinen Kelle glattdrücke. Wenn man sie einfach auf dem Feuer bäckt, drehen sich die Ränder auf. Man muß sie also immer wieder wenden und mit der Kelle flachdrücken.

Den Drahtkorb hab' ich mir machen lassen, als ich mit meinem Geschäft angefangen hab', also vor fast fünfzig Jahren. Mir kommt's vor wie gestern, aber es ist immerhin schon ein halbes Jahrhundert her – eine lange Zeit. So lang', daß fast alle die kleinen Läden, die ich mal beliefert hab', verschwunden sind. Es ist gerade so, als wär's passiert, wie ich mal nicht hingeschaut hab'. Bis vor zwei, drei Jahren hab' ich den Reis für meine Kräcker selbst angebaut.

Dafür hatte ich hier und da Felder gepachtet. Ich hab' sogar ein Zeitlang versucht, auf den trockenen Stellen im Fluß Sakuragawa Reis anzubauen. Der Boden war aber zu sandig, deshalb hatte ich mit dem Wasser Schwierigkeiten – es ist einfach versickert. Es klingt vielleicht paradox, in einem Fluß von Wassermangel zu reden, aber in Jahren mit wenig Regen ist wirklich das Flußbett fast ausgetrocknet. Es gab Zeiten, da hab' ich mit dem Eimer bis spät in die Nacht das Wasser aus dem Fluß hochgeschleppt. Wenn zuletzt der Fluß fast ganz ausgetrocknet war, mußte ich bis zur Flußmitte hinuntergehen und von dort das Wasser aus dem letzten Rinnsal schöpfen.

Heutzutag' macht man ganz viele verschiedene Kräcker, die auch ganz gut aussehen und passabel schmecken. Aber es freut mich doch, wenn mir Kunden immer wieder sagen, daß meine altmodischen *senbei* doch noch die besten sind.

Der *Tôfu*-Macher

Herr Kuramochi Toshiyuki (*1929)

Als mein Vater noch gelebt hat, hat bei uns der Tag früh angefangen. Jetzt wird ja alles mit Maschinen gemacht. Deswegen reicht heut' die Zeit zum *tôfu*-Machen auch noch, wenn man erst um fünf Uhr aufsteht. Damals aber ist man spätestens um zwei Uhr in der Früh aufgestanden – das heißt, man muß schon eher sagen mitten in der Nacht!

Der Herstellungsprozeß ist nämlich recht langwierig gewesen. Zuerst haben wir mit einer Tretmühle zwei Säcke Sojabohnen gemahlen, die wir am Abend vorher gekocht hatten, so daß sie bis zum Morgen Zeit hatten zum Abkühlen. Für das Mahlen war mein Onkel zuständig. Wenn er vor zwei Uhr nachts angefangen hatte, war er mit den zwei Säcken kurz nach fünf fertig. Die dicke, breiartige Masse, die sich daraus ergeben hat, hat man *go* genannt.

Diese Masse ist in einem großen Kessel kräftig gekocht und anschließend in einen 120 mal 180 Zentimeter großen Doppelsack geschüttet worden, damit man die Sojamilch hat auspressen können. Der Sack mit dem kochend heißen *go* ist so schwer gewesen, daß ihn die Frauen kaum haben heben können. Er hat zum Auspressen auf einen Bottich mit einem Rost aus Kiefernbrettern gehoben werden müssen, so daß die Sojamilch im Zuber aufgefangen werden konnte. Das Auspressen haben wir – ohne mechanische Presse – von Hand gemacht. Den Sack hat man in der Mitte zusammengelegt und mit einer schweren, zwölf Zentimeter dicken und fast zwei Meter langen Holzstange niedergedrückt. Das eine Ende der Stange steckte in einem Holzpfosten, das mittlere Stück lag auf dem Sack. Dann hat man sich auf das freie Ende der Stange gesetzt und sie mit dem ganzen Körpergewicht niedergedrückt. Es war aber nicht genug, einfach auf der Stange zu sitzen, sondern man mußte so fest es ging auf- und niederwippen, um die Masse ordentlich auszupressen. Während die Flüssigkeit in den Zuber abtropfte, wurde der Sack immer flacher. Schließlich hat man den Sack noch einmal zusammengelegt und wieder gepreßt, bis nur noch trockener Treber im Sack übrig war. Die Soja-bohnenmilch im Bottich hat man anschließend zum Eindicken mit einer Sole versetzt. Heutzutag' verwendet man ja Kochsalzlauge, aber wir haben uns damals das Wasser geholt, das sich unterhalb der Salzlager abgesetzt hatte.

Die geronnene Sojamilch hat man mit einer besonderen Kelle, der *bôzu* (»buddhistischer Priester«), aus dem Zuber in Holzformen aus Zypressenholz geschöpft. Jede Form ergab zehn Scheiben *tôfu*. Für mehr als zwei Formen in einem Arbeitsgang hat die Sojamilch nicht gereicht. Man darf aber nicht vergessen, daß früher die Scheiben viel größer waren als heutzutag' – größer als eine Hand –, nämlich ungefähr achtzehn Zentimeter lang und sieben bis acht Zentimeter breit. Die ganze Prozedur hat man fast zwanzigmal wiederholen müssen, bis die zwei Säcke Sojabohnen zu *tôfu* verarbeitet waren. Wenn man aber erst einmal richtig in Fahrt war und das Wasser gekocht hat, ist alles wie am Schnürchen gelaufen. Jeder hat genau gewußt, was er zu tun hatte – und kurz nach fünf war man mit der Arbeit fertig.

Danach wurde gefrühstückt und anschließend sind die Männer in die Stadt gegangen zum Verkaufen. Sie haben den *tôfu* in zwei mit Wasser gefüllte Holzbottiche gelegt, die Behälter an eine Tragestange gehängt und sind losgezogen. In jedem Bottich waren fünfzehn Scheiben *tôfu*, insgesamt also dreißig, einschließlich Wasser; die Tragestangen haben sich unter dem Gewicht regelrecht durchgebogen. Auf die Bottiche haben sie noch einen Kasten mit verschiedenen Sorten gebratenen *tôfu* gesetzt. Man hat ganz schön Kraft und Geschicklichkeit gebraucht, um die ganze Last zu balancieren. Die Behälter waren nicht ganz rund, sondern oval: neunzig Zentimeter in der Länge, fünfundsiebzig in der Breite und etwa zwanzig Zentimeter tief.

Früher haben die *tôfu*-Verkäufer nicht wie heute auf einem kleinen Tuthorn geblasen, sondern sie hatten eine kleine Schelle. Mit der einen Hand hat man das ganze Gewicht der Tragestange balanciert, mit der anderen die Schelle geschwenkt. Wenn man *tôfu* nur in der Stadt verkauft hätte, wäre nicht viel zu verdienen gewesen, deswegen sind unsere Leute bis Manabe, ja sogar bis in die Gegend von Hôjô und Oda gewandert. Heutzutag' würde das kein Mensch mehr machen wollen.

Tôfu-Läden hat's damals in der ganzen Stadt und auf allen umliegenden Dörfern gegeben. Ein ungeschriebenes Gesetz hat bestimmt, daß fliegende Händler nicht direkt vor einem fremden Laden verkaufen und einen Abstand

Tôfu-Händler

von wenigstens sieben Häusern einhalten. Abgesehen davon hat man überall verkaufen können.

Gebratener *tôfu* – von der Größe wie ihn eine Frau auf die flache Hand legen kann – hat damals einen *Sen* gekostet. Frischer *tôfu* ist 1915 noch für zweieinhalb *Sen* die Scheibe verkauft worden; 1920 hat er schon fünf *Sen* gekostet.

Um zwei oder drei nachmittags sind unsere Leute hundemüde von der Tour zurückgekommen. Dann haben sie mit der vollen Last fast vierzig Kilometer zurückgelegt gehabt – ohne richtiges Schuhwerk, nur in Strohsandalen. Wenn mein Vater und die anderen Männer zu Hause angekommen waren, haben sie als erstes ein heißes Bad genommen. Danach haben sie sich zum Essen hingesetzt. Man sollte es nicht für möglich halten, welche Mengen sie dann verschlungen haben! Vier, fünf Schalen Reis pro Mann waren gar nichts. Unsere zehn Männer haben für die drei Mahlzeiten am Tag zusammen über zwanzig Kilo Reis verzehrt. Das Reiskochen war die Aufgabe meiner Mutter. Jeden Tag hat sie einen riesigen Kessel Reis gekocht. In den Kessel paßten siebzig Kilo – und den hat sie so voll gemacht, daß der Reis herausgekullert ist, wenn man den Deckel abgehoben hat.

Wir haben auch jeden Monat ein Siebzig-Liter-Faß Sake gekauft. Selbst das hat oft nicht gereicht, so daß wir noch manchmal flaschenweise nachkaufen mußten. Der ist aber nicht von unseren Männern ganz allein getrunken worden. Meine Mutter hat immer auch den Lieferanten eingeschenkt. Zum Beispiel wenn der Fuhrmann mit den Sojabohnen oder der Holzlieferant gekommen ist, hat ihn meine Mutter zu einem Becher Sake eingeladen: »Komm, nimm einen Schluck«. Auch wenn der Fischhändler oder sonst jemand vorbeigeschaut hat, hat Mutter es so gehalten: »Nur auf ein kleines Glas«, und sie gab ihm einen Becher voll. Im Sommer haben wir außerdem *shôchû*, Reisschnaps, besorgt. Mein Vater hat sich ja immer sofort ins Bad gestürzt, wenn er nach Haus gekommen ist. Nach dem Bad, nur im Lendentuch, hat er einen großen Mund voll *shôchû* genommen und sich am ganzen Körper mit diesem hochprozentigen Schnaps besprüht. Er hat immer behauptet, daß das angenehm kühle.

Damals waren die Arbeitstage lang und schwer; man hat sich kaum mal eine Rast gegönnt und man hat geschlafen wie ein Stein. Wenn man's genau betrachtet, haben die Menschen früher bloß gearbeitet und geschlafen.

Katsuo bushi-Herstellung

*Herr Kikuchi Jôsuke (*1904)*

Meine Großeltern mütterlicherseits haben ein Fischgeschäft in Ajigaura gehabt, das »Kurohiko«. Nebenbei haben sie *katsuo bushi*, getrockneten Bonito-Fisch, hergestellt und in ihrem Laden verkauft. Das war ein recht gutes Geschäft, weil viele Hausfrauen *katsuo bushi* zu Flocken schaben und damit Suppen und Gemüse würzen. In der Gegend von Tsuchiura hat man außerdem *katsuo bushi* seit Jahrhunderten als Geschenk und fürs Erntedankfest verwendet. Trotzdem bin ich sicher, daß es nicht viele Leute gibt, die genau wissen, wie es hergestellt wird. Deshalb möcht' ich's einmal beschreiben.

Das »Kurohiko« hat frischen *katsuo* von meiner Familie, den Kikuchis in Isohama, per *uchiage*-Vereinbarung gekauft. *Uchiage* bedeutet, daß der Käufer sich verpflichtet, einen festen Anteil des Tagesfangs abzunehmen. Im Fall des »Kurohiko« war das ein Drittel. Sich auf diese Weise festzulegen, konnte für den Lieferanten unter Umständen eine lästige Sache sein. Denn wenn er sich darauf eingelassen hatte, konnte er nicht einfach irgendwann sagen: »So, heut' hab' ich genug, ich fische weniger.« Er mußte sich an seinen Teil der Vereinbarung halten. Deshalb sind solche Verträge meistens nur unter Verwandten abgeschlossen worden, die sich gegenseitig unterstützen wollten. Der vertraglich nicht gebundene Teil des Fangs, also in unserem Fall zwei Drittel, ist zum Markt gebracht und per Auktion verkauft worden. Der Marktpreis war dann der Preis, den uns das »Kurohiko« für sein Drittel bezahlt hat.

Als Kind hab' ich mir oft im »Kurohiko« die Zeit vertrieben. Einmal hab' ich dabei ein merkwürdiges Gespräch zwischen meinem Onkel und einem Fischer mitgehört. Mein Onkel hat den Fischer gefragt, bei welcher Wassertemperatur er gefischt hat, worauf ihm der Fischer geantwortet hat: »Bei neunzehn Grad.« Daraufhin hat mein Onkel kein sehr freundliches Gesicht gemacht. Ich hab' das nicht ganz verstanden und – naseweis wie ich war – ihn anschließend danach gefragt. »*Katsuo* leben in neunzehn bis einundzwanzig Grad warmen Gewässern,« hat mir mein Onkel erklärt. »In kälteren Gewässern setzen sie aber viel Fett an. Dann eignen sie sich nicht sehr gut zum *katsuo bushi*-Machen.« Nach dem Trocknen klingen sie beim Abklopfen hohler als andere und beim Hobeln zerfallen die Flocken. Ich hab' mich ziemlich darüber gewundert, daß nur zwei Grad Unterschied in der Wassertemperatur die Qualität so stark verändern können.

Katsuo aus Satsuma in Kyûshû im südlichen Japan hat man als die besten angesehen. Danach kam *katsuo* aus Tosa in Shikoku, gefolgt von solchem aus Chiba, östlich von Tokyo. *Katsuo* aus unserer Gegend war der nächste in der Reihenfolge, und zuletzt kam Fisch aus Sanriku in der Präfektur Iwate im Norden. Das heißt, die Qualität nahm ab, so wie man von heißen Zonen in kalte ging. Aber für *sashimi*, den rohen Fisch, gilt das Gegenteil. Roher *katsuo* aus Südjapan hat zu wenig Fett und schmeckt deshalb nicht besonders gut. Die beste Saison für frischen *katsuo* ist August und September. Die Fischschwärme ziehen nämlich jedes Jahr nach Norden und erreichen die Bucht von Sendai Ende Juli oder Anfang August. Sie kehren dann fast unmittelbar um, weil sie die Makrelenschwärme auf ihrem Zug mit der kalten Strömung nach Süden verfolgen. Der in dieser Jahreszeit gefangene Bonito hat reichlich Fett angesetzt und schmeckt deswegen als *sashimi* am besten. Heutzutage wird aber aller Fisch sofort nach dem Fang eingefroren und das, finde ich, verdirbt den Geschmack.

Im »Kurohiko« hat's ein großes Team von Arbeitern gegeben, die ausschließlich *katsuo bushi* gemacht haben. Die Arbeit war auf verschiedene Leute aufgeteilt: Der Erste hat die Köpfe abgeschnitten und die Fische ausgenommen – er hat den ganzen Tag nichts anderes gemacht. Der Zweite hat die Flossen und die harten Schuppen unter den Flossen entfernt, der Dritte die Fische in drei Teile zerlegt. Diese drei Teile – man hat sie wegen ihrer Form »Schildkröten« genannt – waren die Stücke, aus denen letztlich *katsuo bushi* gemacht wurde. Der Mann, der den Fisch zerlegt hat, war entscheidend dafür, wieviel Gewinn erwirtschaftet worden ist: Wenn er den Bonito geschickt zerlegt hat, ist weniger Verlust entstanden, als wenn zum Beispiel an der Mittelgräte noch eine Menge Fleisch zurückgeblieben ist. *Katsuo* von ungefähr zwei Kilo Gewicht war für die Verarbeitung am günstigsten. Fische mit einem Gewicht von etwa vier Kilo waren zu groß, um schöne »Schildkröten« zu schneiden – man mußte sie dann in vier, statt drei Teile zerlegen.

Den zerlegten und gekochten Fisch hat man in kaltem Wasser abgekühlt – nicht in Eis, denn das war schwer zu bekommen – und dann in einem großen Kessel gekocht. Hierfür war die Qualität des Wassers sehr wichtig. Wenn man kein sehr weiches Wasser verwendet hat, haben sich nachher im *katsuo bushi* Risse gebildet. Das »Kurohiko« hat Quellwasser aus dem Berg verwendet, das sehr weich war, und hat damit erstklassige Qualität erreicht. Die anderen Geschäfte haben nur normales Brunnenwasser genommen, sich aber immer gewundert, warum ihr *katsuo bushi* nie die gleiche Qualität hatte, obwohl sie doch in der selben Stadt und nach der gleichen Methode produziert haben. Also sind sie immer wieder zum »Kurohiko« gekommen, um es herauszufinden, aber keiner hat die Antwort erraten. Irgendwann hat ein Wissenschaftler herausgefunden, daß das Geheimnis in der Qualität des Wassers lag. Er empfahl jenen, die keinen Zugang zu Bergwasser hatten, Regenwasser statt hartes Brunnenwasser zu nehmen. Sobald sie diesem Rat gefolgt sind, haben alle Geschäfte *katsuo bushi* gleich guter Qualität hergestellt. Das geschah alles zu einer Zeit, als ich noch ein Kind war.

Jedenfalls, die gekochten »Schildkröten« hat man vor der Weiterverarbeitung abgekühlt. In der nächsten Phase waren Frauen beschäftigt, die mit Pinzetten die Gräten herausgezupft haben; Bonito hat besonders in der Bauchgegend ganz viele kleine Gräten, die sorgfältig entfernt werden mußten. Dann ist die eine Hälfte der Haut abgezogen worden. Warum nur die Hälfte und nicht die ganze Haut weggemacht worden ist? Das soll mit einer alten Geschichte zu tun haben, die sich vor hundert Jahren oder so ereignet hat.

Damals haben ein paar zwielichtige Hausierer ihr Unwesen getrieben und den Bauern Kiefernholzblöcke als *katsuo bushi* angedreht. Damals hat man den getrockneten Bonito noch ohne Haut verkauft. In dieser Form ist er von Holz, das auf die gleiche Größe zugeschnitten ist, nicht zu unterscheiden. Die Bauern sind über den Schwindel so verärgert gewesen, daß sie noch lange Zeit danach kein *katsuo bushi* gekauft haben, selbst wenn es echt gewesen ist. Leicht unterscheiden kann man ein Bonito-Stück aber von einem Holzstück, wenn er mit einem Teil Haut getrocknet wird. Deswegen hat's sich nachher durch-

Raspeln von getrocknetem Bonito-Fisch

gesetzt, den *katsuo* nicht ganz zu enthäuten. Vielleicht klingt die Geschichte ein bißchen weit her geholt, aber so wird sie erzählt. Wo war ich stehengeblieben? Also, wenn die Hälfte der Haut abgezogen worden war, ist der Fisch langsam getrocknet worden. Dazu hat man ihn auf einen Rost über Kiefernholzfeuer gelegt. Wichtig war, daß das Feuer die richtige Hitze hatte, sonst wäre der Fisch entweder verbrannt oder zu langsam getrocknet. Der getrocknete Fisch ist in ein Faß gesteckt worden, das dicht verschlossen wurde. So ist er ein paar Wochen gelagert worden, bis sich auf der Fettschicht Schimmel gebildet hat.

Sobald sich der Schimmel weiß verfärbt hat, hat man den *katsuo* aus dem Faß genommen und in der Sonne noch einmal getrocknet. Danach hat man den Schimmel mit einer harten Topfbürste aus Palmfasern abgeschrubbt. Bei dieser Arbeit haben wir im Hochsommer in der prallen Sonne gestanden. Sie werden sich denken können, daß das kein großes Vergnügen gewesen ist. Mein Großvater hat mich dazu auch oft eingespannt. An einem besonders heißen Tag hab' ich gedacht, ich mache es mir leichter und setzte mir einen breitrandigen Binsenhut auf. Da hatte ich aber nicht mit meinem Großvater gerechnet. Der hat mich ausgeschimpft und gesagt, daß der Hut einen Schatten auf den Bonito werfe und das würde die Qualität des *katsuo bushi* verschlechtern. Also hab' ich den Hut wieder ablegen und ohne Sonnenschutz Schimmel schrubben müssen, daß mir der Schweiß in die Augen gelaufen ist. Was das für eine Plackerei war!

Wenn der Schimmel beseitigt war, hat man den *katsuo bushi* »vorgehobelt«. Dann ist er ein zweites Mal getrocknet und noch einmal ins Faß gesteckt worden. Es sollte sich nochmal Schimmel ansetzen und alles Fett aus dem Fisch ziehen. Danach sind die Stücke wieder getrocknet und erneut gehobelt worden. Diese Prozedur ist noch einmal wiederholt worden. Erst dann hat man dem *katsuo* seinen »Hauptschliff« gegeben und ihn damit verkaufsfertig präpariert. Im »Kurohiko« waren immer mindestens vierundzwanzig Leute mit dem »Hobeln« beschäftigt. Das zeigt, wie arbeitsaufwendig es gewesen ist, einen einzigen *katsuo bushi* zu machen.

Heut' wird er ganz anderes hergestellt, aber ich bin sicher, daß ich immer noch einen guten *katsuo bushi* von einem schlechten unterscheiden könnte.

Die Tochter des Reishändlers

Frau Nakata Kiyo (*1903)

Ich kann mich überhaupt nicht erinnern, wo wir gewohnt haben, als ich klein war. Mir ist gesagt worden, daß mein Großvater als Bauer gelebt hat. Das war am Fluß in Nakajôura, ein Stück hinter den Toriden-*nagaya*. Ich bin aber nicht sicher, ob das stimmt. Ursprünglich kam Großvater aus der Präfektur Chiba.

Ich hab' gehört, daß wir auch einmal in der Nähe der neuen Straße Shinmichi gewohnt haben sollen, in der kleinen Straße neben dem heutigen Tsuchiura Kindergarten, aber das kann ich auch nicht mehr so genau sagen.

An ein Unglück, das mir zugestoßen ist, als ich drei oder vier Jahre alt war, erinnere ich mich aber ziemlich gut. Ich wollte auf eine Kommode hinaufklettern. Wie ich mich daran hochzog, öffneten sich alle Schubladen, wobei der Wecker herunterfiel. Er muß mir auf den Kopf gefallen sein und mich dabei am Auge verletzt haben. Meine Mutter hat sich furchtbar erschrocken und ist mit mir auf dem Arm in aller Eile durch die dunklen Straßen zum Arzt gelaufen, dem Dr. Shimizu, wie ich später von ihr erfahren hab'.

Später sind wir wieder umgezogen; dieses Mal in die Daikichi-*nagaya* in Nakajôura. Die Ôyoshi- und Tonoshin-*nagaya* waren im gleichen Viertel. Zwischen den Häusern gab es viele winzige Gassen. Das Leben der Mieter in den *nagaya* war ein ewiger Kampf ums Überleben. Mein Vater betrieb eine Reismühle zum Reispolieren. Dadurch hatten wir wenigstens immer genug zu essen. Zum Anziehen hatten wir aber jahrelang immer nur dasselbe. Ich erinnere mich noch, wie glücklich ich gewesen bin, als ich mit sieben Jahren einen Kimono bekam, obwohl er nur aus billigem Baumwollstoff war. Ich bin sicher, es war das erste und einzige Mal, daß ich etwas Neues zum Anziehen bekommen hab'. Abgesehen von besonderen Anlässen haben wir alle nur alte geflickte Sachen getragen. Für uns war das aber ganz normal. Wir wären nie auf die Idee gekommen, bei unseren Eltern um neue Kleidungsstücke zu betteln. Alle Häusler-Kinder sind in Lumpen herumgelaufen. Statt Schuhe haben wir zweimal im Jahr, zu Neujahr und an *o-bon*, ein Paar *geta*-Holzpantinen gekriegt. Jedes Jahr, wenn's Dezember geworden ist, hab' ich meine ausgetretenen Holzpantinen betrachtet und in Vorfreude geschwelgt: »Nur noch ein paar Tage, dann ist Neujahr!«

Ich besuchte die Grundschule für Mädchen. Sie stand an der Stelle, wo heute das Tsuchiura Krankenhaus ist. Zur Schule bin ich von Anfang an gern gegangen, obwohl ich oft viel zu spät in den Unterricht gekommen bin, weil ich am Morgen nämlich erst meinem Vater beim Reispolieren helfen mußte. Aber egal wie spät es geworden war, ich bin immer noch in die Schule gelaufen. Nach dem Aufstehen hab' ich als erstes mein Gesicht am Gemeinschaftsbrunnen neben dem kleinen Schrein gewaschen und bin dann zu meinem Vater in die Reismühle gegangen. Er war schon lange, bevor ich aufgestanden bin, an der Arbeit. Der Stampfer der Reispoliermaschine dröhnte schon vom frühen Morgen an durchs ganze Haus. Unsere Reismühle war eine ziemlich primitive, pedalbetriebene Vorrichtung und so konstruiert, daß der Stößel, der durch einen Tretbalken bedient wurde, senkrecht in den Holzmörser stieß, in den die Reiskörner geschüttet worden waren. Ich mußte nach jedem Aufschlagen des Stößels den Reis wieder glattstreichen, weil sich sonst alles an den Rand verteilte und der Stößel nur auf den leeren Mörserboden aufgeschlagen hätte. Mein Vater hat den Tretbalken bedient, also konnte er nicht gleichzeitig den Reis glattstreichen.

Wir haben auch Gerste poliert. Man ließ die Gerste nach dem Erhitzen die Nacht über zum Abkühlen im Freien stehen. Dadurch wurde sie etwas klebrig. Auch hierbei mußte man die Körner immer wieder nach unten in die Mörsermitte schieben. Weder Reis, noch Gerste sind am Anfang des Arbeitsgangs ein Problem, weil sich die Körner in diesem Stadium noch von selbst in der Mitte sammeln. Man braucht noch nicht nachzuhelfen. Solange hat man mich auch schlafen lassen. Erst wenn sich die Hülsen zu lösen begannen und das Getreide nicht mehr von selbst zur Mörsermitte zurückrutschte, hat man meine Mitarbeit gebraucht. Das war der Zeitpunkt, da mich meine Mutter geweckt und zur Arbeit geholt hat.

Sie selbst hat keine Zeit gehabt, beim Polieren zu helfen, denn als ich acht Jahre alt war, hatte sie schon sieben Kinder. Diese mußte sie alle versorgen und außerdem die ganze Hausarbeit machen. Sie hat nie eine freie Minute gehabt. In den ersten Stunden war für mich die Arbeit noch relativ leicht, weil meine

jüngeren Geschwister zu der Zeit noch geschlafen haben. Aber sobald es hell geworden ist, sind sie nach und nach alle aufgestanden und ich mußte mich um sie kümmern. Die Jüngste hab' ich bei der Arbeit ständig auf dem Rücken mit mir herumgetragen.

Wenn wir zu dem Zeitpunkt, da ich zur Schule gehen sollte, mit der Arbeit nicht fertig waren und es danach aussah, daß ich zu spät kommen würde, hab' ich vor Kummer angefangen zu weinen. Ich hab' zwar gut verstanden, daß mich mein Vater zur Arbeit brauchte und daß ich nicht einfach zur Schule weglaufen konnte. Trotzdem konnte ich nicht anders. Wenn mir bei der Arbeit die Tränen so über das Gesicht gelaufen sind, hat Vater immer gesagt: »Wenn du so ein saures Gesicht machst, bleibt's dir und du mußt dein ganzes Leben damit herumlaufen.« Mir ist nichts anderes übriggeblieben, als auszuhalten bis mein Vater endlich ein Einsehen hatte: »So, jetzt ist's genug, du kannst gehen. Dank dir für die Hilfe. Los, nun lauf schnell zur Schule.« Dann hab' ich geschwind meine Sachen in ein *furoshiki*-Tragetuch gepackt und bin den ganzen Weg zur Schule gerannt.

An einige unserer Lehrer erinnere ich mich noch: Der eine hat Igarashi geheißen und in der Nähe der alten Samurai-Schule Ikubunkan gewohnt. Dann hat noch die Schwester des Priesters im Tempel Jinryûji bei uns unterrichtet. Manchmal hatten wir auch Unterricht bei einem gewissen Terakado, einem sehr alten Mann, dessen Haus neben der Privatklinik von Dr. Hiramoto im Viertel Sotonishichô gestanden hat. Als ich zehn war, ist unsere Mädchenschule geschlossen worden und ich bin in die heute noch stehende Tsuchiura Grundschule gegangen.

Kaum war ich von der Schule zu Hause, mußte ich auf meine jüngere Schwester aufpassen. Ich hab' sie ständig auf dem Rücken mit mir herumgetragen, deswegen konnte ich nicht sehr weit weglaufen. Aber wenigstens haben wir ungestört spielen können, was wir wollten. Entweder haben wir *origami* gefaltet oder mit Murmeln gespielt. Oft auch mit dem Hüpfspiel oder Seilspringen uns unterhalten. Die anderen Kinder hatten fast auch alle ihre Geschwister dabei, huckepack so wie ich, wenn sie zum Spielen heraus gekom-

men sind. Im Winter hab' ich sogar eine wattierte Jacke angehabt. Wenn's nötig war, hab' ich aber schon auch manche Arbeit machen müssen. Oft hab' ich Reis ausgetragen. Im Alter von zehn Jahren hat man mir fünfzehn Kilo Reis auf den Rücken gepackt, und ich bin damit zum *senbei*-Bäcker in Ômachi gegangen, der für seine hervorragenden Kräcker bekannt war. Als ich dann dreizehn oder vierzehn war, schleppte ich doppelt so viel – stellen Sie sich vor, dreißig Kilo! Ich hab' die ganze Strecke nicht auf einmal geschafft – ich mußte unterwegs immer wieder absetzen und rasten.

Eine von unseren Nachbarinnen hat einen Trinker zum Mann gehabt. Weil's ihr so schlecht gegangen ist, hat sie manchmal bei meinem Vater um Reis gebettelt. Vater hat's ihr aber immer abgeschlagen. Er hätte selber gern öfter einen Schluck getrunken, es sich aber nur alle Jubeljahre leisten können. Deswegen ist er der Frau gegenüber recht unfreundlich gewesen – wir haben ihn sogar schimpfen gehört: »Wer glaubt dein Mann denn, daß er ist? Leistet sich das Saufen und kann seine Frau und Kinder nicht ernähren!« Vaters Grundsatz war ohnehin, niemandem Reis auf Pump zu verkaufen.

Nach Ladenschluß ist Vater mit einem Handwagen durch die Viertel gezogen und hat Reis verkauft. Die Leute, die immer nur pfundweise kaufen konnten, waren abends meist zu spät dran, um noch einkaufen zu können. Deswegen ist Vater mit seinem Handwagen zu ihnen gegangen und bis spät in die Nacht durch die Gassen bei den *nagaya* gezogen. Es ist öfters vorgekommen, daß er so lange ausgeblieben ist, daß ich ihm in besonders dunklen Nächten mit einer Laterne entgegengehen mußte.

Früher hat sich ein Tagelöhner, wenn er krank geworden ist, keinen Arzt leisten können. In den meisten Fällen hat er noch nicht mal genug Geld übrig gehabt, um sich etwas zu essen zu kaufen. Wenn mein Vater von solch einem Fall erfahren hat, ist er aus Mitleid schon mal vorbeigegangen und hat still ein Säckchen Reis vor der Tür abgestellt. Ich weiß nicht, für wie viele Leute er es getan hat. Weil wir aber selber ziemlich arm waren, kann die Zahl nicht sehr groß gewesen sein. Andererseits haben uns viele Leute geholfen, als 1938 unser Haus bei einer großen Flut überschwemmt worden ist. Die *tatami* und unsere Möbel wurden von den Wassermassen fortgerissen. Da sind viele von diesen Leute gekommen, manche kannten wir gar nicht, und haben uns auf die verschiedenste Art geholfen. Unter ihnen war ein Mann, der uns eine große Kommode geschenkt hat. Er sagte, daß er Tischler sei und das Möbelstück selbst gemacht hatte und daß er sich damit erkenntlich zeigen wollte, weil wir ihm auch schon mal geholfen hätten. »Das ist alles, was ich hab'«, hat er sich entschuldigt, »aber bitte, nehmt wenigstens das von mir.« Mein Vater und meine Mutter dankten ihm mit Tränen in den Augen.

FRAUEN DER STADT

Eine Nähschule

Die Frau des Stadtvogts

Frau Tôyama Mineko (1903-1984)

Über viele Generationen hinweg stellte unsere Familie den Stadtverwalter des Shôgunats von Kitamachi. Das Haus in Takajô, in dem ich geboren wurde, war immer der offizielle Sitz des Stadtvogts gewesen.

Unser Haus war nicht mit Ziegeln gedeckt, sondern hatte ein Rieddach. Die Dachrinnen daran bestanden aus dicken, halbierten Bambusstangen mit ausgeschnittenen Knoten. Von unten betrachtet hatten sie eine schmutzig-braune Farbe. Das Haus war schon so alt, daß die Bambusdachrinnen an verschiedenen Stellen angefault waren und sich Schwamm angesetzt hatte. Als Traufen hingen geflochtene Hanfseile herab, an denen der Regen in den Kies abfloß. Von dort lief das Wasser in kleinen Bächen in den Fluß Tsukijikawa direkt hinter unserem Haus.

Während mein Großvater Stadtvogt war, wurde die feudale Shôgunatsherrschaft gestürzt, womit die Edo-Zeit* ihr Ende fand. Hierdurch und mit dem Beginn der Meiji-Restauration** 1868 verlor Großvater seine Feudaleinkünfte. Im Zuge der Veränderungen wurde er aber von der neuen Regierung als erster Bürgermeister Tsuchiuras eingesetzt. Viel mehr weiß ich allerdings nicht über ihn.

Mein Vater war Vorsteher eines Landbezirks in der Präfektur Chiba. Als Großvater starb, trat er dessen Nachfolge als Bürgermeister von Tsuchiura an. In die Amtszeit meines Vaters fällt unter anderem die Gründung der Elektrizitätsgesellschaft in Tôzaki, und ich erinnere mich sehr deutlich daran, wie wir elektrisches Licht bekamen. Wegen der Stellung meines Vaters erhielten wir als erstes Haus der Stadt Stromanschluß. Unsere elektrische Beleuchtung

---

* Die Edo-Zeit (1603-1868) erhielt ihre Bezeichnung nach dem ehemaligen Namen Tokyos, das Edo hieß. Dort war der Sitz des Shôguns (des regierenden Generals) und damit das Zentrum des Landes. Eine zweite Bezeichnung ist Tokugawa-Zeit nach dem Namen der über zweieinhalb Jahrhunderte herrschenden, der Kriegerkaste entstammenden Shôgunats-Familie.

** Die Meiji-Restauration gilt als der Beginn des modernen Japan. Einerseits wurde der Kaiser, der durch den Shôgun entmachtet ein Leben in politischer Bedeutungslosigkeit gefristet und lediglich Legitimationsfunktion für die Shôgunatsregierung besessen hatte, wieder als oberste Machtinstanz eingesetzt, andererseits das Land mit modernen politischen und gesellschaftlichen Institutionen nach westlichem Vorbild ausgestattet.

bestand aber nur aus einer einzigen Glühbirne von zehn Watt, die an einem Haken von der Decke hing. Wir hatten dazu ein sehr langes Kabel, so daß wir das Licht überall im Haus mit hinnehmen konnten. Wenn ich daran zurückdenke – es muß eine ziemlich schummrige Beleuchtung gewesen sein. Trotzdem kamen die Leute unserer kleinen Stadt aus dem Staunen nicht heraus. »Hast du Hiyamas Haus schon gesehen?« riefen sie sich gegenseitig zu, »sie haben's nachts taghell in ihrem Haus!« Erwachsene wie Kinder liefen aus der ganzen Gegend zusammen. Die Straße war schwarz von Menschen und eine Zeitlang war unser Haus eine Art Sehenswürdigkeit.

Vater war ständig in Stadtangelegenheiten unterwegs, Mutter dagegen kümmerte sich um den Haushalt. Ich könnte stundenlang erzählen, was sie alles zu tun hatte. Obendrein mußte sie ihre Schwiegermutter von vorn bis hinten bedienen. Das nahm sie von allem am meisten in Anspruch.

Sie müssen wissen, daß Großmutter mit ihrer Heirat die »ehrenwerte Dame des Kitamachi-Vogts« geworden war. Zwar hat sich mit der Meiji-Restauration die japanische Gesellschaft in vieler Hinsicht verändert, nur meine Großmutter blieb die alte. Und sie hatte nicht die geringste Absicht, die Veränderungen mitzumachen. Meine Mutter mußte ihr nach wie vor jeden Morgen, genau um die gleiche Zeit, ihre Reverenz erweisen. Sie hatte vor ihrem Zimmer neben der Schiebetür zu knien, sich in höflichster Sprache durch die Tür hindurch zu erkundigen, ob Großmutter wohl geruht habe und nun wach sei und sich dabei tief zu verneigen. Einzutreten war ihr aufs Strengste verboten.

Sobald Großmutter antwortete, füllte meine Mutter schnell eine Waschschüssel mit Wasser, stellte diese mit einer Schale und etwas Salz auf ein kleines Tablett, legte dazu Zahnstocher und ein Handtuch und hinterließ alles zusammen auf einem Bambusrost am Rande der Veranda. Im Sommer durfte es kaltes Wasser sein, aber im Winter mußte warmes Wasser von genau vorgeschriebener Temperatur eingefüllt werden. Meine Mutter sagte dann, natürlich in höflichster Sprache: »Es ist alles bereitet«. Dies war der Zeitpunkt, wann Großmutter in gemessener Langsamkeit die Schiebetür öffnete und aus ihrem Zimmer herauskam. Sie nahm auf einem Sitzkissen eine würdevolle Haltung ein, beugte sich über die Waschschüssel und wusch ihr Gesicht.

Ihre Mahlzeiten nahm Großmutter alleine in ihrem Zimmer ein. Sie saß dazu vor einem hübschen niedrigen Lacktischchen. Meine Mutter kniete neben ihr, um sie beim Essen zu bedienen. Teil ihrer Aufgabe war es, genau zu erahnen, wann Großmutter geneigt war, noch ein Häppchen zu sich zu nehmen. Mutter mußte ihr dies im geeigneten Moment auf einem Tablett reichen. Niemandem sonst, nicht einmal ihrer alten Dienstmagd war es gestattet, jemals Großmutters Zimmer zu betreten. Nach beendeter Mahlzeit pflegte Großmutter auf einem großen Sitzkissen neben dem Kohlenbecken zu sitzen, sich ein Damenpfeifchen zu stopfen und ein Weilchen vor sich hin zu schmauchen.

Wie gesagt, Großmutter gestattete niemandem ihr Zimmer zu betreten, nicht einmal zum Fegen durfte ein Dienstmädchen in das Heiligtum. Deshalb fiel die Aufgabe, das Zimmer in Ordnung zu halten, auch meiner Mutter zu. Sie hatte die *tatami*, alle Balken und Leisten mit einem trockenen Tuch zu wischen. Wehe, sie nahm ein feuchtes Tuch, und sei es für den Flurboden, dann brach ein Donnerwetter los.

Meine Mutter hatte ebenfalls bei Großmutters Bad zur Stelle zu sein und ihr den Rücken zu waschen. Als ich etwas älter geworden war, wurde mir diese Aufgabe übertragen. Und nach dem Bad mußte ihr Haar gekämmt werden. Obwohl es schon etwas dünn zu werden begann, hatte ich es mit einem Kamm aus Buchsbaumholz ausgiebigst zu pflegen. Wenn ich's ein wenig hastig tat, weil ich's hinter mich bringen wollte, schimpfte sie: »So paß doch auf! Du tust mir ja weh!« Meine Mutter dagegen war geduldig wie ein Lamm und tat alles, ohne zu klagen. Wenn ich dies beobachtete, stieg in mir Zorn hoch, und ich dachte dabei: »Was ist Großmutter doch für eine zickige Hexe!«

In historischen Stücken im Fernsehen werden oft Samurai dargestellt, die mit ihrer Dienerschaft angeregt plaudern. Völliger Unsinn – das ist nie so gewesen. Im Feudalzeitalter wurden die Standesunterschiede strikt eingehalten. Obwohl gegen Ende des neunzehnten Jahrhunderts die Standesschranken

zum großen Teil gefallen sind, ist über lange Zeit noch viel davon übriggeblieben. Ja, selbst die Standesunterschiede, wie sie bis zum Krieg bestanden haben, würden die meisten Leute heute ganz schön in Staunen versetzen.

Ich will hierfür ein Beispiel geben. Eines unserer Dienstmädchen mit dem Namen Otsune hatte uns verlassen, um einen Mann aus Tajuku zu heiraten. Eines schönen Tages, als ich mit Großmutter eine Besorgung machte, trafen wir zufällig Otsune auf der Straße. Sowie Otsune uns bemerkte, guckte sie einen Augenblick verwirrt, fiel aber dann auf die Knie und verbeugte sich bis zur Erde. Keiner der Passanten fand dieses Schauspiel in irgendeiner Weise verwunderlich, egal, ob sie die Stellung meiner Großmutter kannten oder nicht. Großmutter schaute nur auf die Frau herab, die vor ihr im Staube kniete, und sagte: »Wie ich höre, geht's dir gut.« Daraufhin ging sie weiter ihres Weges mit einer Aura, als hätte sie Otsune schon aus ihrem Gedächtnis gestrichen. Nur wer in der Feudalzeit geboren und erzogen worden war, konnte sich in dieser Art verhalten.

Ein ähnliches Spektakel gab es an Neujahr und zum *o-bon*-Fest, wenn alle unsere Dienstboten ihre Aufwartung machten. Sie knieten in der unterwürfigsten Weise in der Eingangshalle und verbeugten sich mit gekrümmtem Rücken so tief, daß die Stirn die Erde berührte. Für mich, die ich in einer anderen Zeit geboren und in moderner Weise erzogen worden bin, schien solches Verhalten unglaublich demütigend. An den Feiertagen der Tag- und Nachtgleiche im Frühling und Herbst sowie zum *o-bon*-Fest im August begleitete ich gewöhnlich Großmutter zum Tempel, um Blumen aufs Familiengrab zu legen. Wenn uns hierbei Bekannte begegneten, verbeugten sie sich vor Großmutter im neunzig Grad Winkel, während sie selbst nur leicht den Kopf neigte, um die Begrüßung anzunehmen. Unter keinen Umständen würde sie sich ebenfalls verbeugt haben. Wenn man sich vorstellt, daß sie lediglich die Frau eines provinziellen Stadtvogts war, kann man leicht ermessen, mit welcher Unterwürfigkeit man früher einem Feudalherrn begegnet ist.

Wir hielten drei ältere Dienstboten in unserem Haus. Trotzdem mußte ich, das Enkelkind, schon im Alter von ungefähr sieben Jahren beim Waschen und

Anfachen eines Küchenfeuers

Kochen helfen. Ja, ich hatte auch sonst noch eine Menge Arbeiten im Haus zu verrichten: Reiskochen, Wasser vom Brunnen holen und Feuer fürs Badewasser machen.

Das Wasser schöpfte ich mit einem Schöpfeimer aus dem Brunnen in einen Holzkübel, den ich anschließend ins Badehaus schleppte. Der Bottich war aber ziemlich groß und schwer und ich noch relativ klein, so daß ich den Weg vom Brunnen zum Badehaus nicht ohne mehrmaliges Absetzen zurücklegen konnte. Etwas später, ich war vielleicht zehn, wurde einer von den neuen ausländischen Eimern gekauft, die man nach dem englischen Fremdwort *baketsu* nannte. Ich hatte bis dahin noch nicht einmal das Wort »bucket« gehört, geschweige denn so einen Eimer gesehen. Er war viel leichter als unser alter Holzkübel, und der Henkel ließ sich zur Seite klappen. Man konnte ihn bequem tragen, was mir die Arbeit wesentlich erleichterte. Ich weiß noch gut, wie ich mich über den Eimer freute und daß ich ihn für eine ganz wunderbare Erfindung hielt.

Wir wurden sehr streng erzogen. Wenn wir uns mal unterstanden haben, Arbeit an eine Dienstmagd weiterzugeben, schalt uns Mutter heftig aus: »Die Magd arbeitet seit Jahren für uns. Ihr Grünschnäbel habt ihnen nichts aufzutragen.« Morgens mußten wir alle zusammen, einschließlich der Jungen, das Haus ausfegen. Meine älteren drei Brüder haben geheiratet, als ich noch ziemlich jung war. Aber solange ich zur Schule ging, waren wir immer noch neun Kinder zu Hause. Ich war das siebte von elf Geschwistern. Jeden Morgen machten wir neun Essenspakete für die Pause in der Schule. Das Gemüse hierfür holten wir frisch aus dem Garten hinter unserem Haus. Es gab morgens jedes Mal eine große Hektik, bis alle aus dem Hause waren.

Trotz aller Strenge hatten wir, da wir so viele waren, auch eine Menge Spaß. Der Tsukijigawa, der hinter unserem Haus vorbeifloß, war damals noch sehr breit und ziemlich tief. Wir ruderten in unserem kleinen Kahn viel darauf hin und her. Ich war besonders gut im Staken des Stechkahns. Wenn das Boot ein kleines Leck hatte, stopften wir es mit aufgeweichter Eibenrinde, die wie ein Seil gedreht und in die schadhafte Stelle mit einem Holzhämmerchen eingeklopft wurde. Solch kleine Reparaturen konnten wir Kinder selbst machen. Wir spielten alle sehr gern am Fluß.

Die schönen Tage und heiteren Momente vergißt man ja leider nur allzu leicht. Aber ich glaube, wie jede Familie, hatten wir schon auch unseren guten Anteil am Glück – und am Leid.

Frauen der Oberschicht

Herr Takagi Fukusaburô (1898-1981)

Heutzutage spricht man jede verheiratete Frau, sei es die Frau eines selbständigen Geschäftsmanns oder eines Arbeiters, als *okusan* an. Aber zu meiner Zeit sprach man gewöhnliche verheiratete Frauen mit *okamisan* an. Nur Frauen von reichen Geschäftsleuten oder Grundbesitzern hießen *okusan*, oder wenn man noch höflicher sein wollte, *okusama*. Diese Frauen lebten genau so, wie es der Bedeutung des Wortes entspricht.

»*Oku*« heißt ja wörtlich »hinten«, in diesem Fall »hinten im Haus«. Und wirklich, diese Frauen verbrachten den größten Teil ihres Lebens in den dämmerigen Räumen im hinteren Teil des Hauses. Nur selten gingen sie nach draußen. Sogar an den jährlichen Festtagen sah man sie nie unter der Menschenmenge, wo sie sich hätten vergnügen können. Die historischen Dramen im Fernsehen zeigen oft Szenen, in denen Damen aus besseren Familien alleine auf der Straße herumspazieren. So viel ich weiß, hat's das nicht gegeben.

Die Frau eines großen Kaufmanns in Tsuchiura zum Beispiel konnte noch nicht einmal zu einem Schreinfest gehen. Sie werden fragen, woher ich das weiß. Na ja, ich war Handwerker und bin zu vielen reichen Leuten ins Haus gekommen. Und da hat es sich manchmal ergeben, daß ich mit der *okusan* ins Gespräch gekommen bin. Bei solchen Gelegenheiten bin ich dann allerlei gefragt worden, zum Beispiel: »Gestern war wohl ein Fest im Schrein Washinomiya. Wie war's denn?« Wenn ich anfing zu erzählen, merkte ich, daß *okusan* überhaupt nicht im Bilde war, über das, was draußen in der Welt vor sich ging. Es war gerade, als wär' sie von einem anderen Stern.

Sogar zum Gion-Fest durften die Frauen der Oberschicht nicht auf die Straße gehen und den Umzügen der Festwagen zusehen. Zwischen dem Frauengemach und dem Geschäftsraum war gewöhnlich ein feines Holzgitter. Hierdurch, mit einem Fächer in der Hand, schauten die Frauen heimlich den Festivitäten zu, anstatt, wie alle anderen auch, draußen vor dem Haus zu stehen. Die Geisha trippelten in einer langen Prozession vorbei, die Männer zogen singend und rufend an den Seilen der Wagen. Doch alles was die Frauen von drinnen sehen konnten, waren die Beine. Sie wären doch nur zu gerne richtig dabeigewesen. Aber damals galten die Feste als etwas Vulgäres,

Kopfstütze und Pillenschatulle einer Dame

womit man nur das gewöhnliche Volk unterhält. Es wäre für eine *okusan* nicht schicklich gewesen, sich unter die Menge zu mischen und mitzulachen.

Es war überhaupt Sitte, daß sich eine *okusan*, ob Fest oder nicht, am hellen Tage nicht auf der Straße sehen ließ. Wenn sie aber doch irgendwann das Haus verlassen mußte, um etwa jemandem einen Besuch abzustatten, dann nahm sie eine Rikscha und mindestens ein Dienstmädchen mit. Und selbst dann verließ sie, wenn möglich, das Haus erst bei Einbruch der Dämmerung, wenn man bereits die Laternen angezündet hatte.

Für die wenigen Male, wenn sie wirklich ausgehen mußte, zog sie ihren besten Kimono an, mit einem ausgesuchten *obi* dazu und einem halblangen Umhang darüber. Ein Hausbursche oder ein Dienstmädchen trug vor der Rikscha eine Laterne her und ihre Dienerin fuhr in der Rikscha mit. Damals hatten die Geschäfte ja bis spät abends auf. Wenn eine Rikscha vorbeifuhr, liefen die Leute aus ihren Häusern und riefen sich gegenseitig zu: »Schnell, schnell! Schau, die *okusan* Soundso!« Es war gerade so, als stammte sie aus einer anderen Welt.

Nähen lernen

Frau Ôshima Mitsu (1906-1992)

Ich war gerade zwanzig, als ich in der Kimiyama-Nähschule in Manabe als interne Schülerin nähen gelernt hab'. Damals hat es ziemlich viele Nähschulen gegeben, und sie hatten alle genug Schülerinnen. In unserer Nähschule waren wir zwischen acht und zehn Mädchen, die als Interne dort auch gewohnt haben. Außer uns sind noch über hundert Externe da gewesen, die jeden Tag angereist und abends wieder nach Hause gefahren sind. Wir waren also ein ziemlich großer Haufen Schülerinnen. Wer etwas lernen wollte, mußte zusehen, daß er einen Platz so nah neben der Lehrerin wie nur möglich ergatterte. Die Externen mußten schon vor Tagesanbruch aufstehen und sich auf den Weg machen, wenn sie rechtzeitig da sein wollten, um sich einen guten Platz zu sichern.

Die meisten Internen haben deswegen in der Schule gewohnt, weil für sie der Weg zu weit war, um jeden Tag hin- und zurückzulaufen. Meine Eltern zum Beispiel waren Bauern und haben in Chiyoda gelebt, die Schule war aber in Manabe, fast zehn Kilometer entfernt. Deswegen hab' ich auch dort gewohnt. Wir Internen waren aber nicht nur Nähschülerinnen, sondern zugleich Hausmädchen, die alle möglichen Dinge im Haus der Lehrerin haben tun müssen: Kochen, Waschen, Fegen, Saubermachen und Wasser fürs Bad vom Brunnen holen. Wir haben uns die Arbeit unter uns Schülerinnen aufgeteilt. Wir haben nämlich sehr gut gewußt, daß es Krach gab, wenn nicht alles pünktlich gemacht war.

Frau Kimiyama hat außerdem sehr auf gute Manieren geschaut. Hastiges oder schlampiges Essen während der Mittagspause hat sie nicht geduldet. »Wenn du dir den Mund so vollstopfst, ist es kein Wunder, daß du ihn zum Kauen nicht mehr zukriegst«, hat sie zum Beispiel geschimpft, »wenn man den ganzen Fisch auf einmal verschlingen will, ist es klar, daß der Schwanz noch herausschaut. Wie sieht denn das aus? Wofür hast du deine Eßstäbchen? Nimm nur kleine Stücke!« So hat sie in einem fort gepredigt.

Wir Bauernmädchen, die wir von klein auf mit auf die Felder hinaus mußten, waren aber dazu erzogen worden, das Essen möglichst schnell, in höchstens einer Minute, hinunterzuschlingen, damit wir sofort wieder an die Arbeit gehen konnten. Andernfalls haben die Eltern geschimpft. Die Bauern haben sogar Wasser über ihre Reis-Gerste-Mischung gegossen, damit sie schneller schlucken konnten.

Wenn ein Bauernmädchen den ganzen Tag durchhalten wollte, mußte es reichlich essen. Dazu brauchte es mindestens zwei große Schalen Reis pro Mahlzeit. Es hat also versuchen müssen, mit den beiden Schalen so schnell wie mit einer einzigen fertig zu werden. Bei den Heiratsmaklern hat's sogar zu den Standardfragen bei der Auswahl einer Braut gehört, sich nach ihrem Appetit zu erkundigen: Wer sein Essen schnell hinunterschlingen konnte, galt als gute Arbeiterin und tüchtige Bauersfrau. Die Umstellung auf das langsamere Essen in der Stadt ist uns deswegen nicht leicht gefallen. Außerdem war Kimiyamas Essen ausnehmend gut: In den Reis war nur wenig Gerste gemischt, und es hat Fisch und genug Beilagen gegeben.

Oft ausgeschimpft hat uns die Kimiyama auch, wenn wir mit »Hm« statt »Ja« geantwortet haben. »Es heißt Ja und nicht Hm«, hat sie uns korrigiert, »sprich anständig!« Die Gemaßregelte hat dann schüchtern und mit zaghafter Stimme ihre Antwort wiederholt. Wir haben uns schon immer Mühe gegeben, alles, was uns die Lehrerin beigebracht hat, an Manieren oder in der Näharbeit, zu beherzigen, aber es war manchmal schwer.

Unsere Tage haben früh angefangen – mit »Waschen beim Mondschein«, wie es geheißen hat. Auch im Winter sind wir schon um fünf Uhr morgens aufgestanden und haben am Brunnen gewaschen. Um diese Zeit fuhren die Züge der Tsukuba-Bahn noch nicht, deshalb hatten die jungen Burschen vom Bahnhof Manabe nebenan noch Zeit zum Herumalbern. Sie haben sich die Capes ihrer Uniform über den Kopf gezogen und an die Hecke herangeschlichen. Dann sind sie mit blödem Geschrei herausgesprungen, um uns zu erschrecken, oder sogar über die Hecke gesprungen und haben plötzlich ihr Cape über eines der Mädchen geworfen. Das gab ein großes Gekreische. Da hat's ihnen auch nichts genützt, wenn sie nachher ganz fröhlich »Guten Morgen – ich bin's« gesagt haben. Denn wenn wir anderen hinzugelaufen sind, haben wir sie mit derben Worten wie »Du Saukerl« und anderen undamenhaften Ausdrücken beschimpft. Zum Glück scheint Frau Kimiyama nie gemerkt zu haben, was draußen vor sich gegangen ist.

Da die Mädchen von Haus aus daran gewöhnt waren, früh mit der Arbeit zu beginnen, haben sie auch in der Nähschule daran festgehalten. Ja, wir haben sogar miteinander gewetteifert, wer am meisten arbeiten konnte. Sobald der erste helle Streifen am Morgenhimmel sichtbar wurde, haben wir schon die Wäsche aufgehängt und Reis fürs Frühstück gekocht.

Wir haben damals zum Waschen eine bestimmte Seife benutzt, die es heutzutage nicht mehr gibt. Bei uns hat sie »schwimmende Seife« geheißen. Sie war ungefähr doppelt so groß wie die heutigen Stücke, aber wenn sie ins Wasser gefallen ist, ist sie wieder aufgetaucht. Schaum hat sie aber nicht viel gegeben. Leute in meinem Alter erinnern sich sicher daran – fragen Sie nur.

Für Schminke am Morgen haben wir keine Zeit gehabt. Die Einstellung damals war, daß eine Frau, die viel Zeit vorm Spiegel verbringt, nicht viel taugt. Und schon gar eine Bauerntochter. Wenn sie sich die Haare schön frisiert und sich geschminkt hätte, hätt' sie nie einen Mann gefunden. Die ideale Landfrau ist früh aufgestanden, hat ihren *futon* weggeräumt und sich flink angezogen. Ohne sich auch nur dazu hinzusetzen, ist sie schnell mit einem Kamm durchs Haar gefahren, hat es zu einem Knoten gedreht und mit einer Haarnadel festgesteckt. Dann hat sie sich kurz das Gesicht mit kaltem Wasser gewaschen – Parfüm oder ähnlicher Luxus ist gar nicht in Frage gekommen. Zum Zähneputzen hat sie ein bißchen Salz genommen und mit einem Finger kräftig in die Zähne gerieben. Das war alles, bevor eine Bäuerin an die Arbeit gegangen ist. Hauptsache, sie hat keine zerrissenen Sachen angehabt, ansonsten hat ihr Äußeres nicht die geringste Rolle gespielt. Man hat den ganzen Tag nur die Arbeit im Kopf gehabt. Kein Mensch hat erwartet, daß man sich viel ums Aussehen gekümmert hat.

In unserer Nähschule haben alle Schülerinnen ihr eigenes Sitzkissen mitgebracht. Unser Ehrgeiz war darauf gerichtet, wer als erste ihr Kissen im Klassenzimmer liegen hatte. Damit hat man sich seinen Platz für den Rest des Tages reserviert. Direkt vor der Lehrerin zu sitzen, war nicht so angenehm,

deshalb haben wir uns am liebsten einen etwas zurückgesetzten Platz gesucht, aber wiederum nahe genug, daß wir Frau Kimiyama auf die Hände schauen konnten. Die Internen sind natürlich am besten dran gewesen, weil sie sich leicht die besten Plätze haben reservieren können. Und es war klar, daß jede neben ihrer besten Freundin hat sitzen wollen.

Um sieben Uhr haben immer schon mehrere Reihen Kissen auf den besten Plätzen im Klassenzimmer gelegen. Alle, die später gekommen sind, haben zusammengepfercht ganz hinten sitzen müssen. Solche Mädchen, die nicht so sehr am Lernen interessiert waren, haben sich aber nichts daraus gemacht. Im Gegenteil, man konnte vielmehr daraus schließen, wer ganz hinten gesessen hat, war nicht sonderlich eifrig.

In unserer Freizeit sind wir zusammen in der Stadt spazierengegangen oder haben den Eisenbahnzügen nachgesehen. Ich bin in einem Dorf geboren, deshalb hatte ich, als ich mit zwanzig in die Nähschule kam, noch nie eine Eisenbahn gesehen. Das war 1926. Wir sind in unseren freien Stunden oft von Manabe aus über die Reisfelder gewandert. Im Frühling haben überall Blumen geblüht und die Lerche hat am Himmel ihr Lied gesungen. Und wie wir so am schmalen Rain zwischen den Reisfeldern entlang gegangen sind, haben wir weiter drüben die Bahn, die ihre schwarze Rauchfahne hinter sich hergezogen hat, vorbeidampfen sehen. Mich hat die Eisenbahn ungemein fasziniert. Ich hab' immer gedacht: »Was für wunderbare Maschinen das doch sind!« Fast jeden Sonntag hab' ich mir daraus ein Vergnügen gemacht, vor die Stadt zu spazieren und der Eisenbahn nachzuschauen.

Abends haben wir gearbeitet, bis wir schlafen gegangen sind. Oft waren wir aber zu hungrig – vielleicht weil wir jung waren –, um einzuschlafen. Manchmal haben wir uns deswegen noch zur Bonbonbude oder zum *yaki-imo*-Verkäufer hinausgestohlen und uns heimlich einen kleinen Schmaus geleistet, während Frau Kimiyama nichtsahnend vielleicht gedacht hat, daß wir friedlich schliefen. Wenn ich mir zum Beispiel Reiskräcker besorgt hatte, hab' ich mir eine dicke gesteppte Jacke über den Kopf gezogen, damit man das Knirschen beim Kauen nicht hörte. Wenn wir solche Sachen gemacht haben, haben wir uns manchmal gegenseitig geneckt. Zum Beispiel hat mich eine Kameradin erschreckt, während ich so genüßlich gemampft hab': »Paß auf, die Lehrerin kommt!« Dann hab' ich schnell den Rest in den Mund gestopft. Frau Kimiyama hatte es nämlich verboten, von draußen Essenssachen mitzubringen. Wir haben all diese Sachen heimlich machen müssen.

Die Hebamme

*Frau Katayanagi Sui (*1915)*

Wenn heutzutage eine Frau schwanger wird, läßt sie sich als erstes von einem Arzt gründlich untersuchen. In der folgenden Zeit geht sie während der gesamten Schwangerschaft regelmäßig jeden Monat zur weiteren Beobachtung. Aber vor dem Krieg war das ein Privileg, das sich nur die reicheren Leute leisten konnten.

Damals war es ganz normal, daß eine werdende Mutter nicht vor dem achten oder neunten Monat zu einer Hebamme ging. In den schlechteren Fällen – und diese waren ziemlich häufig – konnten die Frauen uns Hebammen vor der Geburt überhaupt nicht aufsuchen. Erst wenn die Wehen einsetzten, hat man unsereins ganz schnell geholt. Ich mußte dann alles liegen und stehen lassen und losrennen. Oft hatte man überhaupt nichts für die Geburt vorbereitet, bis ich eintraf, keine Wanne und keine Seife, ja noch nicht einmal heißes Wasser. Während ich mich um die Mutter kümmerte, mußte ich auch noch den Angehörigen sagen, was sie tun sollten. Familien, die wie heute, schon Monate im voraus auf die Entbindung vorbereitet sind, waren höchst selten.

Ich erinnere mich noch sehr gut an eine Familie in Tsuchiura. Die Leute waren so arm, daß sie nicht einmal *tatami* hatten. Die Frau lag in ihren Wehen auf einer Strohmatte auf dem blanken Holzboden. Eine Wanne oder einen Eimer gab es genau so wenig. Als ich fragte: »Was nehmt ihr normalerweise zum Waschen?« antwortete der Vater, daß sie einen alten Fischtrog geschenkt bekommen hätten. Auf meine weitere Frage, ob der Trog wenigstens dicht sei, meinte der Vater: »Na ja, ein bißchen leckt er schon, aber nicht so schlimm, daß wir ihn nicht mehr hätten gebrauchen können. Drum hab' ich ihn nicht ausgebessert.« Ich instruierte sie also: »Macht Wasser heiß und wascht damit den Trog gründlich aus. Dann füllt nochmal heißes Wasser ein.« Während das noch alles getan wurde, kam das Baby schon zur Welt. Das arme Ding kriegte sein erstes Bad in einem Fischtrog. Einwickeln mußte ich es in alte Lumpen, weil es das einzige war, was man im ganzen Haus als Windeln auftreiben konnte.

Manchmal hatten solche armen Leute überhaupt nichts im Haus, was man für das Neugeborene als Windel hätte benutzen können. Ich nähte dann einfach ein altes Handtuch zusammen, um damit den armen Wurm zu wickeln. Und weil die meisten so furchtbar arm waren, konnte ich ihnen auch nichts für meine Arbeit berechnen, im Gegenteil, oft mußte ich von mir noch manche Sachen dazugeben. Es kam oft vor, daß ich bei einer Geburt Seife, Verbandszeug und ähnliches selbst mitbrachte.

Es hat immer arme Leute gegeben auf der Welt, und wahrscheinlich wird es immer so sein. Aber ich glaube nicht, daß sich heute noch jemand eine Vorstellung davon machen kann, in welcher Not manche Menschen damals lebten. Es herrschte ja in jener Zeit weltweit diese schlimme Wirtschaftskrise. Die meisten Menschen, die von ihrer Hände Arbeit lebten, haben den größten Teil ihrer Tage gehungert. So etwas wie Sozialversicherung gab es damals noch nicht. Was die Frauen, die ich betreut habe, auf dem Leib hatten, war nicht viel mehr als Lumpen. Ihre *futon* starrten gewöhnlich vor Schmutz. Weil sie nie gelüftet wurden, waren sie obendrein feucht und schimmelig. Die Häuser wimmelten nur so von Läusen und Wanzen.

Ein besonders schlimmer Fall während all meiner Jahre als Hebamme ist mir mit einer Frau drüben in Tanaka untergekommen. Die Geburt war problemlos verlaufen und Mutter und Kind waren wohlauf. Wir waren alle erleichtert, daß es so gut gegangen war, und ich wurde eingeladen, zum Essen dazubleiben.

Es war damals in Tanaka der Brauch, daß alle, die bei einer Geburt geholfen hatten, zum Umtrunk eingeladen waren. Man gratulierte dem glücklichen Vater und trank mit ihm Sake. Bei Familien, die genug zu Essen hatten, wurde man auch noch hierzu eingeladen. Selbst wenn das Kind nachts um zwei Uhr zur Welt gekommen war, gehörte es sich, daß ein anständiges Essen aufgetischt wurde, das auf niedrigen Lacktischchen serviert wurde. Manchmal wurden sogar wie bei einem Festessen *mochi* aufgetischt. So war es auch in diesem Fall gewesen. Nach dem Essen schaute ich noch einmal nach der Mutter, ob ihr Sekret in Ordnung war und machte mich auf den Nachhauseweg. Es schneite. Ich erinnere mich noch gut, wie kalt es war und daß ich richtig durchgefroren nach Hause kam.

Ich lag schon im Bett und war gerade am Einschlafen, als es plötzlich heftig an die Tür pochte. Ich stand auf und schaute nach. Da stand vor mir draußen im Schnee, völlig außer Atem, der Vater. Er war kalkweiß. »Was ist los?« fragte ich, und er antwortete nach Luft ringend: »Es ist meine Frau. Ihre Blutung hört nicht auf.« »Oh, Gott!« entfuhr es mir. Ich verlor keine Minute, packte meine Sachen zusammen und lief barfuß zur Rikscha-Station in Tajuku, wo ich zum Glück sofort eine freie Rikscha fand. Der Rikscha-Fahrer brachte mich nach Tanaka zurück, so schnell er nur konnte.

Als ich ankam, fand ich die Frau in einem viel schlimmeren Zustand, als ich befürchtet hatte: Ihr *futon* war über und über voll Blut – es war schon bis auf die *tatami* durchgesickert. Einige Nachbarn standen um die Frau herum. »Jetzt nur keine Panik!« ermahnte ich sie, wobei ich selber von dem Schock am ganzen Körper zitterte. Schließlich hatte ich mich wieder unter Kontrolle. Ich gab der Frau als erstes eine Injektion mit einer blutstillenden Lösung. Dann schickte ich jemand zu Dr. Ishijima vom Tsuchiura Krankenhaus.

Die Frau Dr. Ishijima – eine wunderbare Frauenärztin – eilte sofort, ausgerüstet mit ihrer Medizinertasche, zu unserer Patientin. Das erste was sie tat, war, daß sie alle, die herumstanden, mit Ausnahme der Familienangehörigen, aus dem Haus schickte. Dann wandte sie sich an den Ehemann und erklärte ihm: »Die Blutung Ihrer Frau ist ziemlich schlimm. Aber mit ein bißchen Glück werden wir sie retten. Verhaltet euch so ruhig es irgendwie geht.« Die Ärztin unternahm noch einiges, um die Blutung zu reduzieren und gab noch mehrere Spritzen. Und tatsächlich, der Blutfluß ließ allmählich nach und hörte schließlich ganz auf. Ich war erleichtert. Frau Dr. Ishijima erschien mir wie eine wunderwirkende Fee.

Ich frage danach die Ärztin, was die Ursache gewesen war, und sie sagte: Unterernährung. Die arme Frau hatte jahrein, jahraus schwere Bauernarbeit gemacht, bei einer Kost, die aus nicht viel mehr als Reis und Gerste bestand. Das hatte sie ausgezehrt. Als das Kind geboren wurde, war die Gebärmutter zu schwach, um sich wieder richtig zu schließen. Zum Glück konnten wir die Frau retten. Aber für mich war das damals eine schockierende Erfahrung.

Übrigens haben wir die Babys immer mit ganz gewöhnlichen Waagen – wie man sie auf dem Markt verwendet – gewogen, wie ein Pfund Kartoffeln. Wir Hebammen hatten eine solche Waage stets in unserer Tasche.

Wenn ich zu einer Entbindung aufs Land hinausgehen mußte, war das Baby meist schon da, bis ich eintraf. Die Mutter, noch in ihren zerlumpten alten Arbeitssachen, brachte das Kind fast immer ohne fremde Hilfe zur Welt und schnitt ganz alleine die Nabelschnur durch. Wenn ich fragte: »Womit hast du die Nabelschnur durchtrennt?« sagte die Frau oft, daß sie sie an zwei Stellen mit einem feinen Seidenfaden abgebunden und mit einer Schere, die sie vorher in kochendem Wasser sterilisiert hatte, durchgeschnitten habe. Diese Frauen hatten einen unglaublichen Mut. Glauben Sie, daß heutzutage noch irgendeine Frau dazu in der Lage wäre?

Einige Tage nach einer Entbindung bin ich jedes Mal nachsehen gegangen. Doch schon nach ein paar Visiten sagten die Frauen in der Regel: »Machen Sie sich keine Sorgen, ich komme jetzt schon alleine zurecht.« Ich mahnte sie dann zur Vorsicht, daß das Baby infektionsgefährdet sei und daran sterben könne und deshalb die Nabelschnur keimfrei zu halten sei, bis sie vollständig abfalle. »Nein, nein, es ist ein kräftiges Baby. Keine Angst«, war meist die Antwort. Es blieb mir in solchen Fällen also nichts anderes übrig, als meine Visiten einzustellen. Und wirklich, die Babys sind alle groß und kräftig geworden.

Während der amerikanischen Besatzungszeit hatten wir Hebammen weniger zu tun, weil das Gesundheitswesen unter General MacArthur geändert wurde. Man förderte statt der Hausgeburten mit Hilfe einer Hebamme Entbindungen in der Klinik. Das mag ja in Ordnung sein – wir müssen alle mit der Zeit gehen –, aber ob die Babys noch so kräftig werden wie die damaligen Bauernkinder, ist doch sehr die Frage.

Frauenfrisuren

*Frau Asano Tamaki (*1918)*

Sobald ein Mädchen zwölf oder dreizehn Jahre alt war, frisierte man ihm normalerweise das Haar im *momo-ware* Stil, wobei es allerdings sehr auf die wirtschaftlichen Verhältnisse der Familie ankam. Von diesem Zeitpunkt an behielten Frauen ihr Leben lang eine der traditionellen Haartrachten bei. Die Friseusen hatten also immer genug zu tun. Es war daher ein sicheres Gewerbe.

Als ich die sechs Jahre Dorfschule hinter mich gebracht hatte, kam ich als Lehrling in den Frisiersalon meiner Tante im Stadtteil Asakusa in Tokyo. Meine Tante war als Chefin ein echter Drachen. Sie ließ nicht geringste Nachlässigkeit durchgehen. Wie penibel sie war, kann ich an Hand der über zwanzig Bonsai-Bäumchen in unserem Laden, die ich alle pflegen mußte, schildern. Es war nicht damit getan, daß ich ihnen Wasser und Dünger gab, ich mußte jedes einzelne Blatt mit einem Pinsel abstauben. Meine Tante pflegte zu predigen: »Junges Fräulein, wenn du meinst, du kannst hier schludern, dann wird nie was rechtes aus dir werden.« Dann mußte ich auch all diese Blätter abpinseln, die der Kunde gar nicht sehen konnte. Damals waren Lehrmeister alle sehr streng mit ihren Lehrlingen – Gott weiß, ob es uns etwas genützt hat.

An Frisuren muß es mindestens hundert verschiedene Stile und Varianten gegeben haben. Ich kann jetzt natürlich nicht alle beschreiben, aber einige von denen, die hier abgebildet sind, will ich mal erklären.

In den ersten Jahren trugen die Mädchen ihr Haar lang und glatt herabhängend im *o-sage*-Stil, manchmal aber war es zu einem Zopf geflochten oder mit einem bunten Papierband hübsch gebunden. Die Sitte wollte es, daß ein Mädchen nach Abschluß der sechs Grundschuljahre, also mit zwölf oder dreizehn, diese Haartracht nicht beibehalten konnte – sondern es mußte, wie schon gesagt, im *momo-ware*-Stil frisiert werden. In unserer Gegend änderte ein Mädchen seine Frisur just an dem Tag, an dem sie aus der Schule kam. Sie ersetzte gleichzeitig ihren einfachen Kimono-Gürtel durch einen richtigen *obi* für Erwachsene.

Momo-ware soll eine Knospe darstellen – Symbol für ein erblühendes Mädchen –, deshalb ist der Haarknoten rund und voll. Die Zeichnung zeigt

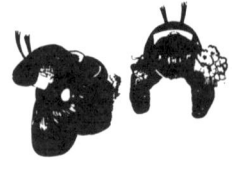

»Siebzehner«-*Shimada*

Momo-ware   *Yuiwata*

eine etwas aufwendigere Variante des *momo-ware*, den *miyako oshidori*-Stil. Im echten *momo-ware* ist die *motoi*-Schnur nicht sichtbar, sondern nur das bunte Papierband. In der Abbildung wird der Haarknoten durch Florettseide und ein getupftes Tüchlein in schmückenden Farben gehalten.

Für zusätzlichen Schmuck wurden Steckkämme verwendet; es gab welche mit Blumendesign oder solche aus Perlmutt. Im Bild ist ein kleines Tüchlein vor dem Kamm sichtbar – dieses nannte man *chinkorogake*. Mädchen von fünfzehn oder sechzehn Jahren trugen oft einen großen roten Kamm. Wenn man noch ein buntes Tüchlein dazusteckte, sah es wirklich sehr reizend aus. Zu beiden Seiten steckte man noch mit allerlei Ornamenten versehene Nadeln ins Haar. Gewöhnlich war die Haarnadel an der linken Seite wesentlich größer als alle übrigen. Es gab viele verschiedene Muster, aber die drei traditionellen Typen, Kiefer, Bambus und Pflaumenblüte, waren am beliebtesten. Daneben war die Fächerform sehr populär. Haarnadeln mit Glyzinienmuster dagegen wurden nur von Geisha, die noch nicht voll ausgebildet waren, getragen und niemals von gewöhnlichen Mädchen. Die Haarstreifen neben den seitlichen Schmucknadeln durften etwas durchhängen – sie wurden »Reizlocken« genannt und waren eigentlich nur eine weitere Form der Ausschmückung.

Mit siebzehn Jahren steckten die Eltern ihrem Mädchen das Haar im *shimada*-Stil, was glückbringend sein sollte. Deshalb hieß dieser Stil »siebzehn *shimada*«. In diesem Fall wurde die Form des Haarknotens – die runde »Knospe« Jungmädchenzeit – verändert. Von einer alten Frau wurde mir einmal erklärt, daß das Herz eines siebzehnjährigen Mädchens zwiespältigen Launen unterworfen ist, wie seine Treuegesinnung. In seiner Jugend – das Mädchen trägt noch den *momo-ware*-Stil – gehorcht es in allem ohne Zweifel seinen Eltern und sein Herz ist noch rein. Aber wenn es beginnt, erwachsen zu werden, schwankt sein Pflichtgefühl, deshalb trägt es den Haarknoten nun zweigeteilt, einen Teil hinter dem Papierband, den anderen davor. Ein buntes Band wird um den Ansatz des Knotens geschlungen – ohne dieses wäre es nur ein gewöhnliches *shimada*. Aber die Ränder der Frisur greifen nun weiter aus, denn schließlich ist das Mädchen ja nun alt genug zum Heiraten.

Ab neunzehn bis zum Alter von ein- oder zweiundzwanzig Jahren steckten die Mädchen ihr Haar in jenem Stil, der *yuiwata* genannt wurde. Bei diesem Stil saß der Knoten wesentlich tiefer und war flacher als beim »siebzehn *shimada*«. Außerdem war er vollständig in zwei geteilt, um volle Reife anzudeuten. Auch hierfür nahm man ein getupftes Tüchlein. In der Zeichnung ist das Tüchlein etwas zu streng gebunden – normalerweise was es nämlich ziemlich locker um den Knoten gewunden. Wenn man zu beiden Seiten des Tüchleins noch Gold- oder Silberfäden mit hineinwand, so ergab das den *osome*-Stil.

Einen weiteren Stil, der zwischen dem »siebzehn *shimada*« und dem *yuiwata* liegt, muß ich noch erwähnen: es ist der *o-shichigake*. Dieser war nahezu identisch mit dem »siebzehn *shimada*«, nur daß man um das Tüchlein noch Gold- oder Silberbänder aus Papier wand, was man gerne zu besonderen Anlässen wie Neujahr tat. Das sah dann besonders lieblich aus.

Ab einundzwanzig Jahren trugen manche Mädchen Variationen des Standard-*shimada*-Stils, andere dagegen zogen *ichogaeshi* vor. Sehr populär war auch *kiritenjin*. Hierbei wurde der Knoten nach den beiden Seiten des Kopfes hin zweigeteilt. Dazwischen wurde ein buntes Papierband geflochten und durch ein getupftes Tüchlein verdeckt. Der Knoten saß ziemlich flach und tief am Kopf. Die Frisur wirkte insgesamt einfach, aber elegant. Nun war das Mädchen in dem Alter, in dem es sehr bald heiraten würde, deshalb war eine anmutige, doch nicht allzu auffallende Haartracht angemessen. *Ichogaeshi* war im Grunde genau so wie *kiritenjin*, nur war das Band, das die beiden Seiten des Knotens trennte, etwas breiter und wölbte sich nach hinten stärker – vermutlich in rein dekorativer Absicht.

Nach der Heirat trugen die Frauen ihr Haar für den Rest ihres Lebens im *maru-mage*-Stil. Eine andere Haartracht kam nicht mehr in Frage. Das Bild zeigt, warum das so ist. Es ist die Rückwendung zum großen, runden Knoten, der anzeigen soll, daß das Herz der Frau nun eins ist mit dem ihres Ehemannes und nicht länger zwiespältig.

Im *maru-mage* erkennt man unterhalb des Knotens eine kleine, runde Perle. Sie war aus roter Koralle gefertigt. Das Bild zeigt das Stoffband nicht sehr

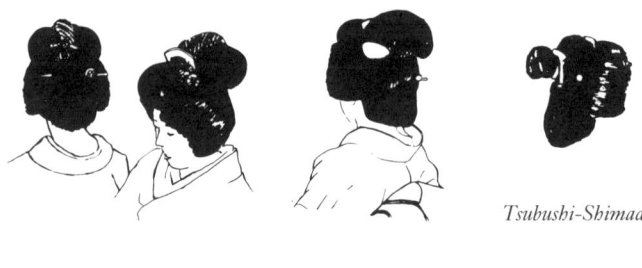

Tsubushi-Shimada

Kiritenjin   *Maru-mage*

deutlich, doch über diesem war oft noch eine Haarnadel eingesteckt, das *naka-zashi*. Es bestand bevorzugt aus Schildpatt und fügte der Frisur einen Hauch von Eleganz hinzu. Für das Band wurde gern weiße, getupfte Seide verwendet, doch variierten Farbe und Material, selbst schwarzer Satin war möglich.

Die Größe des Haarknotens richtete sich nach dem Alter der Frau. Verheiratete Frauen zwischen zwanzig und dreißig trugen einen großen, vollen Knoten, den *daitsukasa*. Wenn er gar noch größer war, hieß er *daidaitsukasa*. Bei Frauen über dreißig wurde der Knoten etwas kleiner gewunden zum *gokudaitsukasa*. Ab vierzig Jahren hatten Frauen schon sehr viel kleinere Knoten, die »Nummer eins« oder »Nummer zwei« genannt wurden. Bei Frauen über fünfzig oder sechzig war der Chignon schon fast bedauernswert winzig und saß wie ein Tüpfelchen oben auf dem Kopf. Dann spürte man wirklich, daß man im fortgeschrittenen Alter war. Auch die Haarperle wurde allmählich kleiner, bis sie bei Frauen über siebzig nur noch die Größe eines Reiskorns hatte. Hierfür wurde, wie beschrieben, immer Rot gewählt, dagegen variierte die Farbe des Bandes für den Haarknoten. Junge Frauen um die zwanzig hatten ein rotes, jene über dreißig ein pfirsichfarbenes, Frauen über vierzig ein ins rosa gehendes lila und schließlich ein tiefes lila, wenn sie über fünfzig waren. Es konnte also jeder auf den ersten Blick sehen, wie alt ungefähr eine Frau war, ob verheiratet oder ledig, ja sogar, welchem Stand sie angehörte.

Die Frisuren der Geisha waren ganz anders als die von normalen Frauen, deshalb konnte man Geisha sofort erkennen. Nicht so einfach war es allerdings mit noch nicht vollständig ausgebildeten Geisha. Hier mußte man unter anderem auf die Seitenlocken achten, die, statt wie üblich mit Öl, mit steifem, schwarzen Japanpapier festgeklebt waren. Der Haarknoten wurde bei solchen Geisha-Anfängerinnen im *miyako oshidori*-Stil gebunden und mit großen, reich verzierten Haarnadeln geschmückt, oft mit einer Verzierung im Glyzinienmuster, wie ich vorher erwähnt hatte. Sie sahen sehr reizend aus.

Eine voll ausgebildete Geisha trug einen Haarstil, der im Prinzip ein *shima-da* war, nur eben, wie es sich für eine Geisha gehörte, mit allerlei Varianten und Schmuck. Eine reife Geisha – jede Geisha über zwei- oder dreiundzwanzig

Jahre galt als solche – ließ sich ihr Haar in einem *tsubushi shimada*-Stil frisieren, mit dem vorderen Knoten groß und voll, während der hintere rund und sehr klein war und sich ein wenig vom Kopf abhob. Dieser Stil war für uns Friseusen eine ziemlich knifflige Angelegenheit und erforderte besonderes Geschick.

Bei all diesen Trachten mußte das Haar sehr fest hochgebunden und gesteckt werden, deshalb litten unvermeidlicherweise die Haarwurzeln. Sie eiterten bei den meisten Frauen in der ersten Zeit, wenn man anfing, die *shimada*-Frisur zu stecken. Für uns war es beim Frisieren höchstens ein unangenehmer Geruch, aber die Mädchen litten oft bis zu Tränen. Es dauerte etwa drei Monate, bis sich die Wurzeln beruhigt hatten und der Schmerz nachließ. Man muß sich also nicht wundern, wenn die Frauen heutzutage ihr Haar nicht sehr lange im traditionellen Stil tragen. Auch damals gab man mit dem *tenjingake*-Stil, bei dem das Papierband sehr lose gebunden wird und der Knoten ziemlich flach am Kopf sitzt, dem Haar zwischendurch ein paar Tage Pause sich zu erholen. Da die Geisha aber in dieser Frisur keine Kunden bedienen konnte, sah man sie bald wieder das Haar im formalen Stil gesteckt tragend – mir taten die Frauen manchmal wirklich leid.

Schließlich gab es noch spezielle Frisuren für Neujahr, wozu Reisähren oder Kiefernzweiglein ins Haar gebunden wurden, und solche für die Damen, die Geishahäuser führten. Aber ich glaube, jetzt ist es genug. Ich höre besser hier auf, sonst erzähle ich noch tagelang weiter.

GEISHA UND OFFIZIERE

Frau Miyazaki als junge Geisha

Nachwuchs-Geisha

*Frau Nakazawa Sui (*1909)*

Nach Tsuchiura kam ich erst, als ich eine voll ausgebildete Geisha geworden war. Geboren und aufgewachsen bin ich in Sawara. Zwischen Tsuchiura und Sawara bestehen heute nicht viele Verbindungen, doch vor fünfzig Jahren gab es eine Dampferlinie zwischen diesen beiden Städten an den entgegengesetzten Enden des Sees. Beides waren blühende Stadtgemeinden mit einem regen Austausch untereinander.

Ich hatte gerade meine Grundschule hinter mir und war etwa zwölf Jahre alt, als mich meine Eltern in ein Geishahaus als *shitajikko* sandten. *Shitajikko* nannte man ein Mädchen, das noch nicht alt genug war, um eine Geisha zu werden. Man ließ sie zuerst kleine Erledigungen machen und brachte ihr die ersten Grundbegriffe für ihr späteres Leben als Geisha bei.

Ich hatte Glück, daß ich wenigstens die sechs Jahre Grundschule hatte machen dürfen, denn viele Mädchen wurden schon davor aus der Schule genommen. Sie mußten mit acht oder neun Jahren irgendwo in Anstellung gehen oder als Babysitter Geld verdienen. Ich glaube nicht, daß man irgend jemandem für diese Behandlung der Kinder eine Schuld geben kann. Es war nur einfach so, daß Leute wie wir sehr arm waren und daß die Welt insgesamt noch nicht so weit war wie heute.

Mein Vater starb, als ich noch ein Baby war. Meine Mutter mußte also arbeiten gehen, um mich und meine Schwester großzuziehen. Ich sah es jeden Tag mit eigenen Augen, wieviel Mühe und Arbeit sie für meine Schwester und mich auf sich genommen hat. Ich habe es mir zu Herzen genommen. Es war für mich daher nur selbstverständlich, daß ich genauso arbeitete, sobald ich aus der Schule kam. Ich fühlte mich gar nicht so furchtbar elend, als ich in ein Geishahaus geschickt wurde. Man darf nicht vergessen, daß Eltern, die ihre Tochter an ein Geishahaus verkauften, einen schönen Batzen Geld bekamen, viel mehr, als wenn sie sie als Dienstmagd oder Babysitter weggaben. Meistens waren es hundert Yen, die sie für ihre Tochter erhielten. Das hat für vieles gereicht, zum Beispiel um Schulden zu bezahlen und sonstige notwendige Ausgaben zu bestreiten. Es war ein Ausweg und oft verführerisch genug für Eltern, nach diesem Strohhalm zu greifen.

Sawara in den alten Tagen mit dem Fluß Ono und den vielen Booten darauf war eine lebhafte Stadt. Das größte Teehaus beschäftigte mindestens zehn Geisha. Aber dort, wo ich arbeitete, waren es nur drei oder vier. Ein paar Frauen standen noch in der Ausbildung. Dazu waren wir zwei *shitajikko*. Ich mußte anfangs einen Baumwollkimono mit einem schmalen Gürtel und einer Schürze darüber anziehen.

Unsere Geisha ließen sich ihr Haar alle drei oder vier Tage neu frisieren. Deshalb mußte ich ständig zum Frisiersalon laufen und anfragen, ob eine unserer Geisha sofort drankommen könne. Kam ich mit der Antwort zurück, daß es noch ein wenig dauern würde, weil die Friseuse gerade mit einer anderen Kundin beschäftigt war, schaute mich unsere Geisha verdrießlich an. Es blieb ihr aber nichts anderes übrig, als zu warten und sich die Zeit etwa mit einem Bilderbuch zu vertreiben.

Ich saß dann schweigend neben ihr. Doch schon nach zehn Minuten schickte sie mich wieder los: »Schau mal nach, ob sie schon fertig sind.« Wenn ich schon wieder im Frisiersalon auftauchte, schimpfte man mit mir: »Hab' ich dir nicht grade gesagt, daß ich noch keine Zeit hab'?« Also lief ich wieder zurück und sagte, daß es noch nicht so weit sei. Jetzt wurde auch unsere Geisha ärgerlich und begann zu lamentieren: »Diese Frau ist einfach furchtbar langsam«. Letzten Endes mußte ich aber alles ausbaden.

An Winterabenden, wenn ich fünf- bis sechsmal hintereinander hinausgeschickt worden war, kam ich schließlich halb erfroren wieder zurück. Ich weiß noch gut, wie ich mich nach dem warmen Platz am Kohlenbecken gesehnt habe. Aber man gönnte mir kaum eine Minute Verschnaufpause, bevor ich wieder losrennen mußte. Oft fühlte ich mich so erbärmlich, daß ich vor Kummer hätte weinen mögen.

Manchmal, wenn die Kunden ausblieben und die Geisha gelangweilt herumsaß, stand sie sogar mit gefalteten Händen vor dem Hausaltar und betete darum, daß bald ein Kunde für sie erscheinen möge. Wenn sie dann das Glück hatte, daß man in einem Restaurant nach ihr verlangte, strahlte sie übers ganze Gesicht. Gab es aber überhaupt kein Geschäft, wurde sie immer deprimierter,

Shamisen-Unterricht

saß am Tisch und starrte ins Leere. In solchen Augenblicken mußte ich den Tuschestift reiben, und sie begann, fieberhaft Briefe zu schreiben. Die Briefe steckte sie in rote Lackschatullen und beauftragte mich, sie zu gewissen Herren zu bringen. Es waren Liebesbriefe.

Komiker erzählen oft lustige Geschichten über Geisha, die durch ihre Dienstmädchen Liebesbriefe mit genau dem gleichen Inhalt verteilen lassen: »Ich vergehe in Sehnsucht, weil du mich nicht mehr besuchst.« Zu meiner Zeit als *shitajikko* haben die Geisha das wirklich so gemacht. Ich mußte tatsächlich gleichlautende Briefe zu Männern in der ganzen Stadt bringen. Ich war ja noch ein Kind und völlig naiv, was die Beziehungen zwischen Männern und Frauen betraf. Wenn ich ins Büro eines dieser Kunden kam, wußte ich nicht, wie ich es anstellen sollte, ihm den Brief zu übergeben. Deshalb druckste ich erst so lange vor dem Geschäft herum, bis mich ein Angestellter ausschimpfte. Es kam vor, daß ich in meiner Verzweiflung fast den Tränen nahe war.

Die Aufträge für mich schienen Tag und Nacht kein Ende zu nehmen: »Komm, lauf los und besorg' mir ein Paar Strümpfe«; »Spring mal schnell zum Kurzwarenhändler. Er soll herüberkommen«; »Laß mir sofort eine Rikscha kommen«, und so ging es den ganzen Tag – ich konnte nie vor Mitternacht schlafen gehen. Ich war ständig zum Umfallen müde. Es war fürchterlich. Ich bin oft im Sitzen eingeschlafen – das ist mir Dutzende Male passiert – während ich eine unserer Geisha bedienen mußte … Sie waren dann immer sehr böse auf mich.

Aber wenigstens erhielt ich eine gute Ausbildung im Tanz, im *shamisen*-Spielen und für die kleine Trommel. Die Trommel-Lehrerin kam zu uns ins Haus, aber für die *shamisen*- und Tanzstunden mußte ich zu den verschiedenen Lehrern hingehen. Den strengsten Unterricht bekam ich jedoch in den Regeln der Etikette für Geisha: im Verhalten gegenüber Höhergestellten und gegenüber Kunden und natürlich in korrekter Sprache. Es wurde uns zum Beispiel eingeschärft, daß eine Geisha in Gegenwart eines Kunden niemals ißt oder trinkt. Mir wurde wieder und wieder gesagt, daß eine Geisha nicht nur den

Kunden zu unterhalten und dafür zu sorgen hat, daß er sich gut amüsiert – jede Prostituierte konnte das tun –, sondern sie hat eine Künstlerin zu sein und ihr Leben der Kunst zu widmen; dies wurde uns so oft wiederholt, daß wir es im Schlaf hersagen konnten.

Es brauchte damals Jahre der Übung und harter Arbeit, bis man eine voll ausgebildete Geisha war. Deshalb war die Atmosphäre auf einer Geisha-Party ja auch ganz anders als in den Clubs von heute. Aber wenn ich daran zurückdenke, frage ich mich, ob die rigorose Ausbildung, die damals alle erhielten, wirklich etwas Gutes war oder nicht. Ich glaube, wenn die Disziplin zu streng ist, unterdrückt man die Persönlichkeit. Wer fortgesetzt gesagt bekommt: »Unterlaß' dies, unterlaß' das«, und gedrängt wird, seine Gefühle zu verbergen, der verliert den Mut, etwas aus eigenem Antrieb zu tun und die Fähigkeit, sich mit einem anderen Menschen auszutauschen. Die Anspannung, die dadurch erzeugt wird, ist sicher nicht sehr gesund, besonders für heranwachsende Kinder.

Trotzdem muß ich doch sagen, daß ich ziemlich erstaunt bin, wenn ich das laxe und unprofessionelle Gebaren der heutigen Geisha sehe. Vielleicht ist das straffe Training wirklich nötig, wenn eine Geisha fähig sein soll, Kunden im wahren Sinn des Wortes zu »unterhalten«. Mir ist völlig klar, daß der goldene Mittelweg schwierig zu finden ist. Ist die Ausbildung zu strikt, zerstört sie die Persönlichkeit, ist sie aber zu lasch, erzieht sie zur Schludrigkeit.

Zwei Geisha, ein Putsch und Kamikazeflieger

Frau Nakazawa Sui, Geisha-Name »Ochiyo« (*1909)
Frau Yamamura Tsuya, Geisha-Name »Umeka« (1915-1991)

Umeka: In den alten Tagen markierte die Straße, die quer durch Tsuchiura verlief, vom Rathaus über die Brücke Nioibashi bis zum Gebäude der Telefongesellschaft, die Grenze zwischen dem Rotlichtviertel und der anderen Seite, wo die Geishahäuser standen. Im Rotlichtviertel amüsierten sich die Unteroffiziere und niederen Ränge der Soldaten des Marineluftgeschwaders. Dort arbeiteten in den größeren Etablissements bis zu sieben oder acht Frauen; die kleineren Häuser beschäftigten aber nur zwei oder drei. Jedes Freudenhaus hatte einen imposanten Eingang, aber einen nur schwach beleuchteten Flur, der durch die Mitte des Hauses bis ganz zum hinteren Ende verlief. Zur Zeit seiner größten Popularität hat es in diesem Viertel bis zu siebzig oder achtzig Bordelle gegeben. Die höheren Offiziere verkehrten aber niemals in diesem Viertel; sie amüsierten sich in den Geisha-Häusern auf der anderen Seite der Straße. Ich glaube kaum, daß heute noch jemand weiß, wie scharf die Trennung zwischen den niederen und höheren Rängen damals war. Selbst außerhalb der Dienstzeit wurde sie beibehalten, ja sie wurde bewußt und systematisch aufgebaut. So wurde im Geisha-Viertel von der Militärpolizei, die das Verhalten der Truppen zu überwachen hatte, ständig patrouilliert. Mannschaften der unteren Ränge waren unter keinen Umständen in den Geisha-Häusern geduldet.

Ochiyo: Es war vermutlich die Politik der militärischen Führung, die oberen Offiziere derart abzuschirmen. Die höchsten Offiziere – ab Vize- und Konteradmiral – fuhren vor unserem Hause in von Chauffeuren gefahrenen Limousinen vor und saßen stets am oberen Ende der Tafel. Die Sitzordnung an der Tafel folgte streng der militärischen Rangordnung vom Kapitän zur See über den Fregatten- und Korvettenkapitän bis hinunter zum Leutnant zur See. Unsere Parties waren wie eine Versammlung militärischer Prominenz. Die schmale Straße, die unser Geisha-Viertel vom Bordellviertel auf der anderen Seite trennte, schien wie eine Trennlinie zwischen Himmel und Erde.

Umeka: Genauso wenig wissen viele Leute heute noch, daß es unter den Geisha ebenfalls eine strenge Hierarchie gab.

Ochiyo: Nicht wahr? Vermutlich liegt es daran, daß kaum noch jemand weiß, wie groß der Unterschied war zum Beispiel im Tanz zwischen einer erfahrenen Geisha und einem Mädchen, das gerade erst mit ihrer Ausbildung fertig war.

Umeka: Ich erinnere mich an eine Party, kurz nachdem ich meine Ausbildung hinter mich gebracht hatte. Ich saß schüchtern ganz am unteren Ende der Tafel und bediente die niederen Ränge, als nach einer Weile ein höherer Offizier am oberen Ende der Tafel meinen Blick auffing und mich zu seiner Seite winkte. Ich tat, wie geheißen und folgte der Einladung des Offiziers. Ich war noch unerfahren und wußte nicht, daß ich gegen die Regeln verstoßen würde. Ich wurde aber darüber nicht lange im Unklaren gelassen, denn sofort verwarnte mich eine ranghöhere Geisha, die neben dem Offizier saß, in sehr deutlichen Worten: »Du hast an diesem Ende der Tafel nichts zu suchen.« Ich kehrte also mit hochrotem Gesicht wieder an meinen alten Platz zurück. Auf formellen Geisha-Parties – mit Ausnahme solcher im kleinsten Kreis – durften die jüngeren Geisha, egal wie beliebt sie sein mochten, niemals den Kunden am oberen Ende der Tafel aufwarten.

Ochiyo: Weißt du noch, unsere Parties waren viel bunter und großartiger, als was man heute sieht. Die Geisha trugen alle Kimono mit eleganten langen, schwarzen Schleppen. Sie bildeten für das Ritual des Auftragens zum Bankett eine lange Reihe und glitten in kleinen Trippelschritten und rauschenden Schleppen den langen Flur entlang, wobei jede ein Tablett mit Speisen in Augenhöhe vor sich hertrug. Den Gästen wurde in der Reihenfolge ihres Rangs serviert, natürlich am Kopfende der Tafel beginnend. Da ich selbst Teil dieser Prozession war, konnte ich sie nicht wirklich beobachten, aber es scheint, daß dieses Spektakel bei den Marineoffizieren sehr beliebt war, denn sie lobten uns immer sehr dafür. Unter den Offizieren gab es einen ausnehmend gebildeten Leutnant – seinen Namen hab' ich leider vergessen. Er erklärte mir, daß dieses Zeremoniell *seibi* heiße und aus China stamme. Es bedeutet Speisen in Augenhöhe darbieten, wie Opfergaben für Götter. Dieser Begriff taucht offenbar in alten chinesischen Chroniken auf, doch ist in China selbst dieses Zeremoniell wohl aus der Übung gekommen. »Ist es nicht merkwürdig«, sagte er, »daß es im heutigen Japan noch gepflegt wird? Wir

haben so vieles von der klassischen chinesischen Kultur übernommen und bewahrt.«

Umeka: Wer kann das bloß gewesen sein? Vielleicht Leutnant Koga, derjenige, der sich 1932 an der Rebellion der jungen Offiziere beteiligt hatte?*

Ochiyo: Nein, der war es nicht. Es war einer von denen, die nicht sehr oft zu unseren Parties kamen. Das einzige, woran ich mich bei ihm erinnere, ist eben diese Erläuterung des Zeremoniells.

Umeka: Hast du eigentlich Admiral Yamamoto Isoroku gut gekannt?

Ochiyo: Den Befehlshaber der Flotte? Nein, ich war noch zu jung. Ich durfte nicht in seiner Nähe sitzen. Aber erinnerst du dich an Genda? Den kannte ich ziemlich gut. Er war nur ein Fliegengewicht, klein und schmal. Aber manchmal, wenn ihn etwas begeisterte, schwang er sich auf den Holzrand oben an der Zimmerwand, und eh man sich's versah, wieselte er, sich mit den Händen an der Decke stützend, dort oben entlang, so sicher wie auf dem Fußboden.

Umeka: Wer hätte gedacht, daß es Leutnant Genda sein würde, der die Attacke auf Pearl Harbor plante?

Ochiyo: Unglaublich, nicht wahr?

Umeka: Aber die Offiziere der Marine hatten alle etwas Besonderes an sich, nicht? Die Frauen liefen ihnen nur so nach. Diese Burschen konnten sich aussuchen, welche sie haben wollten, ob Geisha oder Bürgerstochter.

Ochiyo: Angeblich sind heutzutage die Studenten der Eliteuniversitäten bei den Frauen genauso beliebt. Doch das ist gar nichts im Vergleich dazu, wie damals die Marineoffiziere von den Frauen angehimmelt wurden. Die Offiziere sahen einfach so schneidig aus. Sie waren nicht nur gut gebaut, sondern auch gescheit. Obwohl sie noch sehr jung waren, wirkten die meisten erstaunlich reif und selbstsicher. Im Sommer trugen sie ihre weiße Uniform und ein kurzes Schwert an der Seite, das in einer glänzenden Scheide steckte. Im Winter hatten sie ihren dunkelblauen Waffenrock an mit einem kurzen Cape

---

* Es handelt sich um die Rebellion von Offizieren mit der Ermordung des Premierministers Inukai Tsuyoshi am 15. Mai 1932.

darüber und ihre feschen Mützen auf. Sie marschierten in voller Uniform in Gruppen durch die Stadt. Die jungen Töchter der Kaufleute träumten nur davon, sich in einen Offizier zu verlieben. Nicht wenige haben sogar einen von ihnen geheiratet.

Umeka: Ich frage mich, warum die Frauen solche Männer so attraktiv fanden. Wahrscheinlich war es hauptsächlich das gewisse Leuchten der Augen, das die Marinesoldaten von gewöhnlichen Männern unterschied. Ich denke mir, daß das mit ihrem täglichen Flugtraining zusammenhing, wo sie immer zwischen Leben und Tod schwebten.

Ochiyo: Sie hatten sicher eine gewisse Aura. Keiner von ihnen glaubte, daß er den Krieg überleben würde, wenn es so weit war. Obwohl sie nie darüber sprachen, haben auch wir es gespürt. Das machte sie andererseits in gewisser Weise unheimlich.

Umeka: Merkwürdigerweise konnten sie aber manchmal wie verzogene Jungen sein. Auf uns hart arbeitende Geisha wirkten sie – na ja, wie kleine, freche Bengel, die nicht gehorchen wollten.

Ochiyo: Stimmt. Es ist komisch, daß sie auch so kindisch sein konnten, nicht? Die meiste Zeit schienen sie verantwortungsbewußt und vernünftig, aber manchmal fingen sie plötzlich an zu albern. Einige waren so angeberisch, daß ich ihnen am liebsten eine ordentliche Tracht Prügel gegeben hätte. Im großen und ganzen sind sie aber nicht aus dem Rahmen gefallen.

Umeka: Weißt du, sie waren immer betont höflich gegenüber Frauen, ob Geisha oder Bürgerstöchter. Man mußte sie dafür respektieren.

Ochiyo: Na ja, es war schon eigenartig, wie ganz anders sich die Offiziere tagsüber verhalten haben. Ich erinnere mich an einen Kapitänleutnant, der sich eines Abends völlig betrunken hatte und anfing, unsere *tatami* herauszuzerren, weil er nach Kartoffeln graben wollte. Dann hat er die *tatami* aufgeschichtet, ist hinauf geklettert und hat angefangen zu singen, so laut er konnte. Ich bin ihm am nächsten Tag zufällig in der Stadt begegnet. Er schien ein völlig anderer Mensch zu sein. Er spazierte stocksteif in seiner weißen Uniform daher, und das Schwert baumelte an seiner Seite. Selbst als sich unsere

Blicke begegneten, blieb sein Gesicht starr wie eine Maske, und er ging wie ein Fremder einfach an mir vorbei. Ich habe natürlich verstanden, daß ein Offizier unmöglich auf offener Straße mit einer Geisha flirten konnte, aber die Art, wie er mich so völlig ignoriert hat, war schon erschreckend.

Umeka: Ein solches Verhalten war im Grunde eine Frage der »Form«. Es erleichterte manches. Nimm zum Beispiel diese Geschichte mit jenem Rekruten aus der Pilotenschule, der sich in eine junge Geisha verliebt hatte. Einige Monate später bekam er einen Versetzungsbefehl. So wie der Tag des Abschieds nahte, steigerten sich die beiden immer mehr in einen Zustand höchster Emotionalität hinein. Ich konnte es kaum mitansehen, wie sie litten. Noch lange nach dem Abschied war die Geisha völlig aufgelöst. Sie schwamm geradezu in Tränen, so daß sie nicht einmal an ihre Arbeit gehen konnte. Diese Affäre war für alle ein Problem.

Ochiyo: Aber die anderen Offiziere verhielten sich in ihren Affären ziemlich nüchtern. Wenn einer von ihnen versetzt wurde, hat er meistens seine Lieblingsgeisha einem Untergebenen anvertraut und ihm mit vollkommen ernster Miene gesagt: »Sie ist eine wundervolle Geisha. Ich mochte sie sehr gern. Gib gut acht auf sie und tu nichts, was du später bereuen könntest.« Es war so, als würde er die Frau seinem Untergebenen vererben. Der Jüngere befolgte natürlich die Anweisungen stets aufs genaueste.

Umeka: Es kamen zwar auch Offiziere von den Bodenmannschaften, aber die Piloten schienen ein ganz anderer Schlag. Die Männer, die Flugzeuge flogen, hatten ein gewisses Charisma, das den anderen fehlte. Auch die Offiziere von der Infanterie zum Beispiel besaßen lange nicht diese Würde.

Ochiyo: Ich weiß noch, wie Prinz Higashikuni, der ältere Bruder der jetzigen Kaiserin*, zu einem Manöverbesuch nach Tsuchiura kam. Zu diesem Anlaß wurde im Gasthof »Kagetsu« eine Party zu seinen Ehren gegeben. Den Platz am obersten Ende der Tafel nahm aber nicht der Prinz ein, sondern der Kommandant von Tsuchiura. Der Prinz saß auf dem Platz, der ihm seinem militäri-

---

* Mittlerweile Witwe des Shôwa-Tennô.

schen Rang entsprechend zukam, ungefähr in der Mitte der Tafel. Nur sein Sitzkissen war prunkvoller als das des Kommandanten: Es war aus Kreppseide und in der kaiserlichen Farbe weinrot. Der Prinz war ein hochgewachsener Mensch und sah sehr distinguiert aus. Ich erinnere mich, wie beeindruckt ich war von seiner noblen Aura, die er selbst aus der Distanz ausstrahlte. Ich dachte, daß ich nie wieder eine so gute Gelegenheit haben würde, ein Mitglied der kaiserlichen Familie aus nächster Nähe zu sehen. Deshalb war ich ziemlich kühn und ging wie zufällig mehrmals an ihm vorbei, damit ich sein Gesicht auch richtig zu sehen bekam. Die etwas älteren Geisha vergingen zu sehr in Ehrfurcht, um sich in seiner Nähe aufzuhalten. Deshalb nahm ich meinen ganzen Mut zusammen und brachte Sake zu dem gutaussehenden Offizier, der neben dem Prinzen saß und fragte, ob der Prinz etwa davon zu trinken wünsche. »Ja, er wünscht, stell' den Sake hier ab. Ich will ihm einschenken«, sagte der Offizier, und ich zog mich wieder zurück. Aber ich bin überzeugt, daß der Prinz nur zu gerne wenigstens einmal in seinem Leben von einer Geisha eingeschenkt bekommen hätte.

Umeka: Erinnerst du dich an die Affäre vom Mai 1932?

Ochiyo: Nicht wirklich.

Umeka: Weißt du, an dem Abend bevor es passierte, war ich auf einer Party im Teehaus »Takeshiro«. Alle waren da: Oberleutnant Koga, Nakamura, der zur Fliegerausbildung in der Pilotenschule hier war, und Oba. Ich erinnere mich noch heute an die Szene ganz genau. An jenem Abend war Mitsuyo, Kogas Geisha, nicht dabei. Die drei Offiziere verhielten sich ganz wie sonst. Koga, ein großer, kräftig gebauter Mann mit dunklem Teint, war, wie üblich, ziemlich mürrisch. Er ließ sich durch nichts anmerken, daß er am nächsten Tag an einem Coup d'Etat beteiligt sein würde. Nakamura war ein gut aussehender junger Offizier von frischer Gesichtsfarbe, der immer sehr ruhig und gefaßt wirkte. Als ich am nächsten Tag hörte, daß beide an einem Militärputsch beteiligt waren und den Premierminister ermordet hatten, war ich wie betäubt. Es war mir zwar schon aufgefallen, daß die Party früher als sonst zu Ende gegangen war, doch zeigte nichts im Verhalten der Offiziere, was in ihren Köpfen vorgegangen sein mag. Von diesem Zeitpunkt an hatte ich immer den Eindruck, daß Militärs wirklich zum Fürchten sind.

Ochiyo: Nach diesem Vorfall ist Mitsuyo plötzlich verschwunden, nicht wahr?

Umeka: Ich vermute, daß man sie abgeholt hat, weil sie vielleicht etwas von der Affäre gewußt hat.

Ochiyo: Als der Krieg begann, veränderte sich das Geisha-Viertel ganz und gar. 1944 entschied die Regierung, daß Geisha Luxus seien. Von da an wurden wir nur als *settaifu* (Empfangsdamen) bezeichnet. Es war eine trübselige Zeit. Je drei bis vier von uns »Empfangsdamen« wurden in einen der Gasthöfe versetzt und wie Dienstmädchen für bessere Leute behandelt. Nicht einmal die *shamisen* durften wir mehr spielen.

Umeka: Nicht wahr, die beschauliche Atmosphäre der Vorkriegsjahre ging völlig verloren. Kaum war eine neue Gruppe von Offizieren zur Pilotenausbildung eingetroffen, wurden sie schon zum Einsatz abkommandiert. Selbst auf solchen Parties, wo wir Geisha dabei waren, wurden die jungen Rekruten so sentimental, daß die Ausbilder sie anschnauzen mußten: »Vor den Frauen hier wird nicht geflennt!« Die Soldaten sahen oft noch so blutjung aus, daß es selbst mir die Tränen in die Augen trieb. Wir wußten, daß die jungen Piloten nach Chiran im südlichen Kyûshû (Provinz Kagoshima) geschickt wurden, um von dort ihren Kamikaze-Einsatz zu fliegen, von dem sie nicht wiederkehren würden. Trotzdem versuchten wir uns zu sagen, daß es nicht so war und sie nicht direkt von Tsuchiura aus in den Tod gingen. Es muß für die Menschen in Chiran, die alles direkt mitansehen mußten, noch viel schwerer zu ertragen gewesen sein.

Ochiyo: Die Offiziere, die auf ihren Einsatz an der Front vorbereitet wurden, waren so ganz anders als die Offiziere vor dem Krieg. Weißt du noch, sie trugen dunkelblaue Waffenröcke mit gekreuzten Lederriemen über der Brust und scharlachroten Quasten daran. Doch trotz ihrer langen Schwerter an der Seite sahen sie nicht aus wie richtige Offiziere. Die letzte Nacht durften sie hier mit einer jungen Geisha verbringen. Doch unsere Frauen fanden sich eher in

der Rolle von jungen Ehefrauen, die in dieser einen Nacht vor dem Abschied nichts anderes tun konnten, als ihren Ehemann zu trösten. Ich war ja damals schon etwas älter und tat nur noch Dienstmädchenarbeit. Ich sah also nur, was vor sich ging, sozusagen von hinter den Kulissen. Man konnte ganz gewiß nicht sagen, daß diese Männer gekommen waren, um sich zu vergnügen – sie waren alle sehr verzweifelt. In den Bordellen drüben verbrachten die gewöhnlichen Soldaten ihre letzte Nacht auf ziemlich die gleiche Weise. Am nächsten Morgen erschienen die Männer, alle in makelloser Uniform, noch einmal, um sich von uns zu verabschieden, bevor sie sich auf den Weg machten: »Dies ist mein letzter Besuch in diesem Leben. Ich glaube nicht, daß ich euch jemals wiedersehen werde. Sayonara.« Wir standen dann alle vor ihnen, die Tränen liefen uns über die Wangen, unfähig zu antworten. In diesen Augenblicken sah ich klarer als je, was Krieg für eine schreckliche Sache ist.

Umeka: Letzten Endes verloren wir den Krieg. Statt unserer Marineflieger fuhren nun amerikanische Soldaten in ihren Jeeps vor. »Das ist das Ende Japans«, dachte ich damals oft. Nun ja, wir sind seither alle viel älter geworden und – ob es einem gefällt oder nicht – Japan ist jetzt ein völlig anderes Land.

Die ersten Jahre des Marineluftgeschwaders

Herr Uchida Kunimichi (1899-1986)

1921 wurde ich in den Luftstützpunkt der Marine in Ami bei Tsuchiura verlegt. Davor diente ich drei Jahre auf dem Schlachtschiff »Fuji«, das in Yokosuka lag und bereits im Russisch-Japanischen Krieg (1904-1905) im Einsatz
gewesen war. Die »Fuji« wurde jedoch nur noch als Schulschiff benutzt. Auch
ich war einer von denen, die ihre Ausbildung zur See auf diesem Schiff erhalten hatten. Im Rahmen unseres Trainings haben wir die gesamte Küste Japans
abgefahren.

Dann hat man in Yokosuka auch ein Luftgeschwader aufgestellt und dafür
Rekruten angeworben. Ich habe mich dafür gemeldet, wurde angenommen
und bekam dort meine Grundausbildung. Anschließend wurde ich zusammen
mit ungefähr zehn weiteren Kameraden nach Tsuchiura verlegt.

Vielleicht sollte ich mal beschreiben, wie es damals dort ausgesehen hat. Im
Vergleich zu Yokosuka war Tsuchiura ein ziemlich verlassenes Nest. Direkt
hinter dem Bahnhof erstreckte sich der riesige See Kasumigaura; der Ort hatte lediglich eine einzige Hauptstraße. Ringsherum nur Reisfelder, so weit das
Auge reichte. Als ich nach Tsuchiura kam, gab es noch gar keine direkte Straße
nach Ami. Man mußte, um nach Ami zu gelangen, über Nakajô gehen, vorbei
an Tajuku und Ômachi, um schließlich an der großen Kreuzung in Shimotakatsû links abzubiegen. Die Straßen waren extrem schmal, die meisten gerade so breit, um ein einziges Fuhrwerk passieren zu lassen.

Als unsere Gruppe in Ami eintraf, war der Luftstützpunkt erst noch im Bau.
Auch die Baracken waren noch nicht fertig. Deshalb wurden wir die erste Zeit
in Bauernhäusern untergebracht, wo wir auch verpflegt wurden. Wir mußten
daher jeden Tag zum Stützpunkt hin- und zurücklaufen. Unser Hauptquartier
in Ami war nahe der Stelle, wo heute das Tokyo Universitätskrankenhaus steht.
Es sah aber überhaupt nicht wie ein Hauptquartier aus: Es bestand nur aus
einem schäbigen alten Holzgebäude.

Unser Stützpunkt verfügte über lediglich drei ausgebildete Piloten: einen
Offizier und zwei gewöhnliche Flieger, die uns von der Lufteinheit der Mari-
ne in Yokosuka überstellt worden waren. Bevor uns 1921 Oberst Sempill aus
England als Ausbilder geschickt wurde, kannten die Piloten nicht viel mehr als

die einfachsten Grundbegriffe des Fliegens. Das Training bestand deshalb hauptsächlich aus dem Üben von Starten und Landen.

Es gab auch nur zwei Flugzeuge, für die nicht einmal ein Hangar vorhanden war. Sie wurden unter einer behelfsmäßigen Planenüberdachung abgestellt. Als Landebahn war von einem Trupp von Hilfsarbeitern nur notdürftig ein holpriger Streifen aus dem umliegenden Brachland ausgeschaufelt worden. Wir Rekruten wurden miteingesetzt, mit Schubkarren die Erde wegzuschaffen und Baumstümpfe auszugraben, denn Bulldozer gab es damals ja noch nicht.

Ich war dem Geschwader als Flugzeugmechaniker zugeteilt. Im Vergleich zu modernen Flugzeugen waren unsere Maschinen unglaublich primitiv. Wir flogen alte britische »Avros«, Doppeldecker aus dem Ersten Weltkrieg. Ich glaube, daß man sie Japan für teures Geld angedreht hatte. Sie waren aber technisch längst überholt und viel zu unbeweglich. Der Motor – eine einzige Long-Maschine – hatte nur 110 PS. Man muß sich die Flugzeuge im Vergleich zu heutigen Autos vorstellen, die aus einem 1800 ccm-Motor bis zu 150 PS herausholen.

Propeller und Motor der Avros bildeten einen Block, so daß der Motor mitrotierte und dabei viel Öl und Schmiere verschleuderte – ganz abgesehen von dem Lärm, den die Maschine erzeugte. Erst bei den späteren Modellen bestanden Motor und Propeller aus zwei separaten Teilen mit stationärem Motor. Angeworfen wurde der Motor per Hand durch Drehen der Propeller. Das Ankurbeln ging aber sehr schwer, und man mußte sich mit der Schulter einstemmen. Wenn man Glück hatte, sprang der Motor schon nach dem zweiten oder dritten Versuch an. Manchmal brauchte es aber zwanzig bis dreißig Anläufe, ehe der Motor ansprang. Bis dahin war man schweißgebadet. Außerdem war es sehr gefährlich und es gab öfters Unfälle, manche mit tödlichem Ausgang. Wer sich nicht rechtzeitig wegducken konnte, wenn der Motor plötzlich ansprang, wurde vom Propeller erschlagen. Manche brachen sich dabei den Arm. In einem Fall war ich selbst Zeuge eines Unfalls, bei dem ein Kamerad ums Leben kam. Es war ein schreckliches Ende – er wurde völlig zerschmettert.

Ein »Avro«-Flugzeug

Oft stürzten unsere Flugzeuge auch ab. Sogar noch nachdem Oberst Sempill eingetroffen war, gab es mehrere Bruchlandungen. Wenn man auf das Motorengeräusch eines Flugzeugs in der Luft hinhörte, konnte man oft vom Boden aus schon voraussehen, was der Maschine bevorstand. Merkte man, daß etwas nicht stimmte, mußte man damit rechnen, daß das Flugzeug im nächsten Moment ins Trudeln geriet und abstürzte. Damals flogen die Maschinen ja in sehr geringer Höhe und sehr langsam, so daß ein Pilot mit ein bißchen Glück noch eine Notlandung schaffte und mit ein paar Abschürfungen davonkam.

Wie gesagt, die Piloten waren reichlich unerfahren und überschlugen sich bei Bruchlandungen in neun von zehn Fällen, so daß das Flugzeug auf dem Rücken endete. Wir eilten immer so schnell es ging zu Hilfe, weil die Piloten oft eingeklemmt waren. Sie hingen dann blutüberströmt in ihrer Kabine und schrien vor Schmerzen, bis wir sie befreit hatten. Meistens erwischte es sie an den Beinen und sie jammerten: »Meine Beine! Meine Beine!«

Es gab natürlich noch keine Fallschirme, das heißt, wenn der Motor während des Flugs aussetzte, war es das Ende für den Piloten. Ich fragte mich oft, wie man sich nur solchen Gefahren aussetzen konnte. Jedenfalls taten wir alles, um den Piloten, so er noch lebte, so schnell wie möglich aus dem Wrack zu befreien und ihn auf einer Tragbahre zur »Sanitätsstation« zu transportieren. Diese bestand jedoch nur aus einer Art Büroraum und verfügte über kaum irgendwelche Ausstattung zur medizinischen Behandlung. Das einzige, was der Arzt tun konnte, war, Wunden zu desinfizieren und Knochenbrüche zu schienen.

Wir mußten so manchen verletzten Piloten, dessen Stöhnen immer schwächer wurde, langsam dahinsterben sehen, ohne etwas tun zu können. Eine unglaubliche Anzahl Rekruten starb auf diese Weise. Sobald Oberst Sempill die Leitung der Ausbildung übernahm, besserte sich die Situation erheblich. Wenn ich mich nicht irre, gab es danach nur noch vier tödliche Unfälle. Nachdem er jedoch nach England zurückgekehrt und die Verantwortung wieder auf unsere japanischen Offiziere übergegangen war, nahmen die Unfälle rapide zu. Es muß danach an die zwanzig Todesfälle gegeben haben.

Die Beerdigungen dieser Helden hingegen wurden mit großem Pomp abgehalten. Die gesamte Mannschaft des Geschwaders versammelte sich im großen Saal des Hauptquartiers, und der Priester vom nahen Tempel Kanryôji rezitierte buddhistische Sutren. Er ließ für die Seelen der Toten Feuerwerk abbrennen*. Schließlich wurde sogar eine Gedenkstätte errichtet, wo man für die Seelen der toten Piloten beten konnte.

Wissen Sie, Flugzeuge waren damals so ungewöhnlich, daß sie hunderte von Neugierigen aus Tsuchiura und der ganzen Umgebung anlockten. Die Leute saßen auf mitgebrachten Strohmatten und verbrachten den Tag damit, bei Picknick und Sake den Flugzeugen am Himmel zuzuschauen. Es muß für sie ziemlich schockierend gewesen sein, ein Flugzeug vor ihren Augen abstürzen zu sehen ...

Oberst Sempill war ein stattlicher, gut aussehender Mann – so weit ich gehört habe, entstammte er dem englischen Adel**. Er kam mit ungefähr dreißig britischen Piloten nach Tsuchiura und einer beträchtlichen Anzahl von Doppeldecker-Flugzeugen, unter anderem dem berühmten Kampfflugzeug »Spark«. Ungefähr zu dieser Zeit bekamen wir auch die ersten in Japan produzierten Flugzeuge, die von Mitsubishi hergestellt wurden.

Offiziell war Sempill schlicht ein von den Briten nach Japan entsandter Ausbilder, in Wirklichkeit jedoch viel mehr als das – nämlich ein hervorragender Pilot und Gentleman. Er unterschied sich von uns vor allem darin, daß er vor dem Fliegen nicht die geringste Angst zu haben schien. Bevor er unsere Ausbildung übernahm, hatten wir keine Ahnung von der höheren Kunst des

---

* Das in ganz Japan berühmte Feuerwerk in Tsuchiura, das jedes Jahr im Herbst abgehalten wird und eine Art Messe für die Feuerwerks-Hersteller darstellt, geht auf diese Beerdigungsfeier des Priesters Baihô Oshyô zurück.

** Es handelt sich um William Forbes-Sempill (1893-1965), den 19. Baron des Hauses Sempill. Er hatte am Ersten Weltkrieg als Pilot teilgenommen und führte nach dem Krieg technische Delegationen in die USA, nach Japan und Griechenland. Außerdem war er in zahlreichen beratenden Komitees für das Luftfahrtministerium tätig. Er erhielt für seine Verdienste um das Luftgeschwader in Kasumigaura von der japanischen Regierung den Orden »Rising Sun 3. Klasse«. (Anm. d. engl. Übers.)

Fliegens. Dinge wie Loopings, Spiralen oder seitliches Abgleiten hatten wir bis dahin noch nie gesehen. Oberst Sempill aber ließ all dies wie ein Kinderspiel erscheinen.

Er führte wunderbar weiche Landemanöver aus. Wenn einer unserer Piloten landete, sah es dagegen ganz anders aus: Die Landungen waren so holprig, daß man alleine vom Zusehen vor Angst einen Kloß im Hals sitzen hatte. Sicher, tapfer waren unsere Männer schon, daß sie mit dem Wenigen, was sie an Ausbildung hatten, den Mut zum Fliegen aufbrachten. Ich habe sie dafür sogar bewundert. Nur Geschicklichkeit besaßen sie wirklich kaum, und deshalb verursachten sie so viele Unfälle.

Bei Regen oder starkem Wind mußte das Training ausgesetzt werden. Nach heftigen Regenfällen dauerte es immer eine lange Zeit, bis wieder geflogen werden konnte, selbst wenn nachher blauer Himmel war, denn die Landebahn war dann ein einziger Morast. Benutzte man die Piste, bevor sie richtig trocken war, wurde die Maschine über und über mit Schlamm bespritzt, was allerlei Komplikationen hervorrufen konnte. War trotzdem jemand geflogen, mußten die Mechaniker anschließend das Flugzeug abspritzen, den Rumpf mit Lappen abreiben und aus dem Motor den Schlamm herauskratzen. Es war eine äußerst mühsame Arbeit und man konnte nur hoffen, daß es keinem übereifrigen Piloten einfiel, unter diesen Bedingungen fliegen zu wollen.

Wenn ich daran zurückdenke, frage ich mich, wie diese Männer es nur fertigbrachten, mit solch alten, klapperigen Maschinen zu fliegen. Die Piloten mußten sich darüber im klaren gewesen sein, daß sie mit jedem Flug ihr Leben aufs Spiel setzten – sie hatten wirklich großen Schneid. Vielleicht war das der Grund, warum sie bei den Frauen in Tsuchiura so viel Erfolg hatten. Die Geisha machten alle viel Wirbel um die Piloten, ja, sie behandelten sie geradezu, als wären sie ganz andere Wesen als wir Mechaniker.

Lord Sempill

Frau Okui Shizu (1896-1975)

Anfang der zwanziger Jahre hatte die japanische Marine nur sehr wenige Offiziere, die ein Flugzeug mit der nötigen Sicherheit hätten steuern können, um junge Piloten auszubilden. In Europa dagegen war die Flugtechnik schon ziemlich weit entwickelt, wie nicht zuletzt die Luftwaffe zeigte, die im Ersten Weltkrieg ja auf beiden Seiten eine wesentliche Rolle gespielt hatte. Deshalb beschloß die japanische Regierung, ebenfalls geschickte Piloten heranzubilden. Sie bat die Briten um Unterstützung durch die Entsendung einer Anzahl von Fluglehrern. Die von Großbritannien ausgewählte Gruppe bestand aus dreißig Offizieren der Royal Air Force unter der Führung von Oberst Sempill. Dieser brachte auch Frau und Kinder mit nach Japan.

Man stellte Lord Sempill und seiner Familie ein großes Haus auf einem Hügel in Takatsû zur Verfügung und bat mich, ihm als Dolmetscherin zur Seite zu stehen. Auf diese Weise verbrachte ich viele angenehmen Stunden in seinem Haus. Sehen Sie, damals gab es in Tsuchiura niemand, der Englisch sprach, also wandte sich der Bürgermeister an mich, da ich an der Apotheker-Schule etwas Englisch gelernt hatte. Wollte nun Lady Sempill in Tsuchiura einkaufen gehen, telefonierte sie vorher mit mir; wenige Minuten später fuhr bereits ein Mietwagen vor und holte mich ab. Es gab damals noch nicht viele Autos, und ich war natürlich bis dahin noch nie in einem solchen gefahren. Deshalb war ich ungemein stolz, wenn ich in einem solchen abgeholt wurde und genoß die Fahrten sehr.

Lady Sempill war eine besonders attraktive Dame und hatte schöne blaue Augen. Sie liebte Kimono, in der Tat trug sie fast ständig welche, sogar wenn sie einkaufen ging. Auch ihr Mann erschien gelegentlich in japanischer Kleidung, doch meist trug er Uniform. Ausländer waren damals in Japan noch eine seltene Erscheinung. Das hatte zur Folge, daß Lady Sempill, wenn sie in die Stadt ging, sofort von einer großen Menge Menschen umringt war, die sie überallhin verfolgte, was Lady Sempill einigermaßen zu verdrießen schien.

Ich wurde von den Sempills oft zum Tee oder Abendessen eingeladen. Ich erinnere mich besonders an die leckeren Kekse, die sie zum Tee servierten – sie zergingen einem auf der Zunge – sie waren so ganz anderes, als was wir in

Japan gewohnt waren. Es hat mich immer erstaunt, daß die Menschen der verschiedenen Länder so unterschiedliche Essenswaren erfunden haben.

Nach einigen Monaten hatte Lord Sempill einige Brocken Japanisch gelernt, womit er manchmal kuriose Sätze hervorbrachte. Einmal, als wir Mandarinen aßen, sagte er ganz unvermittelt zu mir: »*Mikan kimono achira sayonara*« (wörtlich: »Mandarinen Kimono dorthin Sayonara«). Ich war einen Augenblick lang verdutzt, doch dann erriet ich, daß er mit »Mandarinen-Kimono« die Mandarinenschalen meinte, und daß ich »die Schalen wegwerfen« sollte. In dieser Weise reihte er oft Wörter, die er gelernt hatte, einfach aneinander und produzierte so sein eigenes Pidgin-Japanisch. Er machte aber auch gröbere Fehler. In der Straßenbahn in Tokyo sagte er einmal zum Schaffner: »*Jinbochô de koroshite kudasai*« (»Bringen Sie mich in Jinbochô um!«), während er sagen wollte: »*Jinbochô de oroshite kudasai*« (»Lassen Sie mich in Jinbochô aussteigen.«)! Er behauptete stets, daß Japanisch verteufelt schwierig sei.

Der Oberst war ein sehr gut aussehender Mann von hoher Gestalt. Er stammte aus einer angesehenen Familie, die, wie ich glaube, bis ins vierzehnte Jahrhundert zurückging. Ich fand ihn äußerst charmant. Manchmal jedoch konnte er sehr überheblich sein. Er hielt die Briten in jeder Hinsicht allen anderen Nationen für überlegen, einschließlich der Amerikaner und der anderen Europäer. Ganz unten rangierten für ihn die Japaner.

Man konnte es ihm aber kaum verdenken: Selbst das moderne Tsuchiura hat ja noch nicht viel zu bieten; in der damaligen Zeit war es noch viel rückständiger und weit hinter dem Ausland zurück. Die Straßen waren nicht befestigt, die Häuser nicht viel mehr als einstöckige Holzschuppen und die Mehrzahl der Menschen bettelarm. Theoretisch waren Großbritannien und Japan im Anglo-Japanischen Bündnis gleichberechtigte Partner, doch was nationalen Reichtum und Macht anlangte, konnte sich Japan nicht mit Großbritannien messen.

Kurz bevor Lord Sempills Auftrag zu Ende ging und er seine Rückreise antrat, fragte er mich, ob ich nicht mit ihm und seiner Frau nach England gehen wollte. Er stellte mir in Aussicht, daß er für mich sorgen und mir sogar die Universität bezahlen wolle. Ich wußte nicht, was ich tun sollte, so fragte ich um Rat, und zwar die amerikanische Frau des bekannten Staatsmannes Nitobe Inazô*. Sie meinte, daß ich mir diese Chance nicht entgehen lassen und das Angebot der Sempills annehmen sollte. Sie versprach sogar, daß sie sich nach meiner Rückkehr für mich einsetzen wolle, damit ich Leiterin der von den Quäkern geführten Mädchenschule in Tokyo werde könne. Ich hatte mich innerlich schon dazu entschlossen, mit den Sempills nach England zu fahren und hätte es auch getan, wenn mich meine Eltern nicht inständigst gebeten hätten zu bleiben. Wir waren nämlich acht Geschwister. Als ältestes der Kinder trug ich den größten Teil zu unserem Lebensunterhalt bei. Wenn ich für eine gewisse Zeit ins Ausland gegangen wäre, hätten meine Eltern Schwierigkeiten gehabt, alle Kinder zu ernähren. Sicher, ich opferte meine Ambitionen der Familie. Wer weiß, wenn ich nach England gegangen wäre, säße ich vielleicht heute als die Frau eines Diplomaten hier!

---

* Nitobe Inazô (1862-1933) ist im Ausland vor allem aufgrund seines Buches »Bushidô, the Soul of Japan« über den Samurai-Ehrenkodex bekannt. 1899 in Englisch erschienen, erlebte es 1905 bereits seine zehnte Auflage. Es entstand aus Gesprächen, die Nitobe mit seiner Frau über Japan führte, in denen er versuchte, ihr die japanischen Vorstellungen von Mut, Loyalität, zwischenmenschlichen Beziehungen und Höflichkeit zu erklären. Dieses Buch wurde in zahlreiche Sprachen übersetzt und weckte ein lebhaftes Interesse an Japan.

SCHULE UND SPIEL

Ein Sommerfest

Junge und alte Fischer

Herr Hirose Isei (1895-1987)

Die Zweite Tsuchiura Oberschule im Stadtteil Tatsuta wurde auf dem Gelände gebaut, wo früher die Häuser der Vasallen des Grundherrn von Tsuchiya standen. Unser Haus war eines von denen, die abgerissen wurden, um für die Schule Platz zu machen. Wir wohnten bis zu meinem fünften Lebensjahr in diesem Haus. Mein Vater war ein Samurai im Dienst des Hauses Tsuchiya. Einige Zeit tat er Dienst als Vogt seines Herrn in einem Gebiet, das in der heutigen Präfektur Yamagata liegt.

Nach der Meiji-Restauration verloren die Samurai ihre Lehen und mußten sich nach einem anderen Lebensunterhalt umsehen. So beschlossen mein Vater und sein früherer Lehensherr zusammen eine Firma zu gründen – das Handelshaus »Mitsuwa Shôsha«, eröffnet 1871. Sie betrieben nicht nur Bankgeschäfte, sondern handelten auch mit Reis, Sojabohnen und allen sonstigen für ein Handelshaus üblichen Artikeln. Das Unternehmen existiert heute noch, betreibt jedoch nur noch das Bankgeschäft.

Unser altes Haus war von einem Graben umgeben und stand inmitten von Reisfeldern und Lotusteichen. Die Sicht über die Felder reichte bis hinüber nach Nishimon. Wir waren neun Kinder und ich der einzige Junge. Zu unseren Spielen im Freien nahmen wir stets eine vier Meter lange Leiter mit: Das umliegende Gebiet bestand nämlich fast nur aus Naßreisfeldern, durch die es keine Straßen gab und das von zahllosen Wassergräben durchzogen wurde, so daß wir ohne eine solche tragbare Brücke nicht weit gekommen wären. Wenn wir über einen dieser Gräben wollten, legten wir die Leiter darüber und spazierten darauf auf die andere Seite. Dann nahmen wir die Leiter wieder auf und liefen weiter, bis wir zum nächsten Hindernis kamen.

Noch einen anderen Zeitvertreib hatten wir erfunden. Wir sperrten kleine Bächlein durch Staudämme ab, ließen dann das Wasser ablaufen und fingen die festsitzenden Fischlein. Es gab damals noch jede Menge Fische, so daß wir immer einen guten Fang machten. Ich vergesse nie, wie aufregend es war, die im Schlamm zappelnden Fische mit der bloßen Hand zu packen. An den Bächen wuchsen unter anderem Wasserkastanien. Davon pflückten wir oft einen großen Haufen und rösteten sie in einer Pfanne auf dem offenen Feuer.

Sie schmeckten ein bißchen wie Lotuswurzeln. Die Mädchen liefen natürlich auch mit, steckten ihre Kimono hoch und wateten wie wir Jungen barfuß im Schlamm der Reisfelder umher. Wir fanden es sehr lustig, wenn sich der Schlamm zwischen den Zehen hindurchdrückte. Im März gingen wir gerne Schmerlen fangen. Wir stocherten in ihre Schlupflöcher hinein, um sie aufzuscheuchen und sobald sie zu entweichen versuchten, fischten wir sie flink heraus. Hinterher waren wir immer von oben bis unten voll Schlamm.

Am Angeln hatten wir auch ganz großen Spaß. Da wir kein richtiges Angelzeug hatten, machten wir uns selbst welches. Als Angelrute holten wir uns Bambusstecken von den Hügeln und für die Leine nahmen wir Roßhaar. Es gab damals ja noch genug Pferde; wir brauchten uns nur an eines von hinten heranzuschleichen und ihm ein paar Haare aus dem Schwanz auszureißen. Wenn uns aber ein Bauer dabei erwischte, schrie er: »Was treibt ihr denn da! Macht, daß ihr wegkommt!« Dann rannten wir schnell davon. Schwarzes oder braunes Roßhaar war leicht zu finden, wir schätzten aber mehr eine hellere Farbe – wir glaubten nämlich, daß dies die Fische nicht so leicht sehen könnten. Wir mußten also oft meilenweit laufen, bis wir ein weißes oder graues Pferd fanden. Die Angelhaken kauften wir bei Iseki, einem Geschäft im Stadtteil Tajuku. So ungefähr das einzige Geschäft bei uns in Tatsuta war Tôyamas Friseurladen an der Nishimon-Brücke, der auch *yaki-imo*, gebackene Süßkartoffeln, verkaufte. Wenn man also irgendetwas brauchte, mußte man bis ins Zentrum der Stadt laufen.

Bei Tôyama kosteten zehn Süßkartoffeln noch einen *Sen*. Wenn meine Schwestern welche essen wollten, haben sie immer mich losgeschickt, welche zu holen. Sie genierten sich nämlich, selbst *yaki-imo** zu kaufen. Sie gaben mir zehn *Sen* und ich mußte mich auf den Weg machen. Für diesen Betrag bekam man damals noch eine große Tüte Backkartoffeln.

---

* Junge Frauen empfinden es als beschämend, *yaki-imo* zu kaufen. Während diese Tatsache als solche unbestritten ist, sind die Gründe hierfür unklar. Manche meinen, die Vorliebe für Süßkartoffeln gelte als Zeichen für Gefräßigkeit, andere erklären die Scham damit, daß *yaki-imo* Blähungen verursachen.

Libellenfangen

Kurz bevor ich in die Schule kam, zogen wir nach Tajuku, in ein einfacheres Viertel. Es war ein Wirrwar von kleinen Gassen auf sehr tief gelegenem Land. Bevor man unser Haus baute, wurden, um es vor Überschwemmungen zu schützen, erst drei Meter Erde aufgeschüttet, so daß es schließlich die übrigen Häuser überragte. Da es damals noch schwierig war, Erdreich über große Strecken zu transportieren, hat man es aus dem umliegenden Grund ausgehoben. Das Ergebnis war, daß wir drei große Teiche auf unserem Grundstück hatten; der größere hatte eine Fläche von einem Drittel Ar und die anderen beiden von je etwa einem Viertel. Als unser Haus auf erhöhtem Grund gebaut wurde, haben das alle als einen höchst extravaganten Aufwand angesehen. Doch bei der großen Flut 1902 war unser Haus dann das einzige in der gesamten Nachbarschaft, das auf dem Trockenen stand, während alle anderen Häuser überschwemmt wurden. Da waren die Nachbarn doch froh, als sie in unserem Haus Unterschlupf fanden. Das Hochwasser hatte damals verheerende Ausmaße: Der See Kasumigaura stieg so stark an, daß das Stauwehr zwischen dem See und dem Fluß Kawaguchigawa überflutet und durch die Wassermassen Boote und ganze Häuser über den Bahndamm in den Fluß gerissen wurden.

Wissen Sie, Überschwemmungen waren damals so häufig, daß die größeren Häuser für den Notfall ein kleines Boot im Haus hatten. Es hing gewöhnlich an der Decke des Eingangs. In unserem Haus hatten wir zwei davon. Die meiste Zeit wurden sie aber nicht gebraucht. Doch wir Kinder hatten oft Verwendung dafür. Wir trugen eines der beiden Boote zum Kawaguchigawa und ruderten damit unter der Brücke hindurch hinaus auf den See zum Schwimmen oder Fischen.

Wenn wir im Sommer angeln fuhren, gruben wir als Köder Regenwürmer aus und fischten damit draußen auf dem See Karauschen. Es gab jede Menge Fisch, so daß wir in einer einzigen Stunde bis zu zwanzig oder dreißig Stück fangen konnten. Hatten wir keine Lust mehr zum Fischen, sprangen wir vom Boot aus ins Wasser und schwammen im See umher oder tauchten nach Muscheln im Sand und sammelten so viele, bis wir einen ganzen Eimer voll davon hatten.

Die Karpfen, die kostbarer waren, wurden in unseren Teichen am Haus gezüchtet. Wir schwammen auch dort umher und scheuchten die armen Fische ans Ufer, wo wir sie sogar mit den Händen anstippten. Sie wurden normalerweise mit Seidenraupenlarven gefüttert. Allerdings waren sie für die kleineren unter den Karpfen zu groß, so daß wir für sie Teichschnecken kauften, die wir zerkleinerten, bevor wir sie verfütterten. Jeden Tag kam ein Händler mit solchen Schnecken vorbei, die er in den Reisfeldern sammelte. Er machte damit wohl einen recht guten Umsatz, denn viele Leute kauften diese Schnecken, um damit ihre Fische zu füttern. Manche haben sie auch selbst verzehrt.

Abgesehen davon, daß wir Kinder die Karpfen manchmal übel scheuchten, wurden sie sehr pfleglich behandelt und gut gefüttert. Eigentlich wurden sie zum Verkauf gezüchtet, aber ich kann mich nicht erinnern, daß wir je dazu gekommen wären, welche zu verkaufen – sie wurden uns nämlich meistens in der Nacht geklaut. Es gab da einen besonders geschickten Gauner, der innerhalb einer einzigen Nacht – wohl mit einem Netz – sämtliche Karpfen wegfischte. Wir schlugen Pflöcke in den Teich ein, damit der Räuber kein Netz mehr einsetzen konnte, aber er hat stattdessen irgendeine andere schlaue Methode gefunden und uns die Karpfen weiterhin gestohlen.

Auch Soldaten fischten in unseren Teichen. Kurz vor dem Russisch-Japanischen Krieg Anfang des Jahrhunderts hielt die Armee ständig ihre Manöver in unserer Gegend ab. Tausende von Soldaten erhielten ihre Kampfausbildung in Tsukuba und Yatabe und wurden dazu in den jeweiligen Häusern einquartiert. Da unser Haus sehr groß war, mußten wir bis zu dreißig Soldaten oder zehn Offiziere aufnehmen. Wir hängten ein Schild an das Tor mit dem Namen der Einheit, die gerade bei uns logierte, z.B. »10. Kompanie. Dreißig Mann unter Hauptmann Soundso.« Damals waren wir ja alle sehr patriotisch eingestellt und dachten, daß wir damit unseren Beitrag für Japans Sieg leisteten. Deshalb beschwerte man sich nicht über die zusätzliche Belastung. Da die Mannschaften als tägliche Verpflegung hauptsächlich nur Reis bekamen, taten wir ein übriges und sorgten für die Aufbesserung ihrer Kost in Form von Gemüsebeilagen und Suppe. Wir mußten uns auch darum kümmern, daß sie genug *futon* zum Schlafen hatten.

In ihrer Freizeit angelten die Soldaten natürlich auch in unseren Karpfenteichen. Sie freuten sich wie kleine Kinder, wenn sie endlich einen Fisch gefangen hatten. Mein Vater tat immer so, als würde er nichts sehen. Schließlich war er nicht in der Position, sich zu beschweren. Es schien ja auch besser, einen Karpfen durch einen unserer »tapferen Helden« einzubüßen als durch einen Wilderer vom Ort.

Von unserem Haus aus konnte man damals bis nach Tsukuba und noch weiter sehen und zuschauen, wie die Wildgänse in Richtung Shimoda flogen. Wenn man die Gegend heute anschaut, kann man sich kaum noch vorstellen, wie ruhig und friedlich es damals auf dem Land war.

Shorts

*Frau Imaizumi Sawa (*1917)*

Ich stamme aus einer Fischerfamilie. Zu meiner Zeit waren fast alle Menschen in Kawaguchi und Tôzaki Bauern oder Fischer am See Kasumigaura.

Da meine Eltern die meiste Zeit draußen auf dem See fischten, kann ich sagen, daß ich eigentlich von meiner Großmutter aufgezogen worden bin. Jetzt bin ich selbst Großmutter und paß' auf meine Enkelkinder auf. Witzig, nicht! Aber nicht nur das ist jetzt anders, auch der Ort hat sich stark verändert.

An der Hauptstraße vom Stadtteil Kawaguchi stand nur vorne dran eine Reihe Häuser, dahinter begannen sofort die Reisfelder, wo im Sommer die Frösche quakten. Wir Kinder waren selber wie Frösche – den ganzen Tag im Wasser: fast den ganzen Sommer sind wir am Fluß gewesen, vom Landesteg an der Reederei »Hidakaya« ins Wasser gesprungen oder dort herumgeschwommen – pudelnackig natürlich. Damals hatten die Jungen und die Mädchen nichts an als ihr Adamskostüm, wenn sie sich im Wasser tummelten.

Als ich in die Schule gekommen bin, hab' ich zum erstenmal so etwas wie Shorts kennengelernt. Ich weiß nicht mehr genau, ob ich sie zuerst in einem Bilderbuch gesehen hab' oder ob mir jemand davon erzählt hat, jedenfalls bin ich sofort zu meiner Großmutter gelaufen und hab' gebettelt, daß sie mir welche schneidern soll. Sie hat aber gar nicht gewußt, wie so etwas aussieht. Sie hat nur gemeint, daß sie solche noch nie im Leben gesehen hat, darum könnte sie auch keine machen. Ich hab' aber nicht locker gelassen und gesagt: »Ich möchte Fahrrad fahren. Mit einem Rock geht das nicht, weil ihn der Wind immer hochweht. Also bitte, bitte.«

Ich war als Kind ein ziemlicher Wildfang und wollte unbedingt Fahrradfahren lernen – ich glaube, daß ich das erste unter den Mädeln war, das ein Fahrrad gehabt hat. Wenn ich mir etwas in den Kopf gesetzt hab', gebe ich ja so leicht nicht auf. Also hab' ich Großmutter so lange gedrängt, bis sie nachgegeben hat. Sie hat sich also von jemandem erklären lassen, wie Shorts aussehen, dann aus Zeitungspapier einen Schnitt gemacht und endlich die Shorts genäht – ich glaube, sie hat sie aus Musselin gemacht.

Ich war überglücklich und hab' die Shorts jeden Tag getragen. Die anderen Mädchen hatten nichts dergleichen und waren darum alle neidisch auf mich.

Besonders beim Schwimmen stachen meine Shorts – ich glaube, sie waren weiß – allen in die Augen. Alle meine Freundinnen wollten auch welche und haben damit ihren Müttern in den Ohren gelegen, daß sie ihnen aus einem Handtuch oder was sonst immer für einem Stück Stoff welche machen sollten. Innerhalb von zehn Tagen hatten alle Shorts. Weiß Gott, wie haben wir damit angegeben, wenn wir zum Schwimmen gegangen sind!

Stolz wie wir waren, sind wir mit unseren Shorts sogar von der Taikô-Brücke heruntergesprungen und haben uns an die Kiesboote angehängt. Nachher sind wir durch den stachligen Teufelslotus zurückgeschwommen.

Gefährliche Spiele

Herr Ôtake Seinosuke (1896-1987)
Herr Hirose Isei (1895-1987)

Seinosuke: Wir sind richtige Lausbuben gewesen, meinst du nicht auch?
Isei: Und ob! Weißt du noch, wie du Schießpulver gemacht hast? Du hast in solchen Sachen ein rechtes Geschick gehabt.
Seinosuke: Na, ja, aber es war dumm von uns. Wir hätten besser aufpassen müssen. Wir haben doch Salpeter, Schwefel und angewärmte, zermahlene Holzkohle gemischt. Das war unser Pulver für's Feuerwerk. Das Ganze in ein Bambusrohr gestopft und fertig war es. Die schönsten waren die mit Fallschirm. Zuerst haben wir das Pulver eingefüllt, dann den Fallschirm aus dickem Papier mit einem Gewicht dran hineingestopft. Dazu haben wir uns selbst eine Zündschnur gebastelt. Wir haben Schießpulver in Papieranzünder gerollt und am Bambusrohr befestigt. Wenn man die Zündschnur angebrannt hat, ist eine kleine Flamme den Streifen entlanggelaufen. Dann ist der Kracher losgegangen und hat den Fallschirm hochgeschossen. Wir haben sogar um die Wette geschossen, wessen Fallschirm am höchsten geflogen ist.
Isei: Manche von uns haben dreißig bis fünfzig Zentimeter lange Rohre genommen und so viel Pulver hineingestopft, wie nur hineingepaßt hat, nur daß der Fallschirm möglichst weit geflogen ist. Man muß sich wundern, daß kein Unglück passiert ist.
Seinosuke: Ich hab' ja sogar einmal ein richtiges Schießgewehr gemacht.
Isei: Stimmt. Ich ja auch. Wir haben wirklich gefährliche Sachen gemacht.
Seinosuke: Anfangs hab' ich nur ein Bambusrohr gehabt. Das hab' ich mit Pulver und einer kleinen Kugel geladen, eigentlich mehr wie ein Blasrohr abgefeuert. Später hab' ich ein dünnes Laufrohr eingesetzt.
Isei: Und richtiges Schrot für Vögel.
Seinosuke: Richtig. Unsere Flinten waren hübsch akurat. Ich hab' mir als guter Schütze auch noch mächtig was eingebildet.
Isei: Weißt du noch, wie wir Pulverkästchen aus Messing gemacht haben?
Seinosuke: Klar! Und leere Patronenhülsen vom Schießplatz der Soldaten haben wir auch gesammelt. Die Hülsen waren aber am Ende zu schmal für die Schrotkugeln. Darum haben wir die Spitze abgesägt, das Pulver eingefüllt und mit kleinen Papierkügelchen wieder zugestopft. Zuletzt haben wir das Schrot

hineingepackt und das Ganze mit weiteren Papierkügelchen vollgestopft. Unser selbstgemachtes Pulver war uns aber zu schwach, so daß wir am Schluß richtiges Schießpulver gekauft haben.

Isei: Genau. Oberhalb vom Dorf Sakuramura hat es einen Mann gegeben, bei dem man Pulver hat kaufen können. Er hat sogar uns Kindern heimlich welches verkauft; für zehn *Sen* haben wir ungefähr hundertfünfzig Gramm gekriegt. Es war schön feines Pulver – wir waren so scharf darauf, daß wir den weiten Weg bis Sakuramura nicht gescheut haben.

Seinosuke: Von außen hat das Haus wie ein ganz normales Bauernhaus ausgesehen.

Isei: Ich frag' mich heute noch, warum der Mann uns das gefährliche Zeug verkauft hat. Manchmal sind wir eine Gruppe von fünfzehn Kindern gewesen, die zu ihm hingewandert ist.

Seinosuke: Ja, und Schrot hat man in der Eisenwarenhandlung, sortiert nach Größen, kaufen können.

Isei: Und ich weiß noch, wie ich mich mit dem Lauf für meine Flinte abgeplagt hab', bis ich den Metallschaft im Bambusrohr drin gehabt hab'. Als Kolben hab' ich nur ein einfaches Stück Holz genommen.

Seinosuke: Ja, und der Zündhahn war auch ganz genial. Er war mit einer Feder verbunden, an deren Ende eine kleine Knallerbse befestigt war. Man hat den Hahn zurückgezogen und in eine Kerbe im Bambusrohr eingeklemmt. Wenn man den Hahn gelöst hat, sprang die Feder vor, hat die Knallerbse auf die Patrone geschlagen, der Kracher ist losgegangen, hat das Pulver gezündet und der Schuß ist abgegangen. Ich hab' die Flinte natürlich vor meinen Eltern verborgen, aber ich möcht' nicht wissen, was passiert wär', wenn die Flinte mal versehentlich losgegangen wär' – vielleicht hätte das ganze Haus Feuer gefangen!

Isei: Du hast das alles heimlich getan. Aber ich hab' meine Flinte und alles zu Haus gebastelt – dabei haben mir sogar meine Eltern und alle zugeschaut, aber keiner hat irgendwas gesagt. Es war kurz nach dem Krieg mit Rußland. Damals hat man vielleicht gedacht, daß es ein gutes Zeichen ist, wenn Jungen mit Gewehren spielen.

Schwertkampfspiel

Seinosuke: Aber einmal hab' ich mich richtig verbrannt. Ich hab' die Hosentasche voll von Knallerbsen gehabt und irgendwie die Hand in die Tasche gesteckt. Da muß ich unbewußt mit den Fingernägeln daran gerieben haben. Jedenfalls sind sie auf einmal alle losgegangen. Mein Gott, wie das gebrannt hat! Aber den Eltern hab' ich ja nichts davon sagen können. Darum bin ich heimlich zum Arzt gegangen – es war der Dr. Tanabe in Uchinishichô. Ich glaub', er war mal der Leibarzt des Feudalherrn Tsuchiya gewesen.

Isei: Er hat dir's aber sicher nicht ausgetrieben.

Seinosuke: Natürlich hab' ich nicht damit aufgehört. Im Gegenteil. Wir haben ja an der Schule einen Lehrer gehabt, der selbst gern geschossen hat und mit uns Jungen zum Vögelschießen in den Wald am Berg Ôiwata gegangen ist. Ich hab' dazu meine selbstgebastelte Flinte mitgenommen. Damals waren die Lehrer nicht so kleinlich wie heute. Andererseits haben Eltern bei einem Unfall die Lehrer nicht so schnell für alles verantwortlich gemacht.

Isei: Erinnerst du dich auch noch an das Spiel *namari buttsuke?**

Seinosuke: Ja, und ob! Wir haben es sehr viel gespielt. Wir haben ja sogar die Samurai- und Sumô-Bilder mit Farben ausgemalt. Da waren wir mit viel Eifer dabei.

Isei: Und dann hat's noch das Spiel *sekihitsu otoshi*** gegeben, nicht wahr?

---

* Ein Spiel, wofür man viereckige, mit Tierbildern oder mit Abbildungen von berühmten Samurai bemalten Bleitäfelchen verwendet, die etwa die Dicke von Pappkarton haben. Die Täfelchen eines Spielers werden auf dem Boden ausgelegt. Ein Mitspieler schleudert sein Täfelchen auf eines der ausgelegten mit dem gleichen Bild. Wenn es ihm gelingt, mit seinem Wurf das andere Täfelchen so springen zu lassen, daß es dabei auf die Bildseite fällt, hat er es gewonnen, wenn nicht, kommt der nächste Spieler an die Reihe.

** Dies war ein Spiel mit Schiefertafel und Griffel. Der Griffel wurde der Länge nach halbiert und die Unterseite mit einem Stein glattgeschliffen. Die Spitze wurde keilförmig zugespitzt und die flache Unterseite zur besseren Gleitfähigkeit mit Öl eingerieben. Man spielte auf einer gerahmten Schiefertafel, wie sie ABC-Schützen früher zum Schreiben benutzten. Man schubste den halbierten Griffel von der eigenen Seite der Tafel zur gegnerischen Seite und versuchte mit der Spitze, den Griffel des Gegners von der Tafel zu katapultieren. Gelang dies, gewann man den Griffel des Gegners; mißlang der Versuch, war der Gegenspieler an der Reihe. Griffel waren verhältnismäßig teuer, weshalb nicht alle Kinder das Spiel mitmachen konnten.

Spiel mit einer Schlange

Seinosuke: Richtig! Wir haben uns alles Mögliche einfallen lassen, damit wir gewonnen haben. Wir haben die Griffel ordentlich poliert und eingeölt.

Isei: Und weißt du noch, wie wir zum Fischen und Käferfangen Zyankali gekauft haben?

Seinosuke: Klar! Schließlich war ich ja derjenige, der das Zeug beschafft hat. Mein Vater war mit dem Apotheker in unserem Dorf gut befreundet. Der Ladengehilfe hat immer nur gesagt: »Also gut, wenn du weißt, wie du damit umgehen mußt«, bevor er mir heimlich etwas davon gegeben hat. Ich hab's in ein Giftfläschchen getan – damit haben wir dann Insekten vergiftet. Es hat unheimlich schnell gewirkt. Unglaublich, daß ich das Fläschchen zu Hause einfach an den Pfosten gehängt hab'.

Isei: Unsere Methode zum Fischen, weißt du noch – wir haben ein bißchen Pulver in einen Lappen gewickelt, den Knäuel an einen Stock gebunden und in den Fluß gehalten. In kürzester Zeit sind die Fische obenauf getrieben. Man hat sie wiederbeleben können, wenn man sie schnell in einen Eimer mit sauberem Wasser getan hat. Unglaublich, aber die Fische haben wir hinterher noch gegessen. Eine andere Methode war, daß wir das Zyankali mit zerstoßenen Teebeeren und den Beeren des japanischen Pfefferbaums vermischt haben.

Seinosuke: Ein Polizist hätte uns dabei nicht erwischen dürfen, sonst hätte es was gegeben. Deshalb sind wir schon gerannt, wenn wir nur einen von weitem gesehen haben.

Isei: Wir haben zwar aufgepaßt – aber letzten Endes haben wir mehr Glück als Verstand gehabt. Manche von unseren Spielen waren wirklich gefährlich. Trotzdem, es ist alles gut gegangen, und wir sind noch am Leben, fast achtzig Jahre später, und können unsere Geschichten erzählen.

Der Streik im Mädchengymnasium

Frau Kikuchi Kin (1904-1983)

Ich war Lehrerin an der Zweiten Tsuchiura Oberschule, wo ich selbst einmal Schülerin gewesen bin. Zwanzig Jahre lang unterrichtete ich dort Blumenstecken. Eines Tages wurde ein neuer Rektor eingesetzt. Als wir ihm alle vorgestellt wurden, fragte er mich im Verlauf der Unterhaltung, in welchem Jahr ich das Gymnasium abgeschlossen hätte. Als ich antwortete: »1926«, entfuhr es ihm: »Dann sind Sie ja auch dabeigewesen?« und er blickte mich ernst an.

Obwohl der Vorfall nun schon mehr als fünfzig Jahre zurückliegt, spricht man immer noch darüber. Ich war gerade in meinem zweiten Schuljahr im Gymnasium, als im Februar 1925 die Schüler, angeführt von den Pensionatsschülerinnen, einen Streik inszenierten, um den Rücktritt des damaligen Rektors zu erzwingen.

Offenbar vertrug sich der stellvertretende Schulleiter, ein gewisser Y., nicht mit dem Rektor. Aus irgendwelchen Gründen war Y. bei den Pensionatsschülerinnen sehr beliebt, der Rektor dagegen nicht. Auch die Lehrerschaft spaltete sich in zwei Gruppen – die einen standen für den Rektor ein, die anderen für seinen Stellvertreter. Ich weiß nicht, ob die Schülerinnen aus eigenem Antrieb ihre Forderung aufgestellt hatten oder ob Y. sie dazu angestiftet hatte, jedenfalls drängten sie auf Entlassung des Rektors. Ich war keine Interne, auch mochte ich Y. nicht besonders. Er schien mir ein Schwächling und ein wenig weibisch. Die internen Schülerinnen hatten unter der Schülerschaft beträchtlichen Einfluß. Es ging das Gerücht um, daß diejenigen, die sich nicht am Streik beteiligten, verprügelt werden sollten. Wir Tagesschülerinnen hatten also keine Wahl als mitzumachen, obwohl wir gar nicht so recht wußten, worum es ging.

Das Ereignis kam in der Englischstunde bei der Lehrerin Terada ins Rollen. Terada war eine sehr eifrige Pädagogin und hatte eine sehr gute englische Aussprache. An jenem Tag kam sie wie gewöhnlich ins Klassenzimmer, ging zum Katheder und befahl nach dem Morgengruß: »Open your books!« Als wir alle unsere Bücher geöffnet hatten, entstand in den hinteren Reihen Unruhe. Ich drehte mich um und sah, daß die Mädchen vieldeutige Blicke austauschten. Plötzlich knallte eine Schülerin ihr Buch heftig zu, andere folgten ihrem Bei-

spiel, so daß das Knallen durch das ganze Klassenzimmer ging. Die ersten Schülerinnen begannen den Raum zu verlassen, der Rest schloß sich an. Die Lehrerin wußte überhaupt nicht, was vor sich ging und stand nur mit offenem Mund und wie angewurzelt da.

Draußen rannten wir zur Aula auf der anderen Seite des Schulhofs. Die Mädchen der Oberstufe hatten sich in der Aula eingeschlossen, deshalb ließen wir uns auf den Steinstufen nieder und kauerten in großer Aufregung zusammen. Dann liefen noch etwa fünfzig Mädchen vom Westflügel herbei. Ich gehörte in den Ostflügel, wo wir auch etwa fünfzig waren. Weitere dreißig Mädchen, die praktische Kurse belegt hatten, waren auch noch da. Aber die waren so schlau, sich herauszuhalten.

Die ganze Schule war in Aufruhr. Fräulein Abe, die das Fach Nähen gab, lief vor uns auf und ab, völlig aufgelöst und in Tränen. Mit erstickter Stimme sprach sie auf uns ein: »Ich verstehe vollkommen ..., ich sehe die Gründe ..., doch beruhigt euch doch ..., wollt ihr nicht wenigstens für heute wieder in die Klassenzimmer zurückgehen?« Es war uns bis dahin unvorstellbar gewesen, daß eine Lehrerin solchermaßen weinen könnte, und wir begannen schon zu bedauern, daß wir den Anlaß dazu gegeben hatten.

Unser Klassenlehrer hieß Ishiyama. Er war ein kleiner, stiernackiger Mann, jedoch sehr freundlich. Er wohnte auch in Ômachi, gar nicht weit von mir zu Hause. Wenn ich morgens auf meinem Schulweg an seinem Haus vorbeikam, lief öfters seine Frau heraus, um mir etwas für ihren Mann mitzugeben, wie zum Beispiel sein Mittagsbrot, das er oft vergaß. Nun stand dieser selbe Ishiyama vor mir, ebenfalls mit Tränen in den Augen und sagte: »Warum macht ihr das? Hättest du nicht wenigstens mal kommen können, und das Problem mit mir besprechen?« Ich fand mich in großer Verlegenheit.

Mittlerweile war die Anführerin, eine heftiges, eigenwilliges Mädchen namens K. in das Büro des Rektors eingedrungen und hielt eine Rede. Sie ging später zur Ochanomizu-Universität in Tokyo und war während ihrer Studentenzeit in eine Dreiecksbeziehung verwickelt, die mit einem Selbstmordversuch zusammen mit ihrem Geliebten endete. Jedenfalls war sie wohl im Büro des Rektors auf einen Tisch gesprungen und schrie auf ihn lauthals ein. Es muß ein höchst kurioser Anblick gewesen sein: K. in der damals üblichen Schuluniform – ein Kimono mit einem *hakama*, einem gefältelten langen Hosenrock – einen weißen Fächer in der Hand, auf einem Schreibtisch stehend und den Rektor anschreiend.

Das gesamte Schauspiel nahm jedoch ein schnelles Ende und die Schulkommission bemühte sich nachher, den Vorfall nicht an die Öffentlichkeit gelangen zu lassen. Sie versetzte kurze Zeit später den Rektor und seinen Stellvertreter. Von den Schülerinnen wurde keine einzige relegiert.

Am meisten habe ich Ishiyama bedauert. Der Vorfall hat ihn so sehr aufgeregt, daß er einige Tage später einen Schlaganfall erlitt, dem er erlag, ohne noch einmal das Bewußtsein zu erlangen. Wir alle waren darüber sehr erschüttert, und die meisten brachen bei dieser Nachricht in Tränen aus. Manche von uns, mich eingeschlossen, hatten nur blind mitgemacht. Durch den Tod Ishiyamas wurden uns die Augen geöffnet für das, was wir angestellt hatten. Doch für Reue war es nun zu spät.

Schule und Kriegslieder

Frau Tôyama Mineko (1903-1984)

Als ich zur Schule ging – ich besuchte die Grundschule für Mädchen beim Tsuchiura-Krankenhaus – schrieben wir noch auf Schiefertafeln und mit Griffeln. Wenn unsere Griffel abgeschrieben waren, steckten wir sie in Griffelhalter aus Blech, so daß wir auch den letzten Rest noch verwenden konnten. Griffel waren kostbar, es gab keinen Ersatz dafür, deshalb war es eine Tragödie, wenn man einen verlor. Man mußte dann dasitzen und zusehen, wie die anderen ihre Schriftzeichen übten, während man selbst nicht schreiben konnte.

Für die Kalligraphie-Übungen nahmen wir Zeitungspapier mit in die Schule, um darauf unsere chinesischen Schriftzeichen zu üben. Da unsere Familie zu den wenigen zählte, die eine Zeitung abonniert hatten, brachte ich davon so viel mit, wie ich konnte und verteilte es unter meinen Mitschülerinnen. Papier wurde nicht verschwendet – es war viel zu nützlich – deshalb gingen wir bei gutem Wetter zum Üben ins Freie, glätteten den Sandboden und übten darauf unsere Schriftzeichen. Der Lehrer schrieb uns das Zeichen vor, zum Beispiel das Zeichen für »groß«, und wir malten es mit dem Finger im Sand nach, wobei wir das Wort laut singend aussprachen. So lernten wir ein Zeichen nach dem anderen. Wenn der Sand zu trocken war, besprengten wir ihn mit Wasser, so daß die Schriftzeichen schärfer hervortraten und hübscher aussahen.

Die Fenster in unserer Schule hatten kein Glas, sondern waren wie früher üblich mit Papier bespannt, das im Laufe der Zeit vergilbt war. Überall steckten Propagandasprüche daran. Manche lauteten: »Nachlässigkeit ist unser größter Feind!« oder: »Nach einem Sieg schnallen wir den Sturmriemen noch enger!« Solche Parolen umgaben uns nach dem Sieg über Rußland überall, wo wir hinsahen. Zur Gesangsstunde mußten wir in einen Raum im Nachbargebäude gehen, in das wir auf einem überdachten Laufsteg gelangten. Bei Regen war der Steg, den wir in unseren Hauspantoffeln zu überqueren hatten, glitschnaß. Insgesamt befand sich die Schule in völlig heruntergekommenem Zustand.

Unser Musiklehrer hieß Ôtani; er war der einzige unter den Lehrern, der schon westliche Kleidung trug. Ich hatte immer den Eindruck, daß er schon sehr alt war – wahrscheinlich war er vor den 70er Jahren des vorigen Jahrhunderts geboren, als Japan sich dem Westen öffnete. Er spielte trotz seines Alters ganz hervorragend auf der Orgel. Anfangs lernten wir nicht das »do,re,mi«-Notensystem, sondern das »hi,fu,mi,yo,i,mu,na«-System. Ein Lied, das wir oft singen mußten, hieß »Regentropfen« und hatte folgenden Text:

Regentropfen, Regentropfen,
rauschend Bächlein nähret nur.

Macht es unser Herz doch klopfen,
stark und stetig wie 'ne Uhr.

Komm' da Regen oder Wind.
an die Arbeit, flink, geschwind!

Die Politik der Regierung gegen Ende des neunzehnten Jahrhunderts folgte der Parole: »Ein reiches Land und eine mächtige Armee«. Gleichzeitig wurden alte konfuzianische Ideale aus der Zeit der Feudalherrschaft hochgehalten. Folglich waren die Lieder, die wir in der Schule lernten, sehr patriotisch und moralisch-belehrend. Ein typisches Beispiel hierfür ist das »*umeboshi*-Lied«.

Februar, März, die Pflaumenblüte,
froh und freudig Frühlingsdrang.
Glücklich' Zeit der Träume Triebe,
heller Nachtigallensang.

Mai und Juni, reif die Frucht,
auf dem Markte abgewogen.
Bittre Prune, rot betucht,
muß in Salz und *shiso** sogen.

---

* *shiso*: Perilla, *perilla frutescens crispa*. Die aromatischen Blätter (bzw. die Samen) dieser Pflanze dienen als Gewürz oder Zutat in vielen japanischen Gerichten, unter anderem eben beim Einlegen von Salzpflaumen.

Juli, August. Ach, Sommerqualen,
Dreier Tage, dreier Nächte,
dörrend unter Sonnenstrahlen.
Welche bitt'ren Erinnerungsmächte.

Herbe Schale, junges Herz,
schlägt für Volk und Vaterland.
Möcht' nicht fehl'n zu Sport und Scherz,
schnell zur Stell' in Kampf und Brand.

Unmittelbar neben unserer Schule stand die Ruine der alten Burg. Dort sammelten sich die Truppen, bevor sie zu Manövern auszogen. Hierzu trafen immer Tausende von Soldaten in Tsuchiura ein. Gelegentlich kam der eine oder andere der kaiserlichen Prinzen als Beobachter zu den Manövern. Wir konnten zusehen, wie er, umgeben von hohen Offizieren, aus der Burg ritt oder wenn sein Pferd gefüttert oder an der Quelle im Hof gewaschen wurde. Die einzigen Pferde, die wir sonst in den Straßen von Tsuchiura zu Gesicht bekamen, waren Zugpferde – abgerackerte Klepper, die mit den rassigen Pferden der Offiziere nicht zu vergleichen waren.

Die meisten gemeinen Soldaten und Offiziere wurden in Privathäuser einquartiert, nur die Generäle stiegen in Gasthäusern ab. Auch unser Haus mußte jedesmal Quartier für fünf bis sechs Soldaten stellen. Solange ein Offizier bei uns logierte, hatte das Leben bestimmte Rituale – das muß mich als Kind stark beeindruckt haben. Jedenfalls erinnere ich mich noch gut daran. Kaum kehrte der Offizier, etwa ein Hauptmann, nach Hause zurück, sprang ihm der Offiziersbursche eiligst am Eingang entgegen. Der Hauptmann rief meiner Mutter mit dröhnender Stimme zu, daß er wieder da sei, ließ sich wichtigtuerisch auf der Eingangsstufe nieder und streckte seine Beine von sich, auf daß ihm sein Bursche die Stiefel ausziehe. Die Uniform wurde umständlich aufgeknöpft und diensteifrig auf einen Bügel gehängt, dann seine Hose ordentlich gefaltet und weggeräumt. Wollte der Herr Hauptmann ein Bad,

heizte sein Bursche das Badewasser und rief, wenn das Wasser die richtige Temperatur hatte: »Melde gehorsamst, Herr Hauptmann, das Bad ist bereitet!« Es war außerdem seine Pflicht, dem Offizier den Rücken zu schrubben. Stieg der Herr aus dem Bad, kleidete ihn sein Bursche in frische Wäsche und verschwand anschließend mit der abgelegten Wäsche in die Waschküche.

Meine Mutter hatte großes Mitleid mit dem jungen Burschen und hätte ihm gern das Waschen abgenommen, doch er lehnte fast immer ab. Wenn Mutter tatsächlich einmal die Wäsche waschen konnte, mußte sie feststellen, daß die Sachen so stark angegraut waren, daß sie sie zweimal auskochen mußte, bevor sie wieder weiß wurden. Stopfen und Nähen gehörten ebenfalls zu den Aufgaben des Offiziersburschen. Es zeigte sich, daß er mit der Nadel besser umzugehen verstand, als unsere tüchtigsten Dienstmädchen.

Sie sehen, so waren die Verhältnisse während des Militarismus in unserem Land. Wir Schüler mußten das nationalistische »umeboshi-Lied« lernen und in unseren schrillen Kinderstimmen immer wieder singen. Zum Glück waren nicht alle Lieder von dieser Art. Zum Beispiel erinnere ich mich noch an das Lied »Blumenreigen im Jahr«:

Jahresanfang, Adonisröschen,
goldnen Glückes Blümelein.
Der Pflaumen erste Frühlingsknöspchen,
die Nachtigall ihr Lied stimmt ein.

Pfirsich zart zum Puppenfest
grüßt uns sanft von allen Hügeln.
Die Kirsch' und Birn' erfreu'n uns best
mit weißen und hellroten Blüten.

Frisch das Grün in Flur und Wald,
Maienluft und Glyzinientraube.
Der Iris Duft den Teich umwallt,
die Winde an der Gartenlaube.

Lotuskelche weiß und zart,
hochgestielt über dunklem Grund,
der kühle Morgentau verharrt
zur Labsal an der Blätter Rund.

Die Nacht im vollen Mondenschein.
Ach, liebe Himmelsschlüsselblume.
Dein Antlitz leuchte still und fein
der dunklen Nacht zum hellen Ruhme.

Baldrian, der gelbe, auch
Glockenblumen laßt uns sehn.
Zu Füßen am edlen Hagi-Strauch
die Regenperlen herniedergeh'n.

Herbstesblüten Siebenzahl,
elfter Monat, Chrysanthem',
des Kaisers Wappen tausend Mal
ew'ger Zeiten hohes Emblem.

Welkes Laub im Winterkleide,
verwaister Garten, Sazanka-Blüten.
Der scharfe Nord fährt durch die Heide,
Die Loquat noch das Jahr behüten.

庭の雁渡れ
大きな雁は先に
小さな雁は後に
ついてゆけ
二、三

Glossar

ankoro-mochi	*Mochi* (s.u.) mit Umhüllung aus süßer Bohnenpaste
amado	Holzschiebetüren, die nachts und zum Schutz gegen Regen vor die Innentüren und Fenster vorgezogen werden.
Benten	Auch *Benzaiten*, ist die einzige Frau unter den sieben Glücksgöttern. Sie verleiht Weisheit, Redekunst und ist die Schutzgöttin der Künste, vor allem der Musik, meist dargestellt mit einer Laute auf einem Drachen sitzend.
Ebisu	Neben *Benten* ebenfalls einer der sieben Glücksgötter, der für Prosperität und Wohlstand zuständig ist. Gott der Fischer und Bauern. Wird mit einer Angelrute und einem Fisch unter der Achsel als wohlbeleibte, fröhlich lachende Figur dargestellt.
fundoshi	Als Unterhosen trugen die Männer früher ein langes weißes Tuch, das um die Lenden gewickelt wurde.
furoshiki	Ein großes Einschlagtuch, wie man es zum Teil heute noch gerne wegen seiner Variabilität an Stelle einer Tasche benutzt.
futon	Japanisches Bettzeug, bestehend aus Unter- und Oberteil. Das Unterteil ist ein dickes Polster mit Baumwollfüllung in der Größe einer Matratze, das auf dem *tatami* ausgebreitet wird. Das Oberteil ist ähnlich wie eine Steppdecke.
geta	Holzpantinen
Gion-Fest	Fest vom 17.-24. Juli, ursprünglich im Gion-Viertel in Kyoto, das hauptsächlich wegen seiner Geisha bekannt ist. Das Fest wurde aber auch in anderen Gebieten Japans gefeiert.
hanten	Halblanger Arbeitskittel, oft mit Firmenzeichen.
haramaki	Bauchbinde, meist aus Wolle oder Baumwolle gestrickt. Wird heute noch gern von Männern, besonders Handarbeitern, getragen.

hibachi	Mit Sand gefülltes Holz- oder Porzellanbecken, in dem man Holzkohle glimmen läßt, um sich daran zu wärmen.
hikiko	Unselbständiger Fuhrunternehmer mit Pachtvertrag für das Fuhrwerk.
himino	Strohumhang
hyôshigi	Zwei kurze, dicke Hölzer der Nachtwächter. Es ist zum Teil heute noch Brauch, daß zur Schlafenszeit jemand durch das Viertel wandert und die *hyôshigi* aufeinanderschlägt, was einen weit hallenden, angenehmen Ton gibt und zur Wachsamkeit gegen Feuer mahnen soll.
kamaboko	Fischpastete, oft in Wurstform
kanbutsuya	Geschäft vorwiegend für Trockenware wie Hülsenfrüchte und Meeresprodukte wie getrocknetes Seegras oder getrockneter Fisch, die als hochwertige Lebensmittel galten. Diese Kaufleute waren in der Regel relativ wohlhabend. Alte Geschäfte dieser Art haben für Japaner einen Nostalgiewert.
katsuo bushi	Getrockneter Bonito-Fisch, der zu Flocken geschabt zum Würzen von Suppen und Gemüse verwendet wird.
Kojiki	Die älteste Chronik und Mythologie, verfaßt im Jahre 712.
kura	Feuerfestes Haus aus Lehm zur Lagerung des Reisvorrats und Aufbewahrung des Familienschatzes beziehungsweise wertvoller Handelsware. Nur besser gestellte Familien konnten sich ein solches leisten, weshalb es als Zeichen des Wohlstandes galt.
mabiki	Töten von Neugeborenen, besonders der Mädchen, in armen, kinderreichen Familien; wörtlich »Auslichten«.
miso	Sojabohnenpaste, wichtiges Lebensmittel, besonders als Basis für Suppen.

Mito Kômon	(1628-1700; zu Lebzeiten: Tokugawa Mitsukuni) Unter dem dritten Shôgun fungierte er als Vize-Regent. Begründer der Mito-Historikerschule, die das Studium der nationalen Literatur und Religion förderte. Er widmete sich der Restauration des Tennô.
mochi	Reispuffer. *Mochi* zählt zu den Leckerbissen, die es an hohen Festtagen, besonders zu Neujahr gibt.
nagaya	Billige Mietsbaracken. Die Wohnverhältnisse in solchen Häusern werden in den Kapiteln »Die Fudô-Häuser« und »Der Altwarenhändler« ausführlich beschrieben.
nattô	Vergorene Sojabohnen
obi	Kimonogürtel
obi age	*obi*-Band
o-bon	Buddhistisches Totenfest (14.-16. August), an dem die Geister der Ahnen zurückkehren und festlich bewirtet werden.
okayu	Reis mit heißem Wasser, eine Art Reissuppe
okusa,okusama, okamisan:	Drei Anredeformen für verheiratete Frauen. *Okamisan* ist die höchste Stufe der Respektbezeigung.
origami	Wörtlich: Papier falten. Am bekanntesten sind die Papierkraniche. Es gibt aber Hunderte von Formen.
oshiruko	Süße Puddingsuppe aus roten Bohnen, meist mit *mochi*.
sashimi	Dünngeschnittener, roher Fisch. Gilt als Leckerbissen.
satsuma-imo	Süßkartoffel
Sen	100 Sen = 1 Yen; 1917 war 1 Yen = 0,5 US $

senbei	Reiskräcker
shamisen	Banjoartiges, dreisaitiges Musikinstrument
shichigosan	Wörtlich »Sieben, fünf, drei«. Ein Fest am 15. Februar für Jungen von drei und fünf Jahren, sowie für Mädchen von drei und sieben Jahren. Dieser Brauch sowie das »Aufbinden der Schnur« waren Dankbarkeitsriten für das Überleben eines Kindes in einer Zeit, in der viele von ihnen in den ersten Jahren starben.
shôchû	Reisschnaps
shôgi	Japanisches Schach. Es ist komplizierter als westliches Schach, da es mehr Möglichkeiten bietet, denn geschlagene Steine können vom Gegner auf seiner Seite wieder eingesetzt werden.
shôgun	Generaltitel. In der Regel sind damit die Militärherrscher der Tokugawa-Zeit von 1603-1868 gemeint.
shôji	Mit Papier bespannte Schiebetüren oder Fenster aus feinem Holzgitterwerk.
soba	Buchweizen. Die Nudeln aus *soba* ergeben eine schmackhafte Nudelsuppe – ein beliebtes leichtes und preiswertes Gericht.
tabi	Stoffsocken mit Hakenverschlüssen. Der große Zeh ist von den übrigen Zehen abgetrennt, ähnlich wie der Daumen bei Fäustlingen. Sie werden zu den japanischen Sandalen (s. *zôri*) getragen. In der Kamakura-Zeit (1185-1333) bestanden sie aus Leder, ab Mitte des 17. Jahrhunderts auch aus Baumwolle. Heute gibt es *tabi* mit Gummiverstärkung an den Sohlen, die vor allem bei Arbeitern auf dem Bau beliebt sind, weil sie sich zum Klettern auf dem Gerüst gut eignen.

tansu	Sehr solide gearbeitete japanische Kommode aus bestem Holz und häufig mit kunstvollen Eisenbeschlägen.
tatami	Etwa sechs bis sieben Zentimeter dicke Matten aus Reisstroh, mit denen ein japanisches Zimmer von Wand zu Wand ausgelegt ist.
tokoroten	Agar-Agar; eine gelatineartige Masse aus Rotalgen
torii	Torbogen, der den Zugang zu einem Shintô-Schrein anzeigt.
tsukudani	In Sojasoße süß oder salzig eingekochte Meeresfrüchte
umeboshi	In Salz eingelegte getrocknete Pflaumen. Sie werden als Zuspeise, besonders zu weißem Reis, geschätzt. Daneben betrachtet man sie aber auch als Medizin gegen verschiedene Beschwerden, wie zum Beispiel einen verdorbenen Magen.
yaki-imo	Im offenen Feuer geröstete *satsuma-imo*.
zôri	Japanische Sandalen, die nur einen Zehenriemen haben.